U0099489

增訂四版

政府會計
——與非營利會計
題解

張鴻春
劉淑貞 著

三民書局

國家圖書館出版品預行編目資料

政府會計:與非營利會計題解／張鴻春，劉淑貞著.－
－增訂四版一刷.－－臺北市；三民，2002
　　面；　　公分
　ISBN 957-14-3330-6　（平裝）

1.政府會計－問題集

564.7022　　　　　　　　　　　　　　　89015251

網路書店位址　http :∥ www. sanmin. com. tw

© 政府會計──與非營利會計題解

著作人　張鴻春　劉淑貞
發行人　劉振強
著作財　三民書局股份有限公司
產權人　臺北市復興北路三八六號
發行所　三民書局股份有限公司
　　　　地址／臺北市復興北路三八六號
　　　　電話／二五〇〇六六〇〇
　　　　郵撥／〇〇〇九九九八──五號
印刷所　三民書局股份有限公司
門市部　復北店／臺北市復興北路三八六號
　　　　重南店／臺北市重慶南路一段六十一號
初版一刷　西元一九八六年十月
初版二刷　西元一九八九年九月
增訂二版一刷　西元一九九二年九月
增訂二版二刷　西元一九九四年八月
增訂三版一刷　西元二〇〇一年一月
增訂四版一刷　西元二〇〇二年十月
　編　號　S 56054
　基本定價　玖元陸角
行政院新聞局登記證局版臺業字第〇二〇〇號

說　明

一、本題解針對張鴻春所著政府會計——與非營利會計（增訂四版）各章所列之習題作解，不含問題。

二、本題解之編列次序，悉依原著之章目與題次，如該章僅有問題而無習題者，則予從缺。

三、本題解將原著之章目題文一併附入，方便讀者研讀參考。

四、本題解編印原意，在專供教師、助教指導作業參考。

五、本題解不宜任由學生抄襲，只可在其實施習作後，再藉以相互比對研究。

六、本題解除供學校教師參考外，尚可供社會有志從事公務工作與會計業務人士，或應有關會計之各類考試，以及非營利機關團體經管財務會計人員之參考。

七、本題解容或不盡周密，尚祈惠予指教。

八、本題解最後附錄近年公務考試之政府會計試題多則，以供有志趣者之參考。

政府會計
——與非營利會計 題解

目　次

第三章 政府預算

一、試根據下列資料編製某機關××年度歲出預算表及一般行政預算分配表。

（單位：新臺幣千元）

	本年度	上年度
一般行政	$10,000	$ 8,000
人事費　　$5,600　業務費　$3,600		
設備及投資　500　獎補助費　300		
建築及設備		
土地	2,000	
交通及運輸設備	8,000	13,000
第一預備金	按經常門百分之一	
高等教育		
高等教育行政及督導	12,000	10,000
私立學校教學獎助	8,000	6,000
師資培育	3,000	2,000

答：

1. 歲出預算表：

某機關
歲出預算表
中華民國××年度　　　單位：新臺幣千元

款	項	目	節	科目名稱及編號	本年度預算數	上年度預算數	本年度與上年度比較	說　明
	××			某機關	×××	×××	×××	
		1		一般行政	10,000	8,000	2,000	
		2		高等教育	23,000	18,000	5,000	
			1	高等教育行政及督導	12,000	10,000	2,000	
			2	私立學校教學獎助	8,000	6,000	2,000	
			3	師資培育	3,000	2,000	1,000	
		3		建築及設備	10,000	13,000	−3,000	
			1	土地	2,000	−	2,000	

| | | 2 | 交通及運輸設備 | 8,000 | 13,000 | −5,000 |
| | | 4 | 第一預備金 | ××× | ××× | ××× |

2.一般行政預算分配表：

某機關

歲出分配預算與計畫配合表

中華民國××年度　　　　　　　　　（單位：新臺幣千元）

工作計畫名稱及編號		一般行政				預算金額	10,000
計畫實施進度與預定完成工作		第一期：	第二期：	第三期：	第四期：		
用途別科目	本年度預算數	第一期小計 (%) 第二期小計 (%) 第三期小計 (%) 第四期小計 (%)	×年一月 (%) ×年四月 (%) ×年七月 (%) ×年十月 (%)	×年二月 (%) ×年五月 (%) ×年八月 (%) ×年十一月 (%)	×年三月 (%) ×年六月 (%) ×年九月 (%) ×年十二月 (%)	未分配數 (%)	
合　計	10,000	×××（×.×）	×××（×.×）	×××（×.×）	×××（×.×）		
經常門小計	9,500	×××（×.×）	×××（×.×）	×××（×.×）	×××（×.×）		
人事費	5,600	×××（×.×）	×××（×.×）	×××（×.×）	×××（×.×）		
業務費	3,600	×××（×.×）	×××（×.×）	×××（×.×）	×××（×.×）		
獎補助費	300	×××（×.×）	…	…	…		
資本門小計	500	×××（×.×）	…	…	…		
設備及投資	500	…	…	…	…		

二、某機關支出如下，試按照用途別科目歸類。

品　名	金　額	品　名	金　額
電費	$　100	汽車維護	$　500
職員薪餉	20,000	郵票費	80
茶葉	200	政府機關間之補助	7,000
汽油	1,000	報費	100
加班值班費	400	旅費	800
儀器設備	60,000	特別費	3,000
印刷報表	300	電腦設備	15,000
原子筆	500		

答：

用途別科目	品　名	金　額
人事費	職員薪餉	$20,000
	加班值班費	400
業務費	電費	100
	茶葉	200
	汽油	1,000
	汽車維護	500
	郵票費	80
	報費	100
	特別費	3,000
	印刷報表	300
	原子筆	500
	旅費	800
獎補助費	政府機關間之補助	7,000
設備及投資	儀器設備	60,000
	電腦設備	15,000

第五章　政府總會計

一、試將下列會計事項作成分錄。

1. 核定本年度歲入預算 $300,000，歲出預算 $280,000，並全數分配。

2. 收到本年度各項歲入 $260,000。

3. 發生稅課收入 $200,000。

4. 各機關由其自行退還歲入款 $18,000。

5. 收到上述第 3. 項之稅課收入 $120,000。

6. 解繳國庫歲入款 $300,000。

7. 收到預收款 $2,000，暫收款 $800，保管款 $500。

8. 支付本年度歲出款 $200,000。

9. 國庫收支報告退還自行收入之歲入款 $30,000。

10. 支付本年度零用金 $20,000。

11. 撥付地方補助款 $50,000。

12. 零星支付歲出款 $16,000。

13. 國庫報告各機關繳來歲入款 $120,000。

14. 審計部決算審核報告修正減列歲出款（權責數）$18,000。

15. 繳還上年度存出保證金 $70,000。

16. 國庫報告各機關支付緊急命令撥付款 $20,000。

答：

1. 借： 歲入預算數	$300,000	
貸： 歲出預算數		$280,000
歲計餘絀		20,000
借： 歲出預算數	$280,000	
貸： 歲出分配數		$280,000
借： 歲入分配數	$300,000	
貸： 歲入預算數		$300,000
2. 借： 國庫結存	$260,000	
貸： 歲入收入數		$260,000

3. 借：應收歲入款　　　　　　　$200,000
　　　貸：歲入收入數　　　　　　　　　　　　$200,000
4. 借：歲入收入數　　　　　　　$18,000
　　　貸：各機關結存　　　　　　　　　　　　$18,000
5. 借：國庫結存　　　　　　　　$120,000
　　　貸：應收歲入款　　　　　　　　　　　　$120,000
6. 借：國庫結存　　　　　　　　$300,000
　　　貸：各機關結存　　　　　　　　　　　　$300,000
7. 借：國庫結存　　　　　　　　$3,300
　　　貸：預收款　　　　　　　　　　　　　　$2,000
　　　　　暫收款　　　　　　　　　　　　　　800
　　　　　保管款　　　　　　　　　　　　　　500
8. 借：經費支出數　　　　　　　$200,000
　　　貸：國庫結存　　　　　　　　　　　　　$200,000
9. 借：歲入收入數　　　　　　　$30,000
　　　貸：國庫結存　　　　　　　　　　　　　$30,000
10. 借：各機關結存　　　　　　　$20,000
　　　貸：國庫結存　　　　　　　　　　　　　$20,000
11. 借：經費支出數　　　　　　　$50,000
　　　貸：國庫結存　　　　　　　　　　　　　$50,000
12. 借：經費支出數　　　　　　　$16,000
　　　貸：各機關結存　　　　　　　　　　　　$16,000
13. 借：國庫結存　　　　　　　　$120,000
　　　貸：各機關結存　　　　　　　　　　　　$120,000
14. 借：應付歲出款　　　　　　　$18,000
　　　貸：以前年度累計餘絀　　　　　　　　　$18,000
15. 借：國庫結存　　　　　　　　$70,000
　　　貸：押金　　　　　　　　　　　　　　　$70,000
16. 借：各機關結存　　　　　　　$20,000
　　　貸：國庫結存　　　　　　　　　　　　　$20,000

二、某政府上年度結轉各科目餘額如下：

各機關結存	$28,000
國庫結存	3,000
暫付款	8,000
預收款	18,000
應付歲出款	15,000
以前年度累計餘絀	6,000

年度進行中所發生之會計事項彙列如下：

1. 核定本年度歲入預算 $500,000，歲出預算 $400,000。

2. 預定發行公債 $100,000。

3. 7 月份分配歲入預算 $60,000，歲出預算 $35,000。

4. 收到規費收入 $30,000。

5. 發生罰款及賠償收入 $13,000。

6. 收到罰款及賠償收入 $10,000。

7. 將歲入款解繳國庫 $28,000。

8. 支付上年度應付歲出款 $9,000。

9. 支付押金 $3,000，暫付款 $1,500。

10. 註銷以前年度應付歲出款 $2,000。

11. 審計機關決算審核報告修正增加歲入款（權責數）$2,100。

12. 收到公債收入 $56,000。

13. 收到預收款 $1,000，暫收款 $500，保管款 $700。

14. 自行收到財產收入 $16,000。

15. 支付用人費等 $8,000。

16. 由機關直接退還規費收入 $600。

17. 付本年度零用金 $2,000。

18. 繳還本年度剔除經費 $700。

19. 撥付地方政府補助款 $10,000。

20. 零星支付文具用品 $1,500。

21. 以支出收回書退還庫款 $800。

22. 核撥各機關經費款 $3,000。

23. 審計機關決算審核報告修正減列歲出款（權責數）$900。

24.收回上年度暫付款 $5,000。

試根據上列會計事項作成統制分錄過入總分類帳並編製平衡表。

答：

分錄：

1.	借：歲入預算數	$500,000	
	貸：歲出預算數		$400,000
	歲計餘絀		100,000
2.	借：公債收入預算數	$100,000	
	貸：收支調度數		$100,000
3.	借：歲入分配數	$60,000	
	貸：歲入預算數		$60,000
	借：歲出預算數	$35,000	
	貸：歲出分配數		$35,000
4.	借：國庫結存	$30,000	
	貸：歲入收入數		$30,000
5.	借：應收歲入款	$13,000	
	貸：歲入收入數		$13,000
6.	借：國庫結存	$10,000	
	貸：應收歲入款		$10,000
7.	借：國庫結存	$28,000	
	貸：各機關結存		$28,000
8.	借：應付歲出款	$9,000	
	貸：國庫結存		$9,000
9.	借：押金	$3,000	
	暫付款	1,500	
	貸：國庫結存		$4,500
10.	借：應付歲出款	$2,000	
	貸：以前年度累計餘絀		$2,000
11.	借：應收歲入款	$2,100	
	貸：以前年度累計餘絀		$2,100

12. 借：國庫結存 $56,000

　　貸：公債收入 $56,000

13. 借：國庫結存 $2,200

　　貸：預收款 $1,000

　　　　暫收款 500

　　　　保管款 700

14. 借：國庫結存 $16,000

　　貸：歲入收入數 $16,000

15. 借：經費支出數 $8,000

　　貸：國庫結存 $8,000

16. 借：歲入收入數 $600

　　貸：各機關結存 $600

17. 借：各機關結存 $2,000

　　貸：國庫結存 $2,000

18. 借：國庫結存 $700

　　貸：歲入收入數 $700

19. 借：經費支出數 $10,000

　　貸：國庫結存 $10,000

20. 借：經費支出數 $1,500

　　貸：各機關結存 $1,500

21. 借：國庫結存 $800

　　貸：經費支出數 $800

22. 借：各機關結存 $3,000

　　貸：國庫結存 $3,000

23. 借：應付歲出款 $900

　　貸：以前年度累計餘絀 $900

24. 借：國庫結存 $5,000

　　貸：暫付款 $5,000

過帳：

各機關結存

年初：	28,000	(7)	28,000
(17)	2,000	(16)	600
(22)	3,000	(20)	1,500
借餘	2,900		

國庫結存

年初：	3,000	(8)	9,000
(4)	30,000	(9)	4,500
(6)	10,000	(15)	8,000
(7)	28,000	(17)	2,000
(12)	56,000	(19)	10,000
(13)	2,200	(22)	3,000
(14)	16,000		
(18)	700		
(21)	800		
(24)	5,000		
借餘	115,200		

暫付款

年初：	8,000	(24)	5,000
(9)	1,500		
借餘	4,500		

預收款

		年初：	18,000
		(13)	1,000
		貸餘	19,000

押　金

(9)	3,000		
借餘	3,000		

保管款

		(13)	700
		貸餘	700

歲出分配數

		(3)	35,000
		貸餘	35,000

應付歲出款

(8)	9,000	年初：	15,000
(10)	2,000		
(23)	900		
		貸餘	3,100

應收歲入款

(5)	13,000	(6)	10,000
(11)	2,100		
借餘	5,100		

歲入預算數			
(1)	500,000	(3)	60,000
借餘 440,000			

公債收入			
		(12)	56,000
		貸餘　56,000	

以前年度累計餘絀		
	年初：	6,000
	(10)	2,000
	(11)	2,100
	(23)	900
	貸餘　11,000	

歲入分配數			
(3)	60,000		
借餘　60,000			

公債收入預算數		
(2)	100,000	
借餘 100,000		

歲入收入款			
(16)	600	(4)	30,000
		(5)	13,000
		(14)	16,000
		(18)	700
		貸餘　59,100	

歲計餘絀		
	(1)	100,000
	貸餘　100,000	

經費支出數			
(15)	8,000	(21)	800
(19)	10,000		
(20)	1,500		
借餘　18,700			

收支調度數		
	(2)	100,000
	貸餘　100,000	

歲出預算數			
(3)	35,000	(1)	400,000
		貸餘　365,000	

```
            暫收款
        ─────────────────
                │ (13)    500
                │
        ─────────────────
                │ 貸餘    500
                │
```

平衡表:

某政府

平衡表

×年×月×日

資　　產		負債及餘絀	
各機關結存	$　2,900	應付歲出款	$　3,100
國庫結存	115,200	預收款	19,000
押金	3,000	暫收款	500
暫付款	4,500	保管款	700
應收歲入款	5,100	歲出預算數	365,000
歲入預算數	440,000	歲出分配數　$35,000	
歲入分配數　$ 60,000		減：經費支出數　18,700	16,300
減：歲入收入數　59,100	900	收支調度數	100,000
公債收入預算數 $100,000		歲計餘絀	100,000
減：公債收入　56,000	44,000	以前年度累計餘絀	11,000
合　　計	$615,600	合　　計	$615,600

三、下列為結帳前試算表:

應收歲入款	$ 38,000	
暫付款	24,000	
國庫結存	65,000	
各機關結存	44,000	
歲入預算數	40,000	
經費支出數	38,000	
應付歲出款		$ 24,400
歲出預算數		40,000
歲入實收數		28,900
代收款		4,000

應付歲出保留款		10,000
（惟國外政會仍用「歲出		
保留數準備」）		
累計餘絀		141,700
合　計	$249,000	$249,000

經查：

1. 漏記註銷以前年度應付款 $4,200。

2. 漏記訂單與契約責任 $1,000（其經查明將予保留）。

3. 漏記應付本年度支出 $500。

4. 漏記購入材料 $300。

5. 漏記應收本年度收入 $2,000。

6. 各機關結存多計，因代收款已全部繳清，尚未入帳。

7. 暫付款多計與各機關結存少計 $800。

試作調整分錄，並編製結帳後試算表。

答：

調整分錄：

1. 借：應付歲出款　　　　　　　$4,200

　　貸：累計餘絀　　　　　　　　　　　　$4,200

2. 借：歲出保留數　　　　　　　$1,000

　　貸：應付歲出保留款　　　　　　　　　$1,000

3. 借：經費支出數　　　　　　　$500

　　貸：應付歲出款　　　　　　　　　　　$500

4. 借：經費支出數　　　　　　　$300

　　貸：國庫結存　　　　　　　　　　　　$300

5. 借：應收歲入款　　　　　　　$2,000

　　貸：歲入實收數　　　　　　　　　　　$2,000

6. 借：代收款　　　　　　　　　$4,000

　　貸：各機關結存　　　　　　　　　　　$4,000

7. 借：各機關結存　　　　　　　$800

　　貸：暫付款　　　　　　　　　　　　　$800

結帳分錄：

1. 借：歲出預算數　　　　　　　　　　$40,000
　　貸：經費支出數　　　　　　　　　　　　　　　　$38,800
　　　　歲出保留數　　　　　　　　　　　　　　　　　1,000
　　　　歲計餘絀　　　　　　　　　　　　　　　　　　　200
2. 借：歲入實收數　　　　　　　　　　$30,900
　　　歲計餘絀　　　　　　　　　　　　9,100
　　貸：歲入預算數　　　　　　　　　　　　　　　　$40,000

結帳後試算表：

某機關
試算表
×年×月×日

	借	貸
國庫結存	$ 64,700	
各機關結存	40,800	
暫付款	23,200	
應收歲入款	40,000	
應付歲出款		$ 20,700
應付歲出保留款		11,000
歲計餘絀	8,900	
累計餘絀		145,900
合　計	$177,600	$177,600

四、下面是政府總會計，在本年度結帳前各項目餘額，惟歲計餘絀與累計餘絀未知。

國庫結存	$ 7,000
各機關結存	1,000
歲出保留數	1,700
歲入預算數	100,000
應收歲入款	3,300
經費支出數	90,200
歲入實收數	99,000
應付歲出保留款	1,700
歲出預算數	96,000
應付歲出款	1,700

試求：

　1. 歲計賸餘之確定數。

　2. 累計賸餘之確定數。

　3. 歲計賸餘結帳後餘額之計算。

答：

　1. 歲計賸餘＝$100,000－$96,000＝$4,000

　2. 累計賸餘＝$7,000＋$1,000＋$1,700＋$100,000＋$3,300＋$90,200－$99,000－$1,700
－$96,000－$1,700－$4,000＝$800

　3. 結帳後歲計賸餘餘額＝$4,000－($100,000－$99,000)＋($96,000－$90,200－$1,700)
＝$7,100

五、某政府總會計 91 年度開始時，各科目餘額如下：

國庫結存	$11,000	暫收款	$ 2,000
各機關結存	7,000	代收款	15,000
應收歲入款	40,000	應付歲出款	14,000
暫付款	16,000	應付歲出保留款	16,000
有價證券	20,000	以前年度累計賸餘	49,500
押金	2,500		

本年度之會計事項如下：

㈠全年度歲入預算數 $90,000，歲出預算數 $100,000（包括第二預備金 $3,000，統籌科目 $2,500），債務還本 $5,500，移用以前年度歲計賸餘 $5,000，其餘均為公債及賒借並按 2：1 編列。又上項歲入、歲出預算數於年度終了時，除第二預備金僅核准動支半數、統籌科目核定撥付 $2,400 外，其餘均已全數分配。另融資調度數預算，除公債部分僅發行五分之四，另五分之一尚未發行，結轉至下年度執行外，其餘均已全數執行完畢。

㈡各機關自行收到各項歲入款 $97,500，自行退還歲入款 $5,000，收到各項應收款 $33,000，出售有價證券 $1,500，解繳國庫歲入款 $119,500。

㈢未實施集中支付機關向國庫領到經費 $40,000，支付各項支出 $34,000，暫付款 $750，支付上年度應付歲出款 $3,000，註銷以前年度應付歲出款 $1,250，存出電話押金 $1,000，經費賸餘數 $1,250 繳還國庫。

㈣已實施集中支付機關支領零用金 $2,000，支付各項支出 $51,000，支出收回繳庫款 $1,000，以零用金支出各項費用 $2,000，以前年度存出電話押金 $1,500

　　繳還國庫，發生訂單及契約責任 $8,000（於年終核准保留）。

㈤按審計機關審核上年度決算報告，修正減列支付實現數改列權責發生數 $3,000，另剔除減列經費支出數 $2,250（已收回解繳國庫）。

㈥國庫收到代收款 $450，暫收款 $150，保管款 $50。

㈦結帳前據各機關報告漏記部分事項如下，應行調整記錄：

　1.暫付款 $750 已結報，尚未作正列支。

　2.漏記應收本年度收入 $1,000。

　3.漏記應付本年度支出 $500。

　4.各機關結存多計，因代收款 $10,000 已繳付，尚未入帳。

試根據上述資料，作該政府會計本年度應有之平時分錄及年終調整、結帳分錄，並編製該政府會計年度終了結帳後平衡表。

答：

　1.平時分錄：

㈠借：歲入預算數　　　　　　　　　　　$90,000

　　　貸：歲計餘絀　　　　　　　　　　　　　　　　$90,000

　　借：歲計餘絀　　　　　　　　　　　$100,000

　　　貸：歲出預算數　　　　　　　　　　　　　　　$100,000

　　借：公債收入預算數　　　　　　　　　$7,000

　　　　賒借收入預算數　　　　　　　　　3,500

　　　貸：收支調度數　　　　　　　　　　　　　　　$10,500

　　借：移用以前年度歲計賸餘預算數　　　$5,000

　　　貸：收支調度數　　　　　　　　　　　　　　　$5,000

　　借：收支調度數　　　　　　　　　　　$5,500

　　　貸：債務還本預算數　　　　　　　　　　　　　$5,500

　　借：歲入分配數　　　　　　　　　　　$90,000

　　　貸：歲入預算數　　　　　　　　　　　　　　　$90,000

　　借：歲出預算數　　　　　　　　　　　$98,400

　　　貸：歲出分配數　　　　　　　　　　　　　　　$98,400

　　借：債務還本預算數　　　　　　　　　$5,500

　　　貸：債務還本核定數　　　　　　　　　　　　　$5,500

借：國庫結存 $9,100
　　貸：公債收入 $5,600
　　　　賒借收入 3,500
借：以前年度累計餘絀 $5,000
　　貸：以前年度歲計賸餘收入 $5,000
借：債務還本 $5,500
　　貸：國庫結存 $5,500
㈡借：各機關結存 $97,500
　　貸：歲入收入數 $97,500
借：歲入收入數 $5,000
　　貸：各機關結存 $5,000
借：各機關結存 $33,000
　　貸：應收歲入款 $33,000
借：各機關結存 $1,500
　　貸：有價證券 $1,500
借：國庫結存 $119,500
　　貸：各機關結存 $119,500
㈢借：各機關結存 $40,000
　　貸：國庫結存 $40,000
借：經費支出數 $34,000
　　貸：各機關結存 $34,000
借：暫付款 $750
　　貸：各機關結存 $750
借：應付歲出款 $3,000
　　貸：各機關結存 $3,000
借：應付歲出款 $1,250
　　貸：以前年度累計餘絀 $1,250
借：押金 $1,000
　　貸：各機關結存 $1,000
借：國庫結存 $1,250
　　貸：各機關結存 $1,250

四借：各機關結存　　　　　　　　$2,000
　　　貸：國庫結存　　　　　　　　　　　　　　$2,000
　借：經費支出數　　　　　　　　$51,000
　　　貸：國庫結存　　　　　　　　　　　　　　$51,000
　借：國庫結存　　　　　　　　　$1,000
　　　貸：經費支出數　　　　　　　　　　　　　$1,000
　借：經費支出數　　　　　　　　$2,000
　　　貸：各機關結存　　　　　　　　　　　　　$2,000
　借：國庫結存　　　　　　　　　$1,500
　　　貸：押金　　　　　　　　　　　　　　　　$1,500
　借：歲出保留數　　　　　　　　$8,000
　　　貸：應付歲出保留款　　　　　　　　　　　$8,000
五借：暫付款　　　　　　　　　　$3,000
　　　貸：應付歲出保留款　　　　　　　　　　　$3,000
　借：國庫結存　　　　　　　　　$2,250
　　　貸：以前年度累計餘絀　　　　　　　　　　$2,250
六借：各機關結存　　　　　　　　$650
　　　貸：代收款　　　　　　　　　　　　　　　$450
　　　　　暫收款　　　　　　　　　　　　　　　150
　　　　　保管款　　　　　　　　　　　　　　　50

　2.調整分錄：
⑴借：經費支出數　　　　　　　　$750
　　　貸：暫付款　　　　　　　　　　　　　　　$750
⑵借：應收歲入款　　　　　　　　$1,000
　　　貸：歲入收入數　　　　　　　　　　　　　$1,000
⑶借：經費支出數　　　　　　　　$500
　　　貸：應付歲出款　　　　　　　　　　　　　$500
⑷借：代收款　　　　　　　　　　$10,000
　　　貸：各機關結存　　　　　　　　　　　　　$10,000

3.結帳分錄：

借：歲入收入數	$93,500		
貸：歲入分配數		$93,500	
借：歲入分配數	$3,500		
貸：歲計餘絀		$3,500	
借：歲出分配數	$95,250		
貸：經費支出數		$87,250	
歲出保留數		8,000	
借：歲出分配數	$3,150		
貸：歲計餘絀		$3,150	
借：歲出預算數	$1,600		
貸：歲計餘絀		$1,600	
借：公債收入	$5,600		
賒借收入	3,500		
貸：公債收入預算數		$5,600	
賒借收入預算數		3,500	
借：債務還本核定數	$5,500		
貸：債務還本		$5,500	
借：以前年度歲計賸餘收入	$5,000		
貸：移用以前年度歲計賸餘預算數		$5,000	
借：應收公債收入	$1,400		
貸：公債收入預算數		$1,400	
借：收支調度數	$10,000		
貸：歲計餘絀		$10,000	

4.平衡表:

某政府總會計
平衡表
中華民國 91 年 12 月 31 日

資　產		負債及餘絀	
國庫結存	$ 47,100	暫收款	$　2,150
各機關結存	5,150	代收款	5,450
應收歲入款	8,000	保管款	50
有價證券	18,500	應付歲出款	10,250
押金	2,000	應付歲出保留款	27,000
暫付款	19,000	歲計餘絀	8,250
應收公債收入	1,400	以前年度累計餘絀	48,000
合　計	$101,150	合　計	$101,150

六、假設中央政府總預算會計及單位預算會計 91 年度相關資料如下:

⑴民國 91 年度法定總預算資料:

歲入預算數	$921,382,000
歲出預算數（含第二預備金及統籌科目）	979,883,000
債務還本預算	50,658,000
0 發行公債預算	22,800,000
賒借預算	40,660,000
移用以前年度歲計賸餘預算	45,699,000

⑵民國 90 年 12 月 31 日各歲入類單位會計平衡表彙總（結帳後）：

中央政府
各歲入類單位會計平衡表彙總（結帳後）
民國 90 年 12 月 31 日

資　產		負　債	
歲入結存	$ 1,216,000	存入保證金	$　266,000
有價證券	380,000	暫收款	190,000
應收歲入款	31,464,000	預收款	114,000
		應納庫款	31,464,000
		待納庫款	1,026,000
合　計	$33,060,000	合　計	$33,060,000

⑶民國 91 年 1 月 31 日各歲入類單位會計平衡表彙總：

中央政府
各歲入類單位會計平衡表彙總
民國 91 年 1 月 31 日

資力及資產		負擔及負債	
歲入結存	$　2,189,000	存入保證金	$　266,000
有價證券	1,368,000	暫收款	228,000
應收歲入款	20,824,000	預收款	133,000
歲入預算數	844,622,000	應納庫款	20,824,000
歲入分配數	76,760,000	待納庫款	1,030,000
歲入納庫數	74,100,000	預計納庫數	921,382,000
退還以前年度歲入款	1,520,000	歲入收入數	76,000,000
		收回以前年度納庫款	1,520,000
合　計	$1,021,383,000	合　計	$1,021,383,000

(4)民國 91 年 1 月份各歲入類單位會計現金出納表彙總：

中央政府

各歲入類單位會計現金出納表彙總

民國 91 年 1 月 1 日至 1 月 31 日

科目及摘要	金額		
	小　計	合　計	總　計
一、收項			
1.上期結存		$ 1,596,000	
⑴歲入結存	$ 1,216,000		
⑵有價證券	380,000		
2.本期收入		88,981,000	
⑴歲入收入數	76,000,000		
⑵應收歲入款	11,400,000		
⑶預收款	19,000		
⑷暫收款	38,000		
⑸以前年度納庫收回數	1,520,000		
⑹審計處增列上年度決算歲入收入數	4,000		
收項總計			$90,577,000
二、付項			
1.本期支出		$87,020,000	
⑴歲入納庫數	$74,100,000		
⑵應納庫款	11,400,000		
⑶以前年度歲入退還	1,520,000		
2.本期結存		3,557,000	
⑴歲入結存	2,189,000		
⑵有價證券	1,368,000		
付項總計			$90,577,000

(5)民國 90 年 12 月 31 日各歲出類單位會計平衡表彙總（結帳後）：

中央政府
各歲出類單位會計平衡表彙總（結帳後）
民國 90 年 12 月 31 日

資力及資產		負擔、負債及賸餘	
專戶存款	$ 3,192,000	保管款	$ 988,000
保留庫款	77,463,000	代收款	4,104,000
有價證券	760,000	應付歲出款	129,770,000
材料	232,000	小　計	$134,862,000
暫付款	55,776,000	餘　絀	
押金	194,000	經費賸餘──待納庫部分	$ 2,340,000
應收剔除經費	11,000	經費賸餘──押金部分	194,000
		經費賸餘──材料部分	232,000
		小　計	$ 2,766,000
合　計	$137,628,000	合　計	$137,628,000

(6)民國 91 年 1 月 31 日各歲出類單位會計平衡表彙總：

中央政府
各歲出類單位會計平衡表彙總
民國 91 年 1 月 31 日

資力及資產		負擔、負債及賸餘	
專戶存款	$ 3,154,000	保管款	$ 532,000
可支庫款	9,698,000	代收款	3,576,000
保留庫款	69,369,000	應付歲出款	113,620,000
零用金	137,000	歲出預算數	814,853,000
有價證券	304,000	歲出分配數	81,654,000
材料	194,000	小　計	$1,014,235,000
暫付款	51,178,000	餘　絀	
押金	182,000	經費賸餘──待納庫部分	$ 2,721,000
應收剔除經費	239,000	經費賸餘──押金部分	175,000
預計支用數	814,853,000	經費賸餘──材料部分	155,000
經費支出	67,978,000	小　計	$ 3,051,000
合　計	$1,017,286,000	合　計	$1,017,286,000

(7)民國 91 年 1 月份各歲出類單位會計現金出納表彙總:

中央政府
各歲出類單位會計現金出納表彙總
民國 91 年 1 月份

科目及摘要	金　額		
	小　計	合　計	總　計
一、收項			
1.上期結存			$ 81,415,000
(1)專戶存款		$ 3,192,000	
(2)保留庫款		77,463,000	
(3)有價證券		760,000	
2.本期收入			80,670,000
(1)預計支用數		81,654,000	
(2)代收款		(528,000)	
收入數	$　　8,000		
減:沖轉數	(536,000)		
(3)保管款		(456,000)	
收入數	0		
減:發還數	(456,000)		
收項總計			$162,085,000
二、付項			
1.本期支出			$ 79,423,000
(1)經費支出		$67,978,000	
(2)應付歲出款		15,770,000	
(3)暫付款		(5,358,000)	
支付數	$ 3,838,000		
減:沖轉數	(9,196,000)		
(4)材料		(38,000)	
支付數	38,000		
減:沖轉數	(76,000)		
(5)押金		(12,000)	
支付數	7,000		
減:沖轉數	(19,000)		
(6)經費賸餘──待納庫部分		494,000	
(7)經費賸餘──材料部分		76,000	
(8)經費賸餘──押金部分		19,000	

⑼註銷保留庫款	494,000	
（審計處修正）		
2.本期結存		82,662,000
⑴專戶存款	3,154,000	
⑵可支庫款	9,698,000	
⑶保留庫款	69,369,000	
⑷有價證券	304,000	
⑸零用金	137,000	
付項總計		$162,085,000

⑻民國 90 年 12 月 31 日總會計平衡表：

中央政府

總會計平衡表

民國 90 年 12 月 31 日

資　產		負債及餘絀	
國庫結存	$229,433,000	保管款	$　1,254,000
各機關結存	5,662,000	代收款	4,104,000
有價證券	1,140,000	預收款	114,000
應收歲入款	31,464,000	暫收款	190,000
材料	232,000	應付歲出款	129,770,000
押金	194,000	負債合計	$135,432,000
暫付款	55,776,000	餘　絀	
應收剔除經費	11,000	累計餘絀	$188,480,000
總　計	$323,912,000	總　計	$323,912,000

⑼民國 91 年 1 月份公庫報告，未據各單位預算機關或基金報告之資料：

　①收到賒借收入　　　　　　　$ 2,900,000

　②支付債務還本支出　　　　　38,280,000

試根據上述資料：

㈠作該政府 91 年 1 月份總會計之統制分錄。

㈡編製該政府 91 年 1 月 31 日總會計平衡表。

答：

㈠統制分錄：

⑴年度開始之分錄：

①借：歲入預算數 $921,382,000
　　貸：歲計餘絀 $921,382,000
②借：歲計餘絀 $979,883,000
　　貸：歲出預算數 $979,883,000
③借：公債收入預算數 $22,800,000
　　貸：收支調度數 $22,800,000
④借：賒借收入預算數 $40,660,000
　　貸：收支調度數 $40,660,000
⑤借：收支調度數 $50,658,000
　　貸：債務還本預算數 $50,658,000
⑥借：移用以前年度歲計賸餘預算數 $45,699,000
　　貸：收支調度數 $45,699,000

⑵按各機關歲入類單位會計平衡表彙總科目變動表及現金出納表彙總資料：

①借：歲入分配數 $76,760,000
　　貸：歲入預算數 $76,760,000
②借：國庫結存 $74,100,000
　　　有價證券   988,000
　　　各機關結存   912,000
　　貸：歲入收入數 $76,000,000
③借：各機關結存 $38,000
　　貸：暫收款 $38,000
④借：各機關結存 $19,000
　　貸：預收款 $19,000
⑤借：國庫結存 $11,400,000
　　貸：應收歲入款 $11,400,000
⑥借：應收歲入款 $760,000
　　貸：累計餘絀 $760,000
⑦借：累計餘絀 $1,520,000
　　貸：國庫結存 $1,520,000
⑧借：各機關結存 $4,000
　　貸：累計餘絀 $4,000

⑶按各機關歲出類單位會計平衡表彙總科目變動表及現金出納表彙總資料：

①借：歲出預算數 $81,654,000

　　貸：歲出分配數 $81,654,000

②借：保管款 $456,000

　　貸：有價證券 $456,000

③借：各機關結存 $8,000

　　貸：代收款 $8,000

④借：代收款 $536,000

　　貸：各機關結存 $536,000

⑤借：國庫結存 $76,000

　　貸：材料 $76,000

⑥借：材料 $38,000

　　貸：國庫結存 $38,000

⑦借：暫付款 $3,838,000

　　貸：國庫結存 $3,838,000

⑧借：國庫結存 $9,196,000

　　貸：暫付款 $9,196,000

⑨借：應收剔除經費 $228,000

　　貸：累計餘絀 $228,000

⑩借：應付歲出款 $15,770,000

　　貸：國庫結存 $15,770,000

⑪借：應付歲出款 $380,000

　　暫付款 760,000

　　貸：累計餘絀 $1,140,000

⑫借：押金 $7,000

　　貸：國庫結存 $7,000

⑬借：國庫結存 $19,000

　　貸：押金 $19,000

⑭借：經費支出 $67,978,000

　　貸：國庫結存 $67,978,000

⑮借：各機關結存 $627,000

　　貸：國庫結存 $627,000

(4)按公庫報告：

借：國庫結存	$2,900,000	
貸：賒借收入		$2,900,000
借：債務還本預算數	$38,280,000	
貸：債務還本核定數		$38,280,000
借：債務還本	$38,280,000	
貸：國庫結存		$38,280,000

(二)

中央政府

總會計平衡表

民國 91 年 1 月 31 日

資力及資產			負債及餘絀		
國庫結存		$ 199,066,000	保管款		$ 798,000
各機關結存		6,734,000	代收款		3,576,000
有價證券		1,672,000	預收款		133,000
應收歲入款		20,824,000	暫收款		228,000
材料		194,000	應付歲出款		113,620,000
押金		182,000	歲出預算數		898,229,000
暫付款		51,178,000	歲出分配數	$ 81,654,000	
應收剔除經費		239,000	減：經費支出	(67,978,000)	13,676,000
歲入預算數		844,622,000	債務還本預算數		12,378,000
歲入分配數	$ 76,760,000		債務還本核定數	$ 38,280,000	
減：歲入收入數	(76,000,000)	760,000	減：債務還本支出	(38,280,000)	0
公債收入預算數	$ 22,800,000		合　計		$1,042,638,000
減：公債收入	0	22,800,000		餘　絀	
賒借收入預算數	$ 40,660,000		收支調度數		$ 58,501,000
減：賒借收入	(2,900,000)	37,760,000	歲計餘絀		(58,501,000)
移用以前年度歲計			累計餘絀		189,092,000
賸餘預算數		45,699,000	合　計		$ 189,092,000
總　計		$1,231,730,000	總　計		$1,231,730,000

第六章　公務單位會計

一、某機關單位會計某年度 7 月份發生之會計事項如下：

  1.核定本年度歲入預算 $130,000。

  2.核准本月份歲入分配數 $10,000。

  3.接代理公庫銀行報告收到本年度稅課收入 $50,000。

  4.收到預算外零星收入 $3,000。

  5.查定本年度應收歲入款 $7,000。

  6.接代理公庫銀行報告收到罰款及賠償收入 $7,000。

  7.接代理公庫銀行報告收到以前年度規費收入 $18,000。

  8.零星收入以前年度應收歲入款 $800。

  9.零星收入繳納代理公庫銀行 $3,800。

  10.接代理公庫銀行報告收到暫收款 $5,000，保管款 $2,000。

  11.接代理公庫銀行報告收回本機關以前年度支出 $6,000。

  12.發還保管款 $1,000。

  13.接代理公庫銀行報告收到預算外收入 $4,000。

試根據上項資料：

  1.作成應有之分錄，並登錄現金出納登記簿，過入總分類帳。

  2.作月終結帳分錄。

  3.編製平衡表及現金出納表。

答：

1.⑴借：歲入預算數	$130,000	
貸：預計納庫數		$130,000
⑵借：歲入分配數	$10,000	
貸：歲入預算數		$10,000
⑶借：歲入納庫數	$50,000	
貸：歲入實收數		$50,000
⑷借：歲入結存	$3,000	
貸：歲入實收數		$3,000

(5)借：應收歲入款　　　　　　　　$7,000
　　　貸：歲入實收數　　　　　　　　　　　　　$7,000
(6)借：歲入納庫數　　　　　　　　$7,000
　　　貸：歲入實收數　　　　　　　　　　　　　$7,000
(7)借：歲入納庫數　　　　　　　　$18,000
　　　貸：歲入實收數　　　　　　　　　　　　　$18,000
(8)借：歲入結存　　　　　　　　　$800
　　　貸：應收歲入款　　　　　　　　　　　　　$800
(9)借：歲入納庫數　　　　　　　　$3,000
　　　應納庫款　　　　　　　　　800
　　　貸：歲入結存　　　　　　　　　　　　　　$3,800
(10)借：歲入結存　　　　　　　　　$7,000
　　　貸：暫收款　　　　　　　　　　　　　　　$5,000
　　　　　保管款　　　　　　　　　　　　　　　2,000
(11)借：歲入納庫數　　　　　　　　$6,000
　　　貸：歲入實收數　　　　　　　　　　　　　$6,000
(12)借：保管款　　　　　　　　　　$1,000
　　　貸：歲入結存　　　　　　　　　　　　　　$1,000
(13)借：歲入納庫數　　　　　　　　$4,000
　　　貸：歲入實收數　　　　　　　　　　　　　$4,000

歲入預算數		預計納庫數	
(1) 130,000	(2) 10,000		(1) 130,000
借餘 120,000			貸餘 130,000

歲入分配數		歲入結存	
(2) 10,000		(4) 3,000	(9) 3,800
		(8) 800	(12) 1,000
		(10) 7,000	
借餘 10,000		借餘 6,000	

歲入納庫數		歲入實收數	
(3) 50,000			(3) 50,000
(6) 7,000			(4) 3,000
(7) 18,000			(5) 7,000
(9) 3,000			(6) 7,000
(11) 6,000			(7) 18,000
(13) 4,000			(11) 6,000
			(13) 4,000
借餘 88,000			貸餘 95,000

應收歲入款		應納庫款	
年初 800	(8) 800	(9) 800	年初 800
(5) 7,000			
借餘 7,000			

暫收款		保管款	
	(10) 5,000	(12) 1,000	(10) 2,000
	貸餘 5,000		貸餘 1,000

2.月終結帳分錄：

借：歲入實收數	$95,000	
貸：待納庫款		$95,000
借：待納庫款	$88,000	
貸：歲入納庫數		$88,000
借：待納庫款	$7,000	
貸：應納庫款		$7,000

3.

某機關

平衡表

某年 7 月 31 日

資　產		負　債	
歲入結存	$　6,000	暫收款	$　5,000
應收歲入款	7,000	保管款	1,000
歲入預算數	120,000	預計納庫數	130,000
歲入分配數	10,000	應納庫款	7,000
合　計	$143,000	合　計	$143,000

某機關

現金出納表

某年 7 月 1 日至 7 月 31 日止

	小　計	合　計	總　計
一、收項:			
1.歲入實收數	$88,000	$88,000	
2.以前年度應收歲入款	$　800	800	
3.保管款	$ 2,000		
減: 沖轉數	1,000	1,000	
4.暫收款	$ 5,000	5,000	
總　計			$94,800
二、付項:			$　　0
三、本期結存:			
1.歲入納庫數	$88,800	$88,800	
2.歲入結存	$ 6,000	6,000	
合　計			94,800
總　計			$94,800

二、下列是某機關某月份結算前總分類帳各科目餘額:

歲入預算數	$534,000
歲入分配數	46,000
歲入結存	4,300
所屬機關歲入結存	1,120
歲入實收數	34,200

歲入納庫數	33,880
應收歲入款	28,300
應納庫款	28,300
預收款	5,100
預計納庫數	580,000
收回以前年度納庫款	800
退還以前年度歲入款	800

歲入實收數中屬於本年度歲入款部分 $10,700，屬於應收歲入款部分 $23,300。

試根據以上資料：

1.作成月終結帳分錄。

2.編製結算後平衡表。

答：

1.月終結帳分錄：

借：歲入實收數	$34,200	
貸：待納庫款		$34,200
借：待納庫款	$33,880	
貸：歲入納庫數		$33,880
借：預計納庫數	$10,700	
貸：歲入分配數		$10,700
借：應納庫款	$23,300	
貸：應收歲入款		$23,300
借：收回以前年度納庫款	$800	
貸：退還以前年度歲入款		$800

2.平衡表：

某機關

平衡表

×年×月×日

資　產			負　債		
歲入結存		$　4,300	預收款		$　5,100
所屬機關歲入結存		1,120	應納庫款		5,000
應收歲入款		5,000	預計納庫款	$580,000	
歲入預算數		534,000	減：歲入納庫數	10,700	569,300
歲入分配數	$46,000		待納庫款		320
減：歲入實收數	10,700	35,300			
合　計		$579,720	合　計		$579,720

三、下列為某實施集中支付機關經費類單位會計某年度某月份發生之事項，請作應有之記錄、過帳，並編製平衡表、現金出納表。

1. 核定全年度經費 $200,000。

2. 核定本月分配預算 $20,000。

3. 支付用人費 $12,000。

4. 發生訂單與契約責任 $6,000。

5. 維護費不足，奉准流用事務費 $3,000。

6. 核定動支第一預備金 $5,000。

7. 支付員工子女教育補助費 $8,000。

8. 支付旅運費 $2,700。

9. 收回以前年度支出 $1,200。

10. 支領本年度零用金 $1,000。

11. 收回本年度支出用人費 $600。

12. 支付押金 $500。

13. 以零用金支付文具用品費 $200。

答：

(1)借：預計支用數　　　　　　　　　　　　$200,000

　　　貸：歲出預算數　　　　　　　　　　　　　　　　　$200,000

⑵借：　歲出預算數　　　　　　　　　　　$20,000

　　　貸：　歲出分配數　　　　　　　　　　　　　　　　$20,000

　借：　可支庫款　　　　　　　　　　　$20,000

　　　貸：　預計支用數　　　　　　　　　　　　　　　　$20,000

⑶借：　經費支出　　　　　　　　　　　$12,000

　　　貸：　可支庫款　　　　　　　　　　　　　　　　$12,000

⑷不作控留預算分錄

⑸借：　歲出分配數 —— 事務費　　　　　$3,000

　　　貸：　歲出分配數 —— 維護費　　　　　　　　　　$3,000

⑹借：　歲出預算數　　　　　　　　　　$5,000

　　　貸：　歲出分配數　　　　　　　　　　　　　　　　$5,000

　借：　可支庫款　　　　　　　　　　　$5,000

　　　貸：　預計支用數　　　　　　　　　　　　　　　　$5,000

⑺借：　預計支用數　　　　　　　　　　$8,000

　　　貸：　歲出預算數　　　　　　　　　　　　　　　　$8,000

　借：　歲出預算數　　　　　　　　　　$8,000

　　　貸：　歲出分配數　　　　　　　　　　　　　　　　$8,000

　借：　可支庫款　　　　　　　　　　　$8,000

　　　貸：　預計支用數　　　　　　　　　　　　　　　　$8,000

　借：　經費支出　　　　　　　　　　　$8,000

　　　貸：　可支庫款　　　　　　　　　　　　　　　　$8,000

⑻借：　經費支出　　　　　　　　　　　$2,700

　　　貸：　可支庫款　　　　　　　　　　　　　　　　$2,700

⑼借：　歲入納庫數　　　　　　　　　　$1,200

　　　貸：　歲入實收數　　　　　　　　　　　　　　　　$1,200

⑽借：　零用金　　　　　　　　　　　　$1,000

　　　貸：　可支庫款　　　　　　　　　　　　　　　　$1,000

⑾借：　可支庫款　　　　　　　　　　　$600

　　　貸：　經費支出　　　　　　　　　　　　　　　　$600

⑿借：　押金　　　　　　　　　　　　　$500

　　　貸：　可支庫款　　　　　　　　　　　　　　　　$500

⒀不作分錄

預計支用數

(1) 200,000	(2) 20,000
(7) 8,000	(6) 5,000
	(7) 8,000
借餘 175,000	

歲出預算數

(2) 20,000	(1) 200,000
(6) 5,000	(7) 8,000
(7) 8,000	
	貸餘 175,000

歲出分配數

(5) 3,000	(2) 20,000
	(5) 3,000
	(6) 5,000
	(7) 8,000
	貸餘 33,000

可支庫款

(2) 20,000	(3) 12,000
(6) 5,000	(7) 8,000
(7) 8,000	(8) 2,700
(11) 600	(10) 1,000
	(12) 500
借餘 9,400	

零用金

(10) 1,000	
借餘 1,000	

歲入納庫數

(9) 1,200	
借餘 1,200	

歲入實收數

	(9) 1,200
	貸餘 1,200

經費支出

(3) 12,000	(11) 600
(7) 8,000	
(8) 2,700	
借餘 22,100	

押　金

(12) 500	
借餘 500	

某機關

平衡表

×年度×月底

資　產		負　債	
可支庫款	$　9,400	歲出預算數	$175,000
零用金	1,000	歲出分配數　$ 33,000	
押金	500	減：經費支出 (22,100)	10,900
預計支用數	175,000		
合　計	$185,900	合　計	$185,900

某機關

現金出納表

×年度×月份

	小　計	合　計	總　計
收項：			
預計支用數	$33,000	$33,000	
總　計			$33,000
付項：			
1.經費支出數	$22,700		
減：收回數	600	$22,100	
2.押金	$　500	500	
合　計			$22,600
本期結存：			
1.可支庫款	$　9,400	$　9,400	
2.零用金	$　1,000	1,000	10,400
總　計			$33,000

四、某機關經費類總分類帳各科目 12 月 31 日餘額如下：

可支庫款	$　56,000
專戶存款	6,000
零用金	3,000
押金	10,700
暫付款	1,500
代收款	6,000

歲出分配數	190,000
經費支出	121,500
經費賸餘——押金部分	2,700

1.年度終了時，尚須調整之會計事項如下，試作整理分錄。

㈠ 6 月份電話費 $8,000，尚未支付。

㈡訂購資料夾乙批 $20,000，已送，未驗收。

㈢收回零用金 $3,000。

㈣收回以前年度押金 $2,700 並繳庫。

㈤暫付款 $1,000 為旅費已轉正列支。

㈥查明當年度另有應付歲出保留款 $5,000，其中已暫付 $500。

2.試作結帳分錄，並編製結帳後平衡表。

答：

1.調整分錄：

㈠借：經費支出 $8,000

    貸：應付歲出款 $8,000

㈡借：經費支出 $20,000

    貸：應付歲出款 $20,000

㈢借：可支庫款 $3,000

    貸：零用金 $3,000

㈣借：專戶存款 $2,700

    貸：押金 $2,700

  借：經費賸餘——押金部分 $2,700

    貸：經費賸餘——待納庫部分 $2,700

  借：經費賸餘——待納庫部分 $2,700

    貸：專戶存款 $2,700

㈤借：經費支出 $1,000

    貸：暫付款 $1,000

2.結帳分錄：

㈥借：歲出保留數 $5,000

    貸：應付歲出保留款 $5,000

借：歲出分配數 　　　　　　　　　　　　$155,500

　　貸：經費支出 　　　　　　　　　　　　　　　　　　$150,500

　　　　歲出保留數 　　　　　　　　　　　　　　　　　　5,000

借：歲出分配數 　　　　　　　　　　　　$34,500

　　貸：經費賸餘——待納庫部分 　　　　　　　　　　　　$34,500

借：經費賸餘——待納庫部分 　　　　　　$8,000

　　貸：經費賸餘——押金部分 　　　　　　　　　　　　　$8,000

借：保留庫款 　　　　　　　　　　　　　$32,500

　　貸：可支庫款 　　　　　　　　　　　　　　　　　　　$32,500

借：經費賸餘——待納庫部分 　　　　　　$26,500

　　貸：可支庫款 　　　　　　　　　　　　　　　　　　　$26,500

平衡表：

某機關

平衡表

×年 12 月 31 日

資　產		負　債	
專戶存款	$ 6,000	代收款	$ 6,000
保留庫款	32,500	應付歲出款	28,000
押金	8,000	應付歲出保留款	5,000
暫付款	500	經費賸餘——押金部分	8,000
合　計	$47,000	合　計	$47,000

五、下列為某機關（未實施集中支付）全年所發生之會計事項：

1. 全年度分配預算 $460,000。

2. 截至 6 月底止各月份分配數均已領到。

3. 與工程公司訂約興建工程，計價 $200,000，已付清，並另付 3% 設計費。

4. 支付用人費 $155,000，尚有 $32,000 未付清，並代扣所得稅 $7,200。

5. 支付設備費 $13,000，辦公室修繕費 $8,000。

6. 支付印刷費 $37,000，經審計部通知剔除 $2,600，半數已收取，尚未繳庫。

7. 年度預算不足，辦理追加預算 $120,000。

8. 代扣所得稅繳庫。

9. 領到本年度額定零用金 $20,000。

10.暫付員工差旅費 $48,000。

要求：

1.試作平時及結帳分錄。

2.編製結帳後平衡表。

答：

1.平時分錄：

(1)借：預計領用數　　　　　　　　　$460,000

　　　貸：歲出預算數　　　　　　　　　　　　　$460,000

(2)借：歲出預算數　　　　　　　　　$460,000

　　　貸：歲出分配數　　　　　　　　　　　　　$460,000

　　借：經費結存　　　　　　　　　　$460,000

　　　貸：預計領用數　　　　　　　　　　　　　$460,000

(3)借：經費支出　　　　　　　　　　$206,000

　　　貸：經費結存　　　　　　　　　　　　　　$206,000

(4)借：經費支出　　　　　　　　　　$155,000

　　　貸：應付歲出款　　　　　　　　　　　　$ 32,000

　　　　　經費結存　　　　　　　　　　　　　123,000

　　借：專戶存款　　　　　　　　　　$7,200

　　　貸：代收款　　　　　　　　　　　　　　　$7,200

(5)借：經費支出　　　　　　　　　　$21,000

　　　貸：經費結存　　　　　　　　　　　　　　$21,000

(6)借：經費支出　　　　　　　　　　$37,000

　　　貸：經費結存　　　　　　　　　　　　　　$37,000

　　借：應收剔除經費　　　　　　　　$2,600

　　　貸：經費賸餘——待納庫部分　　　　　　　$2,600

　　借：專戶存款　　　　　　　　　　$1,300

　　　貸：應收剔除經費　　　　　　　　　　　　$1,300

⑺借：預計領用數 $120,000
　　　貸：歲出預算數 $120,000
　借：歲出預算數 $120,000
　　　貸：歲出分配數 $120,000
　借：經費結存 $120,000
　　　貸：預計領用數 $120,000
⑻借：代收款 $7,200
　　　貸：專戶存款 $7,200
⑼借：零用金 $20,000
　　　貸：經費結存 $20,000
⑽借：暫付款 $48,000
　　　貸：經費結存 $48,000

結帳分錄：
借：歲出分配數 $2,600
　　貸：經費支出 $2,600
借：歲出分配數 $416,400
　　貸：經費支出 $416,400
借：歲出分配數 $161,000
　　貸：經費賸餘──待納庫部分 $161,000

2. 平衡表：

某機關
平衡表
×年 6 月 30 日

資　產		負　債	
經費結存	$125,000	應付歲出款	$ 32,000
專戶存款	1,300	經費賸餘──待納庫部分	163,600
零用金	20,000		
應收剔除經費	1,300		
暫付款	48,000		
合　計	$195,600	合　計	$195,600

六、某機關某會計年度，預計歲入 $500,000，歲出預算 $480,000，經費按季分配如下：第一季 25%，第二季 30%，第三季 25%，第四季 20%。

　　1.試作預算成立時之分錄。

　　2.試作每季開始時之經費分配分錄。

答：

　　1.借：歲入預算數　　　　　　　　　　$500,000

　　　　　貸：預計納庫數　　　　　　　　　　　　　　$500,000

　　　借：預計支用數　　　　　　　　　　$480,000

　　　　　貸：歲出預算數　　　　　　　　　　　　　　$480,000

　　2.

	第一季	第二季	第三季	第四季
借：歲出預算數	$120,000	$144,000	$120,000	$96,000
貸：歲出分配數	$120,000	$144,000	$120,000	$96,000
借：可支庫款	$120,000	$144,000	$120,000	$96,000
貸：預計支用數	$120,000	$144,000	$120,000	$96,000

七、下列為某機關某年度歲入類會計所發生之會計事項：

　　1.本年度歲入預算 $360,000，各月平均分配。

　　2.轉入上年度暫收款 $30,000，保管款 $20,000，應收歲入款 $60,000。

　　3.查明上項暫收款 $10,000 為支出收回，其餘為本年度歲入。

　　4.接國庫通知收到本年度歲入 $230,000 及預算外收入 $120,000。

　　5.收到本年度歲入 $100,000，除支票 $20,000 金額錯誤外，餘均已納庫。

　　6.國庫通知退還以前年度歲入 $12,000，本年度預算外收入退還 $20,000（本機關支付）。

　　7.審計部通知剔除經費 $3,000，由國庫收回二分之一。

　　8.查定本年度應收款 $20,000，以前年度應收歲入款 $52,000，餘註銷。

　　試作：

　　1.分錄。

　　2.結帳分錄。

　　3.現金出納表。

答：

1.平時分錄:

⑴借: 歲入預算數　　　　　　　　　$360,000

　　　　貸: 預計納庫數　　　　　　　　　　　　　$360,000

　　本年度各月分配時應作之分錄如下，計 12 個月。

　　借: 歲入分配數　　　　　　　　　$30,000

　　　　貸: 歲入預算數　　　　　　　　　　　　　$30,000

⑵借: 歲入結存　　　　　　　　　　$50,000

　　　應收歲入款　　　　　　　　　60,000

　　　　貸: 暫收款　　　　　　　　　　　　　　$30,000

　　　　　保管款　　　　　　　　　　　　　　20,000

　　　　　應納庫款　　　　　　　　　　　　　60,000

⑶借: 暫收款　　　　　　　　　　　$30,000

　　　　貸: 歲入實收數　　　　　　　　　　　　$30,000

⑷借: 歲入納庫數　　　　　　　　　$350,000

　　　　貸: 歲入實收數　　　　　　　　　　　　$350,000

⑸借: 歲入結存　　　　　　　　　　$100,000

　　　　貸: 歲入實收數　　　　　　　　　　　　$100,000

　　借: 歲入納庫數　　　　　　　　　$80,000

　　　　貸: 歲入結存　　　　　　　　　　　　　$80,000

⑹借: 退還以前年度歲入款　　　　　$12,000

　　　　貸: 收回以前年度納庫款　　　　　　　　$12,000

　　借: 歲入實收數　　　　　　　　　$20,000

　　　　貸: 歲入結存　　　　　　　　　　　　　$20,000

⑺無分錄 (應在經費類會計登帳)

調整分錄:

借: 應收歲入款　　　　　　　　　　$20,000

　　貸: 歲入實收數　　　　　　　　　　　　　　$20,000

借: 應納庫款　　　　　　　　　　　$11,000

　　貸: 應收歲入款　　　　　　　　　　　　　　$11,000

2.結帳分錄:

借：歲入實收數　　　　　　　　　　$480,000
　　　貸：歲入納庫數　　　　　　　　　　　　$430,000
　　　　　待納庫款　　　　　　　　　　　　　　30,000
　　　　　應納庫款　　　　　　　　　　　　　　20,000
借：預計納庫數　　　　　　　　　　$360,000
　　　貸：歲入分配數　　　　　　　　　　　　$360,000
借：收回以前年度納庫款　　　　　　$12,000
　　　貸：退還以前年度歲入款　　　　　　　　$12,000

3. 現金出納表：

某機關
現金出納表
××年度

	小　計	合　計	總　計
一、收項：			
㈠上期結存：			
歲入結存	$ 50,000	$ 50,000	$ 50,000
㈡本期收入：			
1.歲入實收數	$480,000		
減：退還數	(20,000)	$460,000	
2.暫收款	$　　0		
減：沖轉數	(30,000)	(30,000)	
3.收回以前年度納庫款	$ 12,000	12,000	442,000
總　　計			$492,000
二、付項：			
㈠本期支出：			
1.歲入納庫數	$430,000	$430,000	
2.退還以前年度歲入款	$ 12,000	12,000	$442,000
㈡本期結存：			
歲入結存	$ 50,000	$ 50,000	50,000
總　　計			$492,000

八、某機關在××年度1月份發生之會計事項：

　1. 本年度核准歲出預算數 $120,000。

2.核定每月分配預算 $10,000。

3.領用本年度額定零用金 $1,000。

4.支付以前年度應付歲出款 $200。

5.暫付旅費 $120。

6.付電話押金 $100。

7.收回以前年度歲出 $80。

8.將以前年度誤支收回繳庫。

根據上項資料試擬應有之分錄。

答：

1.借：	預計支用數	$120,000	
	貸：　歲出預算數		$120,000
2.借：	歲出預算數	$10,000	
	貸：　歲出分配數		$10,000
借：	可支庫款	$10,000	
	貸：　預計支用數		$10,000
3.借：	零用金	$1,000	
	貸：　可支庫款		$1,000
4.借：	應付歲出款	$200	
	貸：　保留庫款		$200
5.借：	暫付款	$120	
	貸：　可支庫款		$120
6.借：	押金	$100	
	貸：　可支庫款		$100
7.借：	歲入結存	$80	
	貸：　歲入實收數		$80
8.借：	歲入納庫數	$80	
	貸：　歲入結存		$80

第七章　省市政府會計

一、下面為某市政府會計平衡表的一部分帳目：

歲入實收數	$880,000
歲入預算數	920,000
應收歲入款	7,000
歲出預算數	870,000
經費支出	760,000
歲出保留數	23,000
備抵壞帳	4,000
應付歲出款	1,500

　　試計算歲計餘額，未支用餘額，未保留餘額，歲入預算餘額，應收歲入款淨額。

答：

歲計餘額：$920,000–$870,000=$50,000

未支用餘額：$870,000–$760,000=$110,000

未保留餘額：$110,000–$23,000=$87,000

歲入預算餘額：$920,000–$880,000=$40,000

應收歲入款淨額：$7,000–$4,000=$3,000

二、上林市環境清潔處 20×× 年度收集垃圾業務經費預算 $244,800，全部均係變動性質。預期業務量 170,000 公噸。會計年度結束時，核計實際收集垃圾 180,000 公噸，經費支出 $252,000，試求：

　1.實際單位成本與預算單位成本的比較。

　2.依彈性預算原則，調整其應有的預算額度。

　3.實際支出與彈性預算額度的比較。

　4.綜合評估其績效。

答:

1. 實際單位成本 $= \dfrac{\$252,000}{180,000} = \$1.4$

   預算單位成本 $= \dfrac{\$244,800}{170,000} = \$1.44$

   差異 $\$0.04$

2. 彈性預算額度 $= \$1.44 \times 180,000 = \$259,200$

3. 實際支出 $= \$252,000$

   彈性預算額度 $= \$259,200$

   差異 $\$7,200$

4. 靜態預算顯示實際支出超過估計數 $\$7,200$ ($\$252,000-\$244,800$)，但評估績效，應採彈性預算技術，在相同基準下比較，方能正確，實際支出 $\$252,000$ 較彈性預算額 $\$259,200$ 低 $\$7,200$，即有有利差異 $\$7,200$。

三、假定我國某地方政府民國 90 年 11 月 30 日總會計平衡表各科目餘額如下：

借方科目	借方餘額
公庫結存	$ 501,795
各機關結存	146,125
應收歲入款	160,500
有價證券	10,050
材料	1,740
暫付款	408,315
歲入預算數	303,090
歲入分配數	3,333,945
（減）歲入收入數	(3,308,115)
公債收入預算數	250,500
（減）公債收入	(150,000)
移用以前年度歲計賸餘預算數	180,390
	$1,838,335

貸方科目	貸方餘額
應付保管款	$ 56,400
暫收款	2,400
應付歲出款	69,600
代收款	9,000
歲出預算數	322,335
歲出分配數	3,545,625

（減）經費支出數	(2,481,930)
歲出保留數	(345,000)
債務還本預算數	199,965
歲出保留數準備	345,000
收支調度數	230,925
歲計餘絀	(230,925)
累計餘絀	114,940
	$1,838,335

㈠融資調度相關資料：

　⑴核定 90 年 12 月份債務還本計畫數 $199,965。

㈡此一地方政府主計機構，根據所轄單位預算會計之 90 年 12 月份會計報告，經分析整理後，得出下列資料：

　1.根據歲入類單位會計平衡表彙總科目變動表及歲入類單位會計現金出納表彙總資料，分析出各科目之月份借貸發生數如下：

　⑵「歲入分配數」及「歲入預算數」分別同額增、減 $303,090。

　⑶「存入保證金」增加 $150。

　⑷「暫收款」減少 $1,200。

　⑸「歲入收入數」增加 $229,350、「歲入納庫數」增加 $225,000。

　⑹「應收歲入款」減少 $36,300。

　⑺「應納庫款」減少 $9,150。

　⑻「退還以前年度歲入款」增加 $300。

　⑼「待納庫款」減少 $1,200。

　2.根據歲出類單位會計平衡表彙總科目變動表及歲出類單位會計現金出納表彙總資料，分析出各科目之月份借貸發生數如下：

　⑽「歲出分配數」與「歲出預算數」分別同額增、減 $316,335。

　⑾「應付保管款」減少 $34,600。

　⑿「應付歲出款」減少 $63,150。

　⒀「材料」與「經費賸餘——材料部分」同額減少 $60。

　⒁「暫付款」減少 $188,100。

　⒂「經費支出」增加 $620,460。

　⒃「歲出保留數」與「歲出保留數準備」同額增加 $165,000。

㈢接公庫報告未據單位預算會計或特別預算會計報告之資料：

⒄收到總會計發行公債收入款 $90,000。

⒅支付總會計債務還本支出款 $199,965。

㈣其他資料：

⒆「移用以前年度歲計賸餘預算數」為 $180,390，本年度共移用 $34,890，餘未移用。

試作：

1.根據上述⑴～⒆之資料作 90 年 12 月份總會計之統制分錄。

2.作 90 年年終結帳分錄。

3.求計 90 年 12 月 31 日總會計結帳後平衡表下列各科目之餘額。

　⑴公庫結存。

　⑵各機關結存。

　⑶應付保管款。

　⑷收支調度數。

　⑸歲計餘絀。

　⑹累計餘絀。

答：

1. 90 年 12 月份總會計之統制分錄：

⑴借：債務還本預算數　　　　　　　　　　$199,965

　　貸：債務還本核定數　　　　　　　　　　　　　　$199,965

⑵借：歲入分配數　　　　　　　　　　　　$303,090

　　貸：歲入預算數　　　　　　　　　　　　　　　　$303,090

⑶借：各機關結存　　　　　　　　　　　　　$150

　　貸：應付保管款　　　　　　　　　　　　　　　　　　$150

⑷借：暫收款　　　　　　　　　　　　　　$1,200

　　貸：各機關結存　　　　　　　　　　　　　　　　$1,200

⑸借：公庫結存　　　　　　　　　　　　$225,000

　　　各機關結存　　　　　　　　　　　　4,350

　　貸：歲入收入數　　　　　　　　　　　　　　　$229,350

⑹借：各機關結存　　　　　　　　　　　　$36,300

　　貸：應收歲入款　　　　　　　　　　　　　　　$36,300

⑺借：公庫結存　　　　　　　　　　　　　$9,150

　　貸：各機關結存　　　　　　　　　　　　　　　$9,150

(8)借： 累計餘絀 $300
　　　貸： 公庫結存 $300
(9)借： 公庫結存 $1,200
　　　貸： 各機關結存 $1,200
(10)借： 歲出預算數 $316,335
　　　貸： 歲出分配數 $316,335
(11)借： 應付保管款 $34,600
　　　貸： 各機關結存 $34,600
(12)借： 應付歲出款 $63,150
　　　貸： 公庫結存 $63,150
(13)借： 公庫結存 $60
　　　貸： 材料 $60
(14)借： 公庫結存 $188,100
　　　貸： 暫付款 $188,100
(15)借： 經費支出 $620,460
　　　貸： 公庫結存 $620,460
(16)借： 歲出保留數 $165,000
　　　貸： 歲出保留數準備 $165,000
(17)借： 公庫結存 $90,000
　　　貸： 公債收入 $90,000
(18)借： 債務還本 $199,965
　　　貸： 公庫結存 $199,965
(19)借： 累計餘絀 $34,890
　　　貸： 移用以前年度歲計賸餘預算數 $34,890

2. 年終結帳分錄：

(1)借： 歲入收入數 $3,537,465
　　　貸： 歲入分配數 $3,537,465
　　　（不作月結分錄時，加作本分錄）
(2)借： 歲出分配數 $3,612,390
　　　貸： 經費支出數 $3,102,390

　　　　　　歲出保留數　　　　　　　　510,000

　　　　（不作月結分錄時，加作本分錄）

(3)借：歲計餘絀　　　　　　$99,570

　　　貸：歲入分配數　　　　　　　　　$99,570

　　　（可與(1)分錄合併作）

(4)借：歲出分配數　　　　　$249,570

　　　貸：歲計餘絀　　　　　　　　　　$249,570 ⎫

(5)借：歲出預算數　　　　　$6,000　　　　　　⎬（可與(2)分錄合併作）

　　　貸：歲計餘絀　　　　　　　　　　$6,000 ⎭

(6)借：公債收入　　　　　　$240,000

　　　收支調度數　　　　　　10,500

　　　貸：公債收入預算數　　　　　　　$250,500

(7)借：債務還本核定數　　　$199,965

　　　貸：債務還本　　　　　　　　　　$199,965

(8)借：收支調度數　　　　　$145,500

　　　貸：移用以前年度歲計賸餘預算數　$145,500

3.結帳後平衡表下列各科目餘額：

(1)公庫結存 = \$501,795 (期初) + \$225,000 (5) + \$9,150 (7) − \$300 (8) + \$1,200 (9) − \$63,150 (12) + \$60 (13) +

　　\$188,100 (14) − \$620,460 (15) + \$90,000 (17) − \$199,965 (18) = \$131,430

(2)各機關結存 = \$146,125 (期初) + \$150 (3) − \$1,200 (4) + \$4,350 (5) + \$36,300 (6) − \$9,150 (7) − \$1,200 (9) −

　　\$34,600 (11) = \$140,775

(3)應付保管款 = \$56,400 (期初) + \$150 (3) − \$34,600 (11) = \$21,950

(4)收支調度數 = \$230,925 (期初) − \$10,500 (結帳) − \$145,500 (結帳) = \$74,925

(5)歲計餘絀 = \$(230,925) (期初) + \$(99,570) (結帳) + \$249,570 (結帳) + \$6,000 (結帳) = \$(74,925)

(6)累計餘絀 = \$114,940 (期初) − \$300 (8) − \$34,890 (20) = \$79,750

四、假設某市地方政府總會計 90 年度年初試算表科目如下：

	借	貸
公庫結存	$4,370	
各機關結存	30	
應收歲入款	2,000	
材料	140	
暫付款	60	
短期借款		$ 300
暫收款		200
累計餘絀		6,100
合　計	$6,600	$6,600

當年度會計年度事項如下：

⑴總預算歲入為 $3,500、歲出為 $4,000，賒借收入預算為 $600，債務還本支出預算為 $200，移用以前年度歲計賸餘預算為 $100。

⑵根據審計機關審定各公營事業機關營業盈餘，列記應得股息及紅利 $150。

⑶接各機關決算報告資料：

　①經查明應補列本年度經費支出中行政支出應收剔除經費款 $50。

　②查明本年度各機關自行收納規費收入 $10 尚未繳庫。

　③經查應列記本年度應收歲入款（財產收入）$50。

　④補列暫收款 $45，代收款 $90，暫付款 $89。

⑷核定動用歷年度歲計賸餘款 $50 作為彌補收入決算之財源。

⑸接以庫收支報告資料如下：

　①稅課收入 $3,000。

　②工程受益費收入 $100。

　③規費收入 $200。

　④財產收入 $50。

　⑤賒借收入 $250。

　⑥行政支出 $700。

　⑦財政支出 $600。

　⑧教育科學文化支出 $950。

　⑨經濟建設支出 $1,450。

　⑩債務支出 $200。

根據上述資料，試作：

㈠總會計之統制分錄。

㈡調整及結帳分錄。

㈢總會計年度結帳後平衡表。

答：

㈠統制分錄：

(1)借：歲入預算數 $3,500

          貸：歲計餘絀 $3,500

     借：歲計餘絀 $4,000

          貸：歲出預算數 $4,000

     借：賒借收入預算數 $600

          貸：收支調度數 $600

     借：收支調度數 $200

          貸：債務還本預算數 $200

     借：移用以前年度歲計賸餘預算數 $100

          貸：收支調度數 $100

(2)借：應收歲入款 $150

          貸：營業盈餘及事業收入 $150

(3)①借：應收剔除經費 $50

          貸：行政支出 $50

   ②借：各機關結存 $10

          貸：規費收入 $10

   ③借：應收歲入款 $50

          貸：財產收入 $50

   ④借：各機關結存 $135

          貸：暫收款 $45

                代收款   90

   ⑤借：暫付款 $89

          貸：各機關結存 $89

(4)借：累計餘絀 $50

          貸：以前年度歲計賸餘收入 $50

(5)借：公庫結存　　　　　　　　　　　　　　　$3,600

　　　貸：稅課收入　　　　　　　　　　　　　　　　　　　$3,000

　　　　　工程受益費收入　　　　　　　　　　　　　　　　　100

　　　　　規費收入　　　　　　　　　　　　　　　　　　　　200

　　　　　財產收入　　　　　　　　　　　　　　　　　　　　 50

　　　　　賒借收入　　　　　　　　　　　　　　　　　　　　250

　借：行政支出　　　　　　　　　　　　　　　$ 700

　　　財政支出　　　　　　　　　　　　　　　　600

　　　教育科學文化支出　　　　　　　　　　　　950

　　　經濟建設支出　　　　　　　　　　　　　1,200

　　　債務還本支出　　　　　　　　　　　　　　200

　　　貸：公庫結存　　　　　　　　　　　　　　　　　$3,650

(二)調整及結帳分錄：

　借：稅課收入　　　　　　　　　　　　　　　$3,000

　　　工程受益費收入　　　　　　　　　　　　　100

　　　規費收入　　　　　　　　　　　　　　　　210

　　　財產收入　　　　　　　　　　　　　　　　100

　　　營業盈餘及事業收入　　　　　　　　　　　150

　　　貸：歲計餘絀　　　　　　　　　　　　　　　　$　60

　　　　　歲入預算數　　　　　　　　　　　　　　　3,500

　借：歲出預算數　　　　　　　　　　　　　　$3,400

　　　貸：行政支出　　　　　　　　　　　　　　　　$ 650

　　　　　財政支出　　　　　　　　　　　　　　　　 600

　　　　　教育科學文化支出　　　　　　　　　　　　 950

　　　　　經濟建設支出　　　　　　　　　　　　　1,200

　借：債務還本預算數　　　　　　　　　　　　$200

　　　貸：債務還本核定數　　　　　　　　　　　　　$200

　借：債務還本核定數　　　　　　　　　　　　$200

　　　貸：債務還本　　　　　　　　　　　　　　　　$200

　借：賒借收入　　　　　　　　　　　　　　　$250

　　　貸：賒借收入預算數　　　　　　　　　　　　　$250

借：以前年度歲計賸餘收入	$50	
貸：移用以前年度歲計賸餘預算數		$50
借：歲出預算數	$600	
貸：歲計餘絀		$600
借：收支調度數	$350	
貸：賒借收入預算數		$350
借：收支調度數	$50	
貸：移用以前年度歲計賸餘預算數		$50
借：收支調度數	$100	
貸：歲計餘絀		$100

(三)平衡表：

某市地方政府總會計

平衡表

民國 90 年 12 月 31 日

資　產		負債及餘絀	
公庫結存	$4,320	短期借款	$ 300
各機關結存	86	暫收款	245
應收剔除經費	50	代收款	90
應收歲入數	2,200	歲計餘絀	260
材料	140	累計餘絀	6,050
暫付款	149		
合　計	$6,945	合　計	$6,945

五、某市政府總會計 91 年度開始時，平衡表如下：

資　產		負債及餘絀	
公庫結存	$110,000	應付歲出款	$115,000
各機關結存	46,500	預收款	3,500
應收歲入數	28,500	累計餘絀	91,500
材料	25,000		
合　計	$210,000	合　計	$210,000

⑴本年度總預算成立，計歲入預算數 $1,500,000、歲出預算數 $1,750,000（包括統籌科目 $135,000），除統籌科目外，歲入歲出全數分配，賒借收入預算數 $350,000、移用以前年度歲計賸餘預算數 $50,000、債務還本支出預算數 $150,000。

⑵接參加集中支付制度單位預算機關歲出類單位會計之會計報告，經審核分析後，悉：

　①經費支出數合共 $910,000。

　②簽訂材料採購合約合共 $125,000。

　③收到上項材料並付價款 $98,500。

　④收回上年度歲出款 $33,500。

　⑤審計機關審定剔除上年度經費；減列上年度應付歲出款合共 $43,000。

　⑥暫付款合共支付 $15,000。

　⑦本年度所購材料耗用 $61,500。

⑶接未參加集中支付制度單位預算機關歲出類單位會計之會計報告，經審核分析後，悉：

　①向公庫支領經費 $320,000。

　②經費支出數 $265,000。

　③申請核撥統籌經費 $60,000，經核定並由庫領到經費隨亦支付。

　④暫付款合共支付 $36,000。

⑷接公庫收支報告，未據單位預算會計之會計報告者：

　①收到歲入款合共 $860,000。

　②支付緊急命令撥付款合共 $65,000。

　③預收款合共 $20,000。

　④直接撥付下級政府補助款 $147,500。

⑸接各單位預算機關歲入類單位會計之會計報告，經審核分析後，悉：

　①以有價證券抵繳應收歲入款合共 $12,500。

　②自行收到各項歲入款合共 $865,000。

　③出售有價證券並繳庫合共 $6,750。

　④歲入納庫數另計 $818,250。

試根據上述資料，作總會計之：

㈠平時統制分錄。㈡年終結帳分錄。㈢結帳後下列各科目餘額：⑴公庫結存；⑵各機關結存；⑶暫付款；⑷應付歲出款；⑸歲計餘絀；⑹累計餘絀。

答：

(一)統制分錄：

 (1)借：歲入預算數　　　　　　　　　　$1,500,000

   貸：歲計餘絀　　　　　　　　　　　　　　　　　$1,500,000

  借：歲計餘絀　　　　　　　　　　$1,750,000

   貸：歲出預算數　　　　　　　　　　　　　　　　$1,750,000

  借：歲入分配數　　　　　　　　　　$1,500,000

   貸：歲入預算數　　　　　　　　　　　　　　　　$1,500,000

  借：歲出預算數　　　　　　　　　　$1,615,000

   貸：歲出分配數　　　　　　　　　　　　　　　　$1,615,000

  借：賒借收入預算數　　　　　　　　$350,000

   貸：收支調度數　　　　　　　　　　　　　　　　$350,000

  借：移用以前年度歲計賸餘預算數　　$50,000

   貸：收支調度數　　　　　　　　　　　　　　　　$50,000

  借：收支調度數　　　　　　　　　　$150,000

   貸：債務還本預算數　　　　　　　　　　　　　　$150,000

 (2)①借：經費支出數　　　　　　　　　$910,000

   貸：公庫結存　　　　　　　　　　　　　　　　　$910,000

  ②不作分錄

  ③借：材料　　　　　　　　　　　　$98,500

   貸：公庫結存　　　　　　　　　　　　　　　　　$98,500

  ④借：公庫結存　　　　　　　　　　$33,500

   貸：累計餘絀　　　　　　　　　　　　　　　　　$33,500

  ⑤借：應付歲出款　　　　　　　　　$43,000

   貸：累計餘絀　　　　　　　　　　　　　　　　　$43,000

  ⑥借：暫付款　　　　　　　　　　　$15,000

   貸：公庫結存　　　　　　　　　　　　　　　　　$15,000

  ⑦借：經費支出數　　　　　　　　　$61,500

   貸：材料　　　　　　　　　　　　　　　　　　　$61,500

 (3)①借：各機關結存　　　　　　　　　$320,000

   貸：公庫結存　　　　　　　　　　　　　　　　　$320,000

②借：經費支出數　　　　　　　$265,000

　　貸：各機關結存　　　　　　　　　　　　$265,000

③借：歲出預算數　　　　　　　$60,000

　　貸：歲出分配數　　　　　　　　　　　　$60,000

　借：各機關結存　　　　　　　$60,000

　　貸：公庫結存　　　　　　　　　　　　　$60,000

　借：經費支出數　　　　　　　$60,000

　　貸：各機關結存　　　　　　　　　　　　$60,000

④借：暫付款　　　　　　　　　$36,000

　　貸：各機關結存　　　　　　　　　　　　$36,000

⑷①借：公庫結存　　　　　　　　$860,000

　　貸：歲入收入數　　　　　　　　　　　　$860,000

②借：各機關結存　　　　　　　$65,000

　　貸：公庫結存　　　　　　　　　　　　　$65,000

③借：公庫結存　　　　　　　　$20,000

　　貸：預收數　　　　　　　　　　　　　　$20,000

④借：經費支出數　　　　　　　$147,500

　　貸：公庫結存　　　　　　　　　　　　　$147,500

⑸①借：有價證券　　　　　　　　$12,500

　　貸：應收歲入款　　　　　　　　　　　　$12,500

②借：各機關結存　　　　　　　$865,000

　　貸：歲入收入數　　　　　　　　　　　　$865,000

③借：各機關結存　　　　　　　$6,750

　　貸：有價證券　　　　　　　　　　　　　$6,750

　借：公庫結存　　　　　　　　$6,750

　　貸：各機關結存　　　　　　　　　　　　$6,750

④借：公庫結存　　　　　　　　$818,250

　　貸：各機關結存　　　　　　　　　　　　$818,250

㈡結帳分錄

　借：歲入收入數　　　　　　　$1,725,000

　　貸：歲入分配數　　　　　　　　　　　　$1,500,000

　　　　歲計餘絀　　　　　　　　　　　　　　225,000

借：歲出分配數 $1,675,000
　　貸：經費支出數 $1,444,000
　　　　歲計餘絀 231,000
借：歲出預算數 $75,000
　　貸：歲計餘絀 $75,000
借：收支調度數 $400,000
　　貸：賒借收入預算數 $350,000
　　　　移用以前年度歲計賸餘預算數 50,000
借：債務還本預算數 $150,000
　　貸：收支調度數 $150,000

(三)平衡表科目餘額：

資　產		負債及餘絀	
公庫結存	$232,500	應付歲出款	$ 72,000
各機關結存	177,250	預收款	23,500
有價證券	5,750	歲計餘絀	281,000
應收歲入款	16,000	累計餘絀	168,000
材料	62,000		
暫付款	51,000		
合　計	$544,500	合　計	$544,500

(1)公庫結存　　$232,500
(2)各機關結存　$177,250
(3)暫付款　　　$ 51,000
(4)應付歲出款　$ 72,000
(5)歲計餘絀（結轉累計餘絀前 =$281,000；結轉後餘額 =$0）
(6)累計餘絀（歲計餘絀未轉入前 =$168,000；歲計餘絀轉入後 =$449,000）

第八章 縣市政府會計

一、下列是某縣某機關××年度所發生之會計事項。

　　1. 預算尚未成立，奉准由公庫先行預撥經費 $140,000，並預付印刷費 $80,000。

　　2. 核定全年度歲出預算 $600,000。

　　3. 將預撥經費歸墊，並沖轉預付款項。

　　4. 收回以前年度押金 $3,000。

　　5. 支領定額零用金 $40,000。

　　6. 預付實物價款 $28,000。

　　7. 支付購買設備款 $80,000。

　　8. 收到保管款 $30,000。

　　9. 沖轉實物價款 $28,000。

　　10. 收到代收款 $7,000，代辦經費款 $9,000。

　　11. 現購材料 $145,000，搭配公債 $3,000。

　　12. 支付建築工程款 $240,000，其他機關撥來配合款 1/3，本機關配合款 2/3。

　　13. 領用本年度材料 $85,000，及上年度賸餘材料 $32,000。

　　14. 註銷以前年度應付歲出款 $8,000（預付 $3,000）並繳庫。

　　要求：

　　1. 試作應有之分錄及年度結帳分錄。

　　2. 編製現金出納表及平衡表。

答：

　　1. 應有分錄：

　　　(1) 借：可支庫款　　　　　　　　　　　　　　$140,000

　　　　　　貸：預領經費　　　　　　　　　　　　　　　　　　$140,000

　　　　　借：預付費用　　　　　　　　　　　　　　$80,000

　　　　　　貸：可支庫款　　　　　　　　　　　　　　　　　　$80,000

(2)借：預計支用數 $600,000
　　貸：歲出預算數 $600,000
　借：歲出預算數 $600,000
　　貸：歲出分配數 $600,000
　借：可支庫款 $600,000
　　貸：預計支用數 $600,000
(3)借：預領經費 $140,000
　　貸：可支庫款 $140,000
　借：歲出實付數 $80,000
　　貸：預付費用 $80,000
(4)借：經費結存——現金存款 $3,000
　　貸：押金 $3,000
　借：經費賸餘——押金部分 $3,000
　　貸：經費賸餘——待納庫部分 $3,000
　借：經費賸餘——待納庫部分 $3,000
　　貸：經費結存——現金存款 $3,000
(5)借：零用金 $40,000
　　貸：可支庫款 $40,000
(6)借：預付費用 $28,000
　　貸：可支庫款 $28,000
(7)借：歲出實付數 $80,000
　　貸：可支庫款 $80,000
(8)借：經費結存——現金存款 $30,000
　　貸：保管款 $30,000
(9)借：實物結存 $28,000
　　貸：預付費用 $28,000
(10)借：經費結存——現金存款 $16,000
　　貸：代收款 $7,000
　　　　代辦經費 9,000
(11)借：材料 $145,000
　　　有價證券 3,000
　　貸：可支庫款 $148,000

⑿借：歲出實付數 　　　　　　　　　　　$160,000
　　　貸：可支庫款 　　　　　　　　　　　　　　　　$160,000
　借：經費結存——現金存款 　　　　　　$80,000
　　　貸：代辦經費 　　　　　　　　　　　　　　　　$80,000
　借：委辦工程 　　　　　　　　　　　　$80,000
　　　貸：經費結存——現金存款 　　　　　　　　　$80,000
　借：代辦經費 　　　　　　　　　　　　$80,000
　　　貸：委辦工程 　　　　　　　　　　　　　　　　$80,000
⒀借：歲出實付數 　　　　　　　　　　　$117,000
　　　貸：材料 　　　　　　　　　　　　　　　　　　$117,000
　借：經費賸餘——材料部分 　　　　　　$32,000
　　　貸：經費賸餘——待納庫部分 　　　　　　　　$32,000
　借：經費賸餘——待納庫部分 　　　　　$32,000
　　　貸：可支庫款 　　　　　　　　　　　　　　　　$32,000
⒁借：歲出應付款 　　　　　　　　　　　$8,000
　　　貸：經費賸餘——待納庫部分 　　　　　　　　$3,000
　　　　　保留庫款 　　　　　　　　　　　　　　　　5,000
　借：經費結存——現金存款 　　　　　　$3,000
　　　貸：預付費用 　　　　　　　　　　　　　　　　$3,000
　借：經費賸餘——待納庫部分 　　　　　$3,000
　　　貸：經費結存——現金存款 　　　　　　　　　$3,000

結帳分錄：
借：歲出分配數 　　　　　　　　　　　　$600,000
　　貸：歲出實付數 　　　　　　　　　　　　　　　　$437,000
　　　　經費賸餘——材料部分 　　　　　　　　　　60,000
　　　　經費賸餘——待納庫部分 　　　　　　　　　103,000

2.

某縣某機關

歲出現金出納表

××年度

		小　計	合　計	總　計
收項:				
1.	預領經費	$ 140,000		
	減：沖轉數	(140,000)	$　　0	
2.	預計支用數	$ 600,000	600,000	
3.	代收款	$　7,000	7,000	
4.	代辦經費	$ 89,000		
	減：沖轉數	80,000	9,000	
5.	保管款	$ 30,000	30,000	
	總　計			$646,000
付項:				
1.	歲出實付數	$ 437,000	$437,000	
2.	預付款項	108,000		
	減：沖轉數	(108,000)	0	
3.	材料	$ 145,000		
	減：沖轉數	(85,000)	60,000	
4.	實物結存	$ 28,000	28,000	
5.	有價證券	$　3,000	3,000	
6.	押金			
	減：收回數	$　(3,000)		
	加：繳庫數	3,000	0	
7.	註銷以前年度歲出應付款			
	減：預付款收回	$　(3,000)		
	加：繳庫數	3,000	0	
	合　計			$528,000
本期結存:				
1.	公庫結存	$ 32,000		
2.	經費結存──現金存款	46,000		
3.	零用金	40,000	118,000	
	總　計			$646,000

某縣某機關

平衡表

××年度×月×日

資產及資力		負債與負擔	
可支庫款	$ 32,000	保管款	$ 30,000
經費結存——現金存款	46,000	代收款	7,000
零用金	40,000	代辦經費	9,000
有價證券	3,000	經費賸餘——材料部分	60,000
材料	60,000	經費賸餘——待納庫部分	103,000
實物結存	28,000		
合　計	$209,000	合　計	$209,000

二、臺北縣某鎮公所 91 年度部分會計事項如下，試作成應有之分錄。

1. 鎮民代表大會通過鎮公所年度歲入、歲出預算各為 $800,000。
2. 接鎮庫報告收到以前年度歲入應收款 $400,000。
3. 接鎮庫報告收到本年度剔除經費 $28,000。
4. 支付本年度歲出款 $200,000。
5. 現購材料 $60,000。

答：

分錄：

借：	歲入預算數	$800,000	
	貸：歲出預算數		$800,000
借：	鎮庫結存	$400,000	
	貸：以前年度收入		$400,000
借：	鎮庫結存	$28,000	
	貸：應收剔除經費		$28,000
借：	本年度支出	$200,000	
	貸：鎮庫結存		$200,000
借：	材料	$60,000	
	貸：鎮庫結存		$60,000

三、某縣市政府會計上年度結轉累計餘絀帳方借餘額 $946,000，下列是本年度發生有關該帳戶的資料：

(1)註銷以前年度歲出應付款　　　$3,560,000

⑵註銷以前年度歲入應收款　　　　3,320,000

⑶註銷以前年度歲出保留數準備　　4,284,000

⑷上年度歲計餘絀貸方餘額結轉　　　452,000

試計算累計餘絀帳戶餘額，先列出該帳戶的期初餘額，再將各有關金額逐一加減，然後結出該帳戶的最後餘額，並註明是賸餘，還是虧絀。

答：

累計餘絀帳戶餘額 = −$946,000（期初）+$3,560,000 ⑴ − $3,320,000 ⑵ + $4,284,000 ⑶ + $452,000 ⑷ = $4,030,000（賸餘）

四、某縣政府 90 年度總會計相關之會計事項如下：

⑴議會審議通過年度歲入總預算 $150,000，歲出總預算 $150,000。

⑵縣府核定各機關各月份歲入、歲出分配預算。

⑶公庫報告收到稅課收入 $88,000，規費收入 $12,500。

⑷公庫報告收到財產收入 $12,000。

⑸公庫報告撥付行政支出 $96,000，交通支出 $7,500。

⑹公庫報告收到暫收款 $25,000 及短期借款 $40,000。

⑺公庫報告撥付墊付款 $35,000。

⑻公庫報告收到營業盈餘及事業收入 $50,000。

⑼公庫報告撥付教育科學文化支出 $32,500。

⑽公庫暫收之補助款已確定收入來源科目。

⑾墊付經費繳還公庫 $10,000。

⑿屬於以前各年度收入 $5,000 誤列為營業盈餘及事業收入。

⒀撥還公庫透支之短期借款 $30,000。

⒁另各機關決算報告補充資料如下：

　①本年度自行收納其他收入未繳庫數 $3,500。

　②本年度歲入應收款 $3,000，其中含財產收入 $1,750，規費收入 $1,250。

　③應補充各資產負債科目金額如下：

材料	$ 5,000	預付費用	$ 6,000
預付薪資	12,500	暫收款	21,000
預付旅費	1,500	代收款	4,500

試作：

1.總會計之統制記錄。

2.年終應有之調整及結帳分錄。

3.編製總會計年度底之平衡表及年度收支餘絀表。

答：

1.統制記錄

　(1)借：歲入預算數　　　　　　　　　$150,000

　　　　　貸：歲計餘絀　　　　　　　　　　　　　$150,000

　　借：歲計餘絀　　　　　　　　　$150,000

　　　　　貸：歲出預算數　　　　　　　　　　　　$150,000

　(2)不作分錄。

　(3)借：公庫結存　　　　　　　　　$100,500

　　　　　貸：稅課收入　　　　　　　　　　　　　$88,000

　　　　　　　規費收入　　　　　　　　　　　　　12,500

　(4)借：公庫結存　　　　　　　　　$12,000

　　　　　貸：財產收入　　　　　　　　　　　　　$12,000

　(5)借：行政支出　　　　　　　　　$96,000

　　　　　交通支出　　　　　　　　　7,500

　　　　　貸：公庫結存　　　　　　　　　　　　　$103,500

　(6)借：公庫結存　　　　　　　　　$65,000

　　　　　貸：暫收款　　　　　　　　　　　　　　$25,000

　　　　　　　短期借款　　　　　　　　　　　　　40,000

　(7)借：墊付款　　　　　　　　　　$35,000

　　　　　貸：公庫結存　　　　　　　　　　　　　$35,000

　(8)借：公庫結存　　　　　　　　　$50,000

　　　　　貸：營業盈餘及事業收入　　　　　　　　$50,000

　(9)借：教育科學文化支出　　　　　$32,500

　　　　　貸：公庫結存　　　　　　　　　　　　　$32,500

　(10)借：暫收款　　　　　　　　　　$25,000

　　　　　貸：補助收入　　　　　　　　　　　　　$25,000

　(11)借：公庫結存　　　　　　　　　$10,000

　　　　　貸：墊付款　　　　　　　　　　　　　　$10,000

　(12)借：營業盈餘及事業收入 $5,000

　　　貸：以前各年度收入 　　　　　　　　　　　　　　　　$5,000

　(13)借：短期借款 $30,000

　　　貸：公庫結存 　　　　　　　　　　　　　　　　　　$30,000

2.年終調整及結帳分錄

　(1)補充分錄（按各機關決算補充資料）

　　借：各機關結存 $3,500

　　　貸：其他收入 　　　　　　　　　　　　　　　　　　$3,500

　　借：歲入應收款 $3,000

　　　貸：財產收入 　　　　　　　　　　　　　　　　　　$1,750

　　　　　規費收入 　　　　　　　　　　　　　　　　　　　1,250

　(2)根據各機關決算報告補充各資產、負債科目

　　借：材料 　　　　 $ 5,000

　　　　預付薪資 　　　　12,500

　　　　預付旅費 　　　　 1,500

　　　　預付費用 　　　　 6,000

　　　貸：各機關結存 　　　　　　　　　　　　　　　　　$25,000

　　借：各機關結存 $25,500

　　　貸：暫收款 　　　　　　　　　　　　　　　　　　　$21,000

　　　　　代收款 　　　　　　　　　　　　　　　　　　　　4,500

　(3)將各項支出決算數結轉歲出預算數

　　借：歲出預算數 $136,000

　　　貸：行政支出 　　　　　　　　　　　　　　　　　　$96,000

　　　　　交通支出 　　　　　　　　　　　　　　　　　　　7,500

　　　　　教育科學文化支出 　　　　　　　　　　　　　　　32,500

　(4)將各項收入決算數結轉歲入預算數

借：稅課收入 $88,000

　　營業盈餘及事業收入 45,000

　　財產收入 13,750

　　規費收入 13,750

　　其他收入 3,500

　　補助收入 25,000

　　貸：歲入預算數 $189,000

(5)將歲入預算數、歲出預算數餘額結轉歲計餘絀

借：歲入預算數 $39,000

　　貸：歲計餘絀 $39,000

借：歲出預算數 $14,000

　　貸：歲計餘絀 $14,000

借：以前各年度收入 $5,000

　　貸：累計餘絀 $5,000

3.

(1)

某縣政府

總會計平衡表

中華民國 90 年 12 月 31 日

資　產		負債及餘絀	
公庫結存	$36,500	短期借款	$10,000
各機關結存	4,000	暫收款	21,000
歲入應收款	3,000	代收款	4,500
材料	5,000	歲計餘絀	53,000
墊付款	25,000	累計餘絀	5,000
預付薪資	12,500		
預付旅費	1,500		
預付費用	6,000		
合　計	$93,500	合　計	$93,500

(2)

某縣政府

總會計收支餘絀表

中華民國 90 年度

歲入收入數		
稅課收入	$88,000	
營業盈餘及事業收入	45,000	
財產收入	13,750	
規費收入	13,750	
其他收入	3,500	
補助收入	25,000	$189,000
經費支出數		
行政支出	$96,000	
交通支出	7,500	
教育科學文化支出	32,500	136,000
歲計餘絀餘額		$ 53,000

第九章　稅賦徵課會計

一、試作下列有關關稅徵課記錄。

　　1.按本年度預算收到貨物進口稅、規費等項收入。

　　2.收到暫收稅款。

　　3.將前二項收入分別解庫。

　　4.核定記帳稅款。

　　5.前項記帳稅款沖銷。

答：

　　1.借：歲入結存

　　　　　貸：歲入實收數

　　2.借：歲入結存

　　　　　貸：暫收款

　　3.借：歲入納庫數

　　　　暫收款

　　　　　貸：歲入結存

　　4.借：核定記帳稅款

　　　　　貸：未沖轉記帳稅款

　　5.借：未沖轉記帳稅款

　　　　　貸：核定記帳稅款

二、試作下列有關國稅徵課記錄。

　　1.接到稅款經收處報告，經收國市共分稅款，尚未繳存。

　　2.接到稅捐劃解清單，稅捐收入清單，保管款收入清單。

　　3.收到以各種公債或股票抵繳稅款。

　　4.前項公債到期兌現或股票變賣。

　　5.前項兌現款解庫。

答：

　　1.借：歲入結存 —— 待繳存稅款

　　　　　貸：暫收款

2.借：暫收款
　　貸：歲入實收數
　　　　應劃解市庫款──現金部分
　　　　保管款

3.借：抵繳稅款──有價證券
　　貸：歲入實收數
　　　　應劃解市庫款──實物抵繳部分

4.借：歲入結存──專戶存款
　　　貸：抵繳稅款──有價證券

5.借：歲入納庫數
　　　應劃解市庫款──實物抵繳部分
　　貸：歲入結存──專戶存款

第十章　公庫出納會計

一、下列為某年度國庫統制會計之事項：

  1.分庫報告收到當年度貨物稅收入 $500,000，以前年度所得稅收入 $200,000。

  2.分庫報告收回以前年度歲出 $20,000。

  3.分庫報告收到某機關解繳被審計機關剔除之經費 $4,000。

  4.分庫報告收到各機關當年度支出之收回 $100,000。

  5.地區支付處報告收回各機關當年度之支出 $100,000。

  6.地區支付處報告支付各機關當年度各項歲出 $4,000,000。

  7.分庫報告收到各機關繳存之特種基金及保管款 $3,000,000。

  8.地區支付處報告支付各機關以前年度應付歲出款 $750,000。

  9.地區支付處報告支付各機關特種基金及保管款 $150,000。

  10.分庫報告兌付國庫支票 $2,500,000。

  11.會計年度結束時，收支科目辦理結帳。

  試依據上列各項資料，作成應有之分錄。

答：

  1.借：國庫存款　　　　　　　　　　　$700,000
      貸：本年度收入　　　　　　　　　　　　　　　$500,000
         以前年度收入　　　　　　　　　　　　　　200,000

  2.借：國庫存款　　　　　　　　　　　$20,000
      貸：收回以前年度歲出　　　　　　　　　　　　$20,000

  3.借：國庫存款　　　　　　　　　　　$4,000
      貸：剔除經費　　　　　　　　　　　　　　　　$4,000

  4.借：國庫存款　　　　　　　　　　　$100,000
      貸：待證實國庫存款　　　　　　　　　　　　　$100,000

  5.借：待證實國庫存款　　　　　　　　$100,000
      貸：本年度支出　　　　　　　　　　　　　　　$100,000

  6.借：本年度支出　　　　　　　　　　$4,000,000
      貸：未兌國庫支票　　　　　　　　　　　　　$4,000,000

7. 借：國庫存款 　　　　　　　　　　　$3,000,000

　　貸：特種基金及保管款 　　　　　　　　　　　　　　　$3,000,000

8. 借：以前年度支出 　　　　　　　　　　$750,000

　　貸：未兌國庫支票 　　　　　　　　　　　　　　　　$750,000

9. 借：特種基金及保管款 　　　　　　　　$150,000

　　貸：未兌國庫支票 　　　　　　　　　　　　　　　　$150,000

10. 借：未兌國庫支票 　　　　　　　　　　$2,500,000

　　貸：國庫存款 　　　　　　　　　　　　　　　　　$2,500,000

11. 借：本年度收入 　　　　　　　　　　　$500,000

　　　以前年度收入 　　　　　　　　　　　200,000

　　　收回以前年度歲出 　　　　　　　　　 20,000

　　　剔除經費 　　　　　　　　　　　　　　4,000

　　貸：國庫餘絀 　　　　　　　　　　　　　　　　　$724,000

　　借：國庫餘絀 　　　　　　　　　　　$4,650,000

　　貸：本年度支出 　　　　　　　　　　　　　　　$3,900,000

　　　　以前年度支出 　　　　　　　　　　　　　　　750,000

二、下面資料是某年度國庫統制會計發生之事項，試就所示資料編製簡明國庫收支總表。

　1. 國庫分庫報告收到當年度課稅收入 $70,000,000,000，以前年度收入 $5,000,000,000。

　2. 國庫分庫報告收回以前年度歲出 $1,500,000，收到剔除經費 $250,000。

　3. 國庫分庫報告收到各機關當年度支出之收回 $390,000。

　4. 地區支付處報告收回各機關當年度各項支出 $390,000。

　5. 地區支付處報告支付各機關當年度各項歲出 $45,000,000,000，以前年度應付歲出款 $720,000,000。

　6. 年度終了時，結束收支科目。

答：

1. 借：國庫存款 　　　　　　　　　　$75,000,000,000

　　貸：本年度收入 　　　　　　　　　　　　　$70,000,000,000

　　　　以前年度收入 　　　　　　　　　　　　　5,000,000,000

2.借：國庫存款 $1,750,000

　　貸：收回以前年度歲出 $1,500,000

　　　　剔除經費 250,000

3.借：國庫存款 $390,000

　　貸：待證實國庫存款 $390,000

4.借：待證實國庫存款 $390,000

　　貸：本年度支出 $390,000

5.借：本年度支出 $45,000,000,000

　　　以前年度支出 720,000,000

　　貸：未兌國庫支票 $45,720,000,000

6.借：本年度收入 $70,000,000,000

　　　以前年度收入 5,000,000,000

　　　剔除經費 250,000

　　　收回以前年度歲出 1,500,000

　　貸：國庫餘絀 $75,001,750,000

　借：國庫餘絀 $45,719,610,000

　　貸：本年度支出 $44,999,610,000

　　　　以前年度支出 720,000,000

國庫統制會計
簡明收支總表
××年度

收入：

　本年度收入 $70,000,000,000

　以前年度收入 5,000,000,000

　收回以前年度歲出 1,500,000

　剔除經費 250,000

合　計 $75,001,750,000

支出：

　本年度支出 $44,999,610,000

　以前年度支出 720,000,000

合　計 45,719,610,000

國庫餘絀 $29,282,140,000

三、下列為國庫支付會計事項，試為之分錄。

　　1.地區支付處收到各機關簽發之付款憑單 $2,000,000，並憑以簽發國庫支票支付各機關費款。

　　2.各機關通知地區支付處繳存當年度之支出收回 $400,000。

　　3.國庫支票 $200,000 不須支付，辦理註銷。

　　4.發現已簽發之國庫支票 $150,000 有溢付重付情形，應予收回。

　　5.國庫支票在未經合法受款人簽收前被冒領，經另簽同額國庫支票 $60,000 交付合法受款人。

　　6.收到繳款書證明聯，上項溢付重付款已經收回存入國庫。

　　7.年度終了時，辦理結帳。

答：

　1.借：支付費款　　　　　　　　　　　　　$2,000,000
　　　　貸：簽發國庫支票　　　　　　　　　　　　　　　$2,000,000

　2.借：存入國庫款　　　　　　　　　　　　$400,000
　　　　貸：支付費款　　　　　　　　　　　　　　　　　$400,000

　3.借：簽發國庫支票　　　　　　　　　　　$200,000
　　　　貸：支付費款　　　　　　　　　　　　　　　　　$200,000

　4.借：應收回庫款——溢付重付款　　　　　$150,000
　　　　貸：支付費款　　　　　　　　　　　　　　　　　$150,000

　5.借：應收回庫款——待追查支付責任款　　$60,000
　　　　貸：支付費款　　　　　　　　　　　　　　　　　$60,000
　　借：支付費款　　　　　　　　　　　　　$60,000
　　　　貸：簽發國庫支票　　　　　　　　　　　　　　　$60,000

　6.借：存入國庫款　　　　　　　　　　　　$150,000
　　　　貸：應收回庫款——溢付重付款　　　　　　　　　$150,000

　7.借：簽發國庫支票　　　　　　　　　　　$1,860,000
　　　　貸：本期未了支付責任　　　　　　　　　　　　　$1,860,000
　　借：本期未了支付責任　　　　　　　　　$1,800,000
　　　　貸：支付費款　　　　　　　　　　　　　　　　　$1,250,000
　　　　　　存入國庫款　　　　　　　　　　　　　　　　　550,000

四、下列為國庫代庫會計事項，試為之分錄。

　　1. 支庫經收庫款 $50,000,000。

　　2. 支庫兌付庫款 $15,000,000。

　　3. 支庫收存各機關之專戶存款 $23,000,000。

　　4. 總庫收存國庫存款 $50,000,000。

　　5. 總庫支付國庫存款 $15,000,000。

　　6. 支庫支付各機關專戶存款 $3,000,000。

　　7. 年度終了時辦理結帳。

答：

1. 借：分庫撥帳	$50,000,000	
貸：國庫收入		$50,000,000
2. 借：國庫支付	$15,000,000	
貸：分庫撥帳		$15,000,000
3. 借：存放代庫銀行	$23,000,000	
貸：機關專戶存款		$23,000,000
4. 借：存放代庫銀行	$50,000,000	
貸：經理國庫存款		$50,000,000
5. 借：經理國庫存款	$15,000,000	
貸：存放代庫銀行		$15,000,000
6. 借：機關專戶存款	$3,000,000	
貸：存放代庫銀行		$3,000,000
7. 借：國庫收入	$50,000,000	
貸：國庫支付		$15,000,000
分庫撥帳		35,000,000

五、下列為國庫統制會計發生事項：

　　1. 分庫報告退還以前年度歲入 $60,000，以前年度收入 $18,000。

　　2. 分庫報告退還以前年度歲入 $6,000，收回以前年度歲出 $3,000，收到剔除經費 $1,200。

　　3. 分庫報告收到各機關當年度支出之收回 $900。

　　4. 地區支付處報告收回各機關當年度支出 $900。

　　5. 地區支付處報告簽開之國庫支票誤付受款人，另簽支票支付 $600。

6. 分庫報告收回地區支付處誤付款 $600。

7. 地區支付處報告收回誤付款 $600。

8. 地區支付處報告支付各機關當年度歲出 $48,000，以前年度支出 $1,500。

9. 分庫報告兌付國庫支票 $45,000。

10. 年度結帳，結束收支科目。

作成應有分錄，並編製國庫出納報告及總分類帳各科目餘額表。

答：

1. 借：國庫存款　　　　　　　　　　　　　　$78,000
　　　貸：本年度收入　　　　　　　　　　　　　　　　$60,000
　　　　　以前年度收入　　　　　　　　　　　　　　　18,000
2. 借：以前年度收入　　　　　　　　　　　　$6,000
　　　貸：剔除經費　　　　　　　　　　　　　　　　　$1,200
　　　　　收回以前年度歲出　　　　　　　　　　　　　3,000
　　　　　國庫存款　　　　　　　　　　　　　　　　　1,800
3. 借：國庫存款　　　　　　　　　　　　　　$900
　　　貸：待證實國庫存款　　　　　　　　　　　　　　$900
4. 借：待證實國庫存款　　　　　　　　　　　$900
　　　貸：本年度支出　　　　　　　　　　　　　　　　$900
5. 借：地區應收回庫款　　　　　　　　　　　$600
　　　貸：未兌國庫支票　　　　　　　　　　　　　　　$600
6. 借：待證實國庫存款　　　　　　　　　　　$600
　　　貸：地區應收回庫款　　　　　　　　　　　　　　$600
7. 借：國庫存款　　　　　　　　　　　　　　$600
　　　貸：待證實國庫存款　　　　　　　　　　　　　　$600
8. 借：本年度支出　　　　　　　　　　　　　$48,000
　　　　以前年度支出　　　　　　　　　　　　1,500
　　　貸：未兌國庫支票　　　　　　　　　　　　　　　$49,500
9. 借：未兌國庫支票　　　　　　　　　　　　$45,000
　　　貸：國庫存款　　　　　　　　　　　　　　　　　$45,000

10.借：本年度收入 $60,000
以前年度收入 12,000
剔除經費 1,200
收回以前年度歲出 3,000
貸：國庫餘絀 $76,200
借：國庫餘絀 $48,600
貸：本年度支出 $47,100
以前年度支出 1,500

第十一章 長期性資產會計

除了下列固定資產報表以外，關於克市普通固定資產的資訊，在 20××年 5 月 31 日結束的會計年度財務報告中只有兩項在合併平衡表的「普通固定資產」欄中：(a)金額 $3,156,328（在資產及其他借項部分），寫上「固定資產（淨額）」(b)金額 $3,156,328（在負債部分），寫上「普通固定資產——成本」。

試問：

1. 克市的年度報告如果要滿足下列兩種人，需要那些資訊？(a)市議會的新議員(b)對市政府資產財務管理有興趣、關心的市民。

2. 如果你是該市的查帳會計師，你會對該財務報表簽發無保留意見嗎？如果否定，則你的客戶應該如何改變他的財務報表，使得你簽發無保留意見？20××年 5 月 31 日的報表能夠改變以至於符合你的要求嗎？

普通固定資產報表
20××年 5 月 31 日

固定資產（淨額）		
土地	$ 143,330	
房屋及建築物	838,693	
房屋改良物	1,734,363	
交通運輸設備	231,535	
辦公設備	19,144	
一般設備	189,263	$3,156,328
投資於普通固定資產		
普通固定資產——成本		$3,156,328

答：

1. (a)應說明購置資產之資金來源。

   (b)應列出資產種類。

2. 不予簽發無保留意見。

   應加以列明投資於資產之資金來源。

第十二章　長期負債會計

一、下列是一些不相關聯的交易，分別間接影響普通長期債務科目。試作各交易的分錄，不必說明。

  1.一個 $50,000 的特別稅課供給分期償付債券的償還（已發行多年），已記錄在債務基金，同時壞稅（估計）$1,000 也已記錄。

  2.一個 $500,000 分期償付債券售得 $512,500，溢價移轉於債務基金（由本基金付本金）。

  3.債務基金的彙總顯示有額外的 $120,300 可供償還分期債務的負債，$18,990 可供付息，這個增加的影響尚未記載於普通長期負債。

  4.有面值 $250,000 的普通負債分期償付債券發行以償付面值 $300,000 一次到期債券的一部分。差額由債務基金以前年度累積的金額償還 $42,500，剩下的由普通基金尚未劃分之現金支付。

答：

1.借：債務基金已備償付分期公債款額	$49,000	
貸：償付分期攤還公債應備款額		$49,000
2.借：償付分期攤還公債應備款額	$500,000	
貸：應付分期攤還公債		$500,000
3.借：債務基金已備償付分期公債款額	$120,300	
貸：償付分期攤還公債應備款額		$120,300
4.借：償付分期攤還公債應備款額	$250,000	
貸：應付分期攤還公債		$250,000
借：債務基金已備償付定期公債款額	$7,500	
貸：償付定期公債應備款額		$7,500
借：應付定期公債	$300,000	
貸：債務基金已備償付定期公債款額		$300,000

二、在奧克蘭市轄制下的財產分別位於五個不同的政府單位，每個單位都可發生長期債務，在 20××年 4 月 30 日，這一天，五個單位的淨長期負債如下：

平原郡	$ 496,200
藍溪鎮	62,800
市──公所	5,988,700
市──學校	3,009,500
市──醫院	299,100

各單位財產的價值 (4/30 同一天) 如下：郡 $280,400,000，鎮 $154,220,000，市 $98,140,000。

試作：

1. 奧市直接和重疊的負債報表。

2. 計算奧市總負債對總資產的比率。

答：

1.

奧克蘭市

直接負債報表

20××年 4 月 30 日

市──公所淨長期負債	$5,988,700
市──學校淨長期負債	3,009,500
市──醫院淨長期負債	299,100
合　計	$9,297,300

奧克蘭市

重疊負債報表

20××年 4 月 30 日

奧克蘭市	$9,297,300
平原郡	496,200
藍溪鎮	62,800
合　計	$9,856,300

2. 總負債對總資產比率 $= \dfrac{\$9,856,300}{\$532,760,000} = 1 : 54$

第十五章 政府基金會計

一、安恆市委聘閣下審查下列簿記員編造之財務狀況表:

安恆市

財務狀況表

20×B 年 6 月 30 日

資 產

現金	$ 159,000
應收本年度稅款	32,000
物料盤存	9,000
有價證券	250,000
土地	1,000,000
長期性資產	7,000,000
	$8,450,000

負債、準備與基金餘額

應付憑單	$ 42,000
物料盤存準備	8,000
應付公債	3,000,000
基金餘額	5,400,000
	$8,450,000

閣下審核結果,發現下列資料:

㈠基金餘額之分析:

餘額,20×A 年 6 月 30 日		$2,100,000
加: 捐贈土地	$ 800,000	
中央政府補助	2,200,000	
建立留本基金	250,000	
實際稅收超逾預算額	24,000	
預算歲出超過歲出與歲出保留數額	20,000	
留本基金淨收益	10,000	3,304,000
		$5,404,000

減：文化中心經費超逾收入額　　　　　　　　　　　　　　4,000

餘額，20×B 年 6 月 30 日　　　　　　　　　　　　　　$5,400,000

㈡於 20×A 年 7 月，市府受贈土地，估定公平市價 $800,000，充作建造文化中心，該中心於 20×B 年 4 月 15 日落成。建築工程經費出自中央政府補助之 $2,200,000 與 20×A 年 7 月 1 日按面值發售十年到期 3% 之普通公債 $3,000,000，支息日為 12 月 31 日與 6 月 30 日。土地之公平市價與建築成本，各包括於土地與長期性資產帳戶。

㈢省政府或市政府並不津貼文化中心之經常開支。文化中心留本基金乃由有價證券之捐贈而設立，該項有價證券於受贈時之公平市價為 $250,000。留本基金之本金不予動用，收益則用以彌補文化中心之虧絀。

㈣其他資料：

1. 20×A ～×B 年度課徵賦稅，預計短收數為 $7,000。

2. 20×B 年 6 月 30 日之物料盤存為 $12,500。

3. 20×B 年 6 月 30 日普通基金尚未交貨之購貨訂單合計 $5,000。

4. 於 20×A 年 7 月 1 日，購置房地產 $2,000,000，其中購價 $200,000 歸諸土地。此項購置預算於 20×B 年 6 月 30 日前業經核定。

試編製工作底稿，列示調整分錄，並分配於適當基金。工作底稿之內容，可設置下列諸欄：

　　a.帳面餘額。

　　b.調整──借。

　　c.調整──貸。

　　d.普通基金。

　　e.文化中心留本基金：

　　　　本金

　　　　收益

答：

調整分錄			
1	借：基金餘額　　　　　　　$5,000,000 　　　應付公債　　　　　　　3,000,000 　　　貸：土地　　　　　　　　　　　$1,000,000 　　　　　長期性資產　　　　　　　　7,000,000		轉出長期性資產及負債，另記入政府個體會計。
2	借：基金餘額　　　　　　　　$256,000 　　　貸：留本本金基金餘額　　　　　$250,000 　　　　　留本收益基金餘額　　　　　　6,000		分立留本本金與收益基金餘額。
3	借：應收普通基金款項　　　　　$6,000 　　　貸：應付留本收益基金款項　　　　　$6,000		記錄基金間應收與應付交易。
4	借：基金餘額　　　　　　　　　$7,000 　　　貸：估計短收本年度稅款　　　　　　$7,000		記錄備抵短收稅款。
5	借：物料盤存　　　　　　　　　$3,500 　　　基金餘額　　　　　　　　　1,000 　　　貸：物料盤存準備　　　　　　　　　$4,500		記錄 6/30/×B 之物料盤存，並增加物料盤存準備，使與物料盤存戶之餘額相等。
6	借：基金餘額　　　　　　　　　$5,000 　　　貸：歲出保留數準備　　　　　　　　$5,000		記錄 6/30/×B 尚未交貨之購貨訂單。

安頓市
工作底稿
20×B 年 6 月 30 日

會計科目	帳面餘額	調整 借	調整 貸	普通基金	文化中心留本基金 本金	收益
現金	$ 159,000			$159,000		
應收本年度稅款	32,000			32,000		
物料盤存	9,000	(5) $ 3,500		12,500		
有價證券	250,000				$250,000	
土地	1,000,000		(1) $1,000,000			
長期性資產	7,000,000		(1) 7,000,000			
應收普通基金款		(3) 6,000				$6,000
	$8,450,000			$203,500	$250,000	$6,000
應付憑單	$ 42,000			$ 42,000		
物料盤存準備	8,000		(5) 4,500	12,500		
應付公債	3,000,000	(1) 3,000,000				
基金餘額	5,400,000	(1) 5,000,000 (2) 256,000 (4) 7,000 (5) 1,000 (6) 5,000		131,000	250,000	
	$8,450,000					
應付留本收益基金款項			(3) 6,000	6,000		
歲出保留數準備			(6) 5,000	5,000		
估計短收本年度稅款			(4) 7,000	7,000		
留本基金餘額:						
本金			(2) 250,000		250,000	
收益			(2) 6,000			$6,000
		$8,278,500	$8,278,500	$203,500	$250,000	$6,000

二、樂和市委聘閣下審查 20××年度之財務報表，該市 20××年之預算經由市議會
通過，並登錄入帳，一切交易均採收付實現制，普通基金之試算表與其他資料
如下所示：

㈠檢查歲出分類帳，獲得下列資料：

	預算數	實際數
人事服務	$ 45,000	$38,500
物料	19,000	11,000
設備	38,000	23,000
合　計	$102,000	$72,500

㈡物料 $4,000，設備 $10,000 業經收到，惟於 12 月 31 日尚未支付。

㈢於 12 月 31 日，已簽發而尚未交貨之購貨訂單有物料 $1,200，設備 $3,800。

㈣12 月 31 日實地盤存結果，得知物料存貨量 $1,700，應予入帳。

㈤檢查歲入分類帳，獲知下列資料：

	預算數	實際數
財產稅	$102,600	$ 96,000
執照費	7,400	7,900
罰款	4,100	4,500
	$114,100	$108,400

財產稅估計有 5% 無法收取，是故其課徵總額當使實收額可獲預算之數
$102,600。

㈥於 20××年 11 月 1 日，樂和市以溢價 $3,000 發售面值 $200,000 之定期普通
公債，十四年到期，支息日為每年 5 月 1 日與 11 月 1 日。市議會決議通過債
券溢價所獲之現金款項應暫留存，以備最終清償公債之本金。此項公債之發
行乃為籌建市政廳之用，惟於 12 月 31 日尚未簽訂工程合約。

1. 試完成下列工作底稿，列示調整分錄，並分配於適當之基金或特類帳戶：

樂和市
修正試算表工作底稿
20××年 12 月 31 日

	普通基金 試算表	調 整 借	貸	普通 基金	債務 基金	資本計 畫基金	政府個 體會計
借 項							
現金	$238,900						
歲出實付數	72,500						
歲入預算數	114,100						
設備							
歲出保留數							
物料盤存							
應收本年度稅款							
	$425,500						
貸 項							
歲出預算數	$102,000						
歲入實收數	108,400						
應付公債	200,000						
債券溢價	3,000						
基金餘額	12,100						
應付憑單							
歲出保留數準備							
物料盤存準備							
估計短收本年度稅款							
	$425,500						

2.試列舉普通基金應予編製之財務報表（並不需要實際編製）。

3.試作普通基金之結帳分錄。

答：

1.

樂和市
修正試算表工作底稿
20××年12月31日

會計科目	普通基金試算表	(A)調整 借	(A)調整 貸	普通基金	(B) 債務基金	(C) 資本計畫基金	(D) 政府個體會計合計
借　項							
現金	$238,900		(6) $203,000	$ 35,900	$3,000	$200,000	$238,900
歲出實付數	72,500	(1) $ 14,000		86,500			53,500
歲入預算數	114,100			114,100			
設備							33,000
歲出保留數		(2) 5,000		5,000			
物料盤存		(3) 1,700		1,700			1,700
應收本年度稅款		(4) 12,000		12,000			12,000
	$425,500			$255,200			$339,100
貸　項							
歲出預算數	$102,000			$102,000			
歲入實收數	108,400		(4) 6,600	115,000			$115,000
應付公債	200,000	(6) 200,000				$200,000	200,000
債券溢價	3,000	(6) 3,000			$3,000		3,000
基金餘額	12,100			12,100			
應付憑單			(1) 14,000	14,000			
淨資產							15,700
歲出保留數準備			(2) 5,000	5,000			
物料盤存準備			(3) 1,700	1,700			
估計短收本年度稅款			(4) 4,500	5,400			5,400
	$425,500	$235,700	$235,700	$255,200	$3,000	$200,000	$339,100

調整分錄		
(A)普通基金		
(1) 借：歲出實付數　　　　$14,000		記錄 12/31/××尚未支付之負債。
貸：應付憑單　　　　　　　　$14,000		
(2) 借：歲出保留數　　　　$5,000		記錄 12/31/××已簽發而尚未交貨之購貨訂單。
貸：歲出保留數準備　　　　　$5,000		
(3) 借：物料盤存　　　　　$1,700		記錄 12/31/××之物料盤存，並設立物料盤存準備。
貸：物料盤存準備　　　　　　$1,700		
(4) 借：應收本年度稅款　　$12,000		記錄應收稅款及備抵短收稅款。
貸：估計短收本年度稅款　　　$5,400		課徵總額=$102,600÷95%
歲入實收數　　　　　　　6,600		=$108,000
		應收稅款=$108,000−$96,000
		=$12,000
		估計短收稅款=$108,000×5%
		=$5,400
(5) 借：應付公債　　　　　$200,000		將公債售得款項轉入債務基金及資本計畫基金列帳。
債券溢價　　　　　3,000		
貸：現金　　　　　　　　　　$203,000		
(B)債務基金		
借：現金　　　　　　　　$3,000		記錄債務基金分錄。
貸：歲入實收數　　　　　　　$3,000		
(C)資本計畫基金		
借：現金　　　　　　　　$200,000		記錄資本計畫基金分錄。
貸：歲入實收數　　　　　　　$200,000		
(D)政府個體會計		
借：現金　　　　　　　　$238,900		記錄政府個體會計分錄。
歲出實付數　　　　53,500		
物料盤存　　　　　1,700		
應收本年度稅款　　12,000		
設備　　　　　　　33,000		
貸：歲入實收數　　　　　　　$115,000		
應付公債　　　　　　　　200,000		
債券溢價　　　　　　　　3,000		
估計短收本年度稅款　　　5,400		
淨資產　　　　　　　　　15,700		

2.普通基金應予編製之財務報表：

　⑴財務狀況表。

　⑵基金餘額變動分析表。

　⑶歲入比較表。

　⑷歲出比較表。

3.

結帳分錄		
⑴ 借：歲入實收數　$115,000		結清歲入預算數與歲入實收
貸：歲入預算數	$114,100	數帳戶。
基金餘額	900	
⑵ 借：歲出預算數　$102,000		結清歲出預算數、歲出實付數
貸：歲出實付數	$86,500	與歲出保留數帳戶。
歲出保留數	5,000	
基金餘額	10,500	

三、歌樂市市議會通過自 20×3 年財政年度（終止於 9 月 30 日）現金預算應按基金
　　別編列，惟該市財務主任曾編製預計現金收支表如下，但無法按基金區分。

現金收入：

賦稅

　財產稅　　　　　　　　　$　685,000

　教育稅　　　　　　　　　　　421,000

　特權稅　　　　　　　　　　　223,000

　　　　　　　　　　　　　$1,329,000

執照費與特許費

　營業執照　　　　　　　　$　　41,000

　車輛檢查特許證　　　　　　　 24,000

　建築特許證　　　　　　　　　 18,000

　　　　　　　　　　　　　$　　83,000

政府間收入

　銷售稅　　　　　　　　　$1,012,000

　中央政府補助　　　　　　　　128,000

　省政府車輛稅　　　　　　　　 83,500

　省政府汽油稅　　　　　　　　 52,000

省政府賣酒執照	16,000
	$1,291,500
服務取費	
清潔衛生	$ 121,000
排污通溝	71,000
圖書館收入	13,000
公園收入	2,500
	$ 207,500
發售公債	
市中心	$ 347,000
普通公債	200,000
排污廠	153,000
圖書館	120,000
	$ 820,000
其他	
出售投資所得款項	$ 312,000
排污工程特賦	50,000
租金收入	48,000
利息收入	15,000
	$ 425,000
	$4,156,000
現金支出:	
總務	$ 671,000
公安	516,000
學校	458,000
衛生	131,000
圖書館	28,000
租賃財產	17,500
公園	17,000
	$1,838,500
債務	
普通公債	$ 618,000
修路公債	327,000
教育公債	119,000
排污工程公債	37,200
	$1,101,200
投資	$ 358,000
省政府應得銷售稅	$ 860,200

資本支出

排污工程（特賦區）	$ 114,100
市中心	73,000
圖書館建築	36,000
	$ 223,100
	$4,381,000

其他資料：

1. 為建造市中心，於 20×2 年核發公債，債務由市中心未來之收入與財產稅償付。

2. 為擴充圖書館，於 20×2 年核發公債，債務由財產稅償付。

3. 普通公債由普通基金徵收之財產稅償付。

4. 每年教育稅之 10%，用以償付籌建學校所募教育公債之用。

5. 於 20×0 年，有一富商捐贈租賃財產予市政府，財產之淨收益充作補助圖書館經費之用，於每年 9 月 30 日以現款轉撥圖書館。

6. 市政府徵收所有銷售稅，其 85% 歸省政府，於每月月終匯交。

7. 修路公債乃由前向財產所有主徵收之特賦償付，特賦款項曾作投資，本金 $312,000，預計於下年度可獲利息 $15,000。

8. 於 20×2 年，為排污工程，曾向若干財產所有主徵收特賦 $203,000。於 20×3 年度，預計此項特賦可收得 $50,000。其餘排污工程之成本，乃以 20×3 年度發售之公債 $153,000 支付。未來徵收之特賦，則用以償付公債本息。

9. 所有排污通溝與清潔衛生服務，專設公營事業基金分別處理。

10. 中央政府補助係充 20×3 年度學校經費之用。

11. 年終市中心公債與圖書館公債售得之款項均予投資。

試編製 20×3 年度按基金別之現金收支預算，包括所有基金間之轉撥。

答：

歌樂市
按基金別之現金收支預算
20×2 年 10 月 1 日至 20×3 年 9 月 30 日

	普通基金	資本計畫基金	債務基金	信託基金	代理基金	特賦基金	公營事業基金
收入:							
財產稅	$ 685,000						
教育稅	378,900		$ 42,100				
特權稅	223,000						
營業執照	41,000						
車輛檢查特許證	24,000						
建築特許證	18,000						
銷售稅					$ 1,012,000		
中央政府補助	128,000						
省政府車輛稅	83,500						
省政府汽油稅	52,000						
省政府賣酒執照	16,000						
清潔衛生取費							$121,000
排污通溝取費							71,000
圖書館收入	13,000						
公園收入	2,500						
市中心公債		$347,000					
普通公債	200,000						
排污工程公債						$153,000	
圖書館公債		120,000					
出售投資所得款項						312,000	
排污工程特賦						50,000	
租金收入				$ 48,000			
利息收入						15,000	
收入總額	$ 1,864,900	$467,000	$ 42,100	$ 48,000	$ 1,012,000	$530,000	$192,000
支出:							
總務	$ 671,000						
公安	516,000						
學校	458,000						
衛生							$131,000
圖書館	28,000						
租賃財產				$ 17,500			
公園	17,000						
普通公債			$ 618,000				
修路公債						$327,000	

教育公債		119,000				
排污工程公債						$ 37,200
投資	$358,000					
省政府應得銷售稅				$ 860,200		
排污工程					$114,100	
市中心工程	73,000					
圖書館建築	36,000					
支出總額	$ 1,690,000	$467,000	$ 737,000	$ 17,500	$ 860,200	$441,100	$168,200
收入超逾（不足） 　支出額	$ 174,900	$ 0	$(694,900)	$ 30,500	$ 151,800	$ 88,900	$ 23,800
基金間之轉撥:						
普通基金撥款償付 　普通公債	$ (618,000)		$ 618,000			
代理基金撥付市 　政府應享銷售稅	151,800				$ (151,800)	
信託基金以淨收益 　轉撥圖書館	30,500			$(30,500)		
轉撥淨額	$ (435,700)		$ 618,000	$(30,500)	$ (151,800)	
現金增（減）淨額	$ (260,800)	$ 0	$ (76,900)	$ 0	$ 0	$ 88,900	$ 23,800

四、閣下審核臺馬市 20×3 年 6 月 30 日之財務，發現下列各項：

1. 於 20×2 年 12 月 31 日，該市自普通基金劃撥 $115,000，設立一中央修車廠，其中 $67,500 係廠房，估計有用期限二十五年，$14,500 係土地，$33,000 係機器設備，估計有用期限為十五年。同日修車廠更獲普通基金資助現金 $12,200。

2. 修車廠並未設記錄，惟檢閱存款單收據與作廢支票之結果，發現下列諸項：

收到經費出自普通基金之各部門服務取費	$30,000
職員薪金	6,000
水電	700
技工工資	11,000
物料	9,000

3. 修車廠於 20×3 年 6 月 30 日有應收帳款 $2,000，應付物料帳款 $500，物料存貨 $1,500。

4. 於 20×3 年 6 月 30 日，臺馬市按面值發行特賦公債 $200,000，以籌募街道改良工程，該工程之估計成本為 $225,000，市政府應攤 $15,000，當於 20×3 ～

×4 財政年度支付，$210,000 則歸財產所有主分攤，自 20×3 年 10 月 1 日起分五年等額支付。此項特賦於 6 月 30 日課徵，工程則於 20×3 年 7 月 2 日訂立 $215,000 之合約，惟尚未開始動工。

5. 於 20×1 年 7 月 1 日，臺馬市以面值發行三十年到期 6% 之定期普通公債，以籌建公共衛生中心。工程業經完成，承攬商業經於 20×2 ～×3 年度以 $397,500 之數全部付清。

6. 為衛生中心公債，臺馬市自普通基金歲入提撥足額，以支付利息（每年 7 月 1 日與 1 月 1 日支付），並於每一財政年度終了，劃撥 $5,060，以作償付公債本金之用，並於下一年度開始以之投資生息。閣下調查結果，發現於 20×2 ～×3 年度，投資生利 $304 一如預算之數。此 $304 係以現金收到，將於下年度之始投資。

上列由閣下審核而得之資料，均僅記載於普通基金，試作 20×3 年 6 月 30 日之調整分錄，列入其他適當之基金。

答：

政府內部服務基金之分錄			
1	借：現金　　　　　　$12,200		自普通基金劃撥 $115,000。設立一中央修車廠，同日修車廠並獲普通基金資助現金 $12,200。
	土地　　　　　　14,500		
	房屋　　　　　　67,500		
	機器設備　　　　33,000		
	貸：普通基金撥款　　　　　　$127,200		
2	借：應收普通基金款項　$ 2,000		記錄中央修車廠之收入與應收帳款。
	現金　　　　　　30,000		
	貸：來自其他單位收入　　　　$32,000		
3	借：物料盤存　　　　$ 1,500		記錄物料盤存、支出，與應付帳款。
	物料　　　　　　8,000		
	職員薪金　　　　6,000		
	水電　　　　　　700		
	技工工資　　　　11,000		
	貸：應付帳款　　　　　　　　$　500		
	現金　　　　　　　　　　26,700		
4	借：折舊──房屋　　$1,350		記錄房屋與機器設備六個月之折舊。
	折舊──機器設備　1,100		
	貸：累計折舊──房屋　　　　$1,350		
	累計折舊──機器設備　　1,100		

特賦基金之分錄			
1	借：應收特賦款項——本年度 $ 42,000		記錄特賦之徵收與
	應收特賦款項——遞延 168,000		市政府應攤之分額。
	應收普通基金款項 15,000		
	貸：基金餘額	$225,000	
2	借：現金 $200,000		記錄特賦公債按面
	貸：應付公債	$200,000	值發行。

資本計畫基金之分錄		
借：現金 $2,500		記錄公共衛生中心資本計畫
貸：基金餘額	$2,500	基金之餘額。

債務基金之分錄		
借：預計需增額 $ 5,060		衛生中心公債之債務基金。
預計收益額 304		
歲出實付數 24,000		
現金 17,364		
投資 5,060		
貸：預計支出額	$24,000	
歲入實收數	5,060	
利息收入	304	
應付利息	12,000	
基金餘額	10,424	

五、閣下於審核華福市帳務時，發現簿記員並未按基金分別登帳，於 20×9 年 12 月 31 日之普通基金試算表如下：

華福市普通基金

試算表

20×9 年 12 月 31 日

會計科目	借	貸
現金	$ 207,500	
應收本年度稅款	148,500	
估計短收本年度稅款		$ 6,000
歲出實付數	760,000	
歲入實收數		992,500

捐贈土地	190,000	
河橋公債 ── 核定未發	100,000	
在建工程 ── 河橋	130,000	
應付河橋公債		200,000
應付承攬工程帳款 ── 河橋		30,000
應付憑單		7,500
盈餘		300,000
	$1,536,000	$1,536,000

其他資料：

1. 20×9 年度之預算並未入帳，歲入預算為 $815,000，歲出預算為 $775,000。

2. 於 20×9 年 12 月 31 日，有關經常開支之購貨訂單，有 $2,500 並未入帳。

3. 歲入實收數帳戶包括 ── 貸項 $190,000，乃省政府捐贈之土地，以為建造河橋之用。

4. 河橋公債係按面值 $200,000 發售。

5. 檢閱歲出分類帳明細戶，發現包括下列諸項目：

經常費	$472,000
擴充建築與改良	210,000
購置設備	10,000
償付普通公債	50,000
償付普通公債利息	18,000

試編製工作底稿，設置下列諸欄，列示普通基金試算表、調整分錄，並分配於適當之基金。

普通基金試算表 ── 借
普通基金試算表 ── 貸
調整 ── 借
調整 ── 貸
普通基金 ── 借
普通基金 ── 貸
資本計畫基金
政府個體會計

答：

華福市
工作底稿
20×9 年 12 月 31 日

會計科目	普通基金試算表 借	普通基金試算表 貸	調整 借	調整 貸	普通基金 借	普通基金 貸	資本計畫基金	政府個體會計 借	政府個體會計 貸
現金	$ 207,500			(4) $ 100,000	$ 107,500			(9) $ 107,500	
應收本年度稅款	148,500				148,500			(9) 148,500	
估計短收本年度稅款		$ 6,000				$ 6,000			(9) $ 6,000
歲出實付數	760,000				760,000			(9) 760,000	
歲入實收數		992,500	(3) $ 190,000			802,500			(9) 802,500
捐贈土地	190,000			(3) 190,000					
河橋公債——核定未發	100,000		(4) 200,000	(4) 100,000					
在建工程——河橋	130,000		(4) 30,000	(4) 130,000					
應付河橋公債		200,000	(1) 200,000						
應付承攬工程帳款——河橋		30,000	(4) 100,000						
應付憑單		7,500				7,500			(9) 7,500
盈餘		300,000	(1) 815,000						
歲入預算數				(1) 775,000	815,000				
歲出預算數				(1) 240,000		775,000			
基金餘額						240,000			
歲出保留數			(2) 2,500		2,500				
歲出保留數準備				(2) 2,500		2,500			
現金——資本計畫基金							(5) $ 100,000	(10) 100,000	
支出——河橋工程							(5) 130,000		
收入——河橋工程							(5) (200,000)		
應付承攬工程帳款——河橋							(5) (30,000)		(10) 30,000
土地								(6) 190,000	
在建工程——河橋								(7) 130,000	
設備								(7) 10,000	
建築資產改良								(7) 210,000	
淨值付河橋公債									(8) 200,000
應付河橋公債								(11) 50,000	(10) 30,000
應付普通公債									(註)610,000
	$1,536,000	$1,536,000	$1,537,500	$1,537,500	$1,833,500	$1,833,500	$ —0—	$1,706,000	$1,706,000

註：政府個體會計淨資產部分 $610,000＝$340,000(調整項目(6)、(7)、(8)(淨計數)+$200,000(普通基金淨之資產(9))+$70,000(資本計畫基金之淨資產(10))

普通基金之分錄			
1	借：盈餘　　　　　　　　　　$200,000 　　歲入預算數　　　　　　　815,000 　　貸：歲出預算數　　　　　　　　　$775,000 　　　　基金餘額　　　　　　　　　　240,000		記錄 20×9 年之預算，並結清歸諸普通基金之盈餘帳戶。
2	借：歲出保留數　　　　　　　$2,500 　　貸：歲出保留數準備　　　　　　　$2,500		記錄 12/31/×9 尚未入帳之購貨訂單。
3	借：歲入實收數　　　　　　　$190,000 　　貸：捐贈土地　　　　　　　　　　$190,000		移除應歸長期性資產類之帳戶。
4	借：盈餘　　　　　　　　　　　$100,000 　　應付河橋公債　　　　　　　200,000 　　應付承攬工程帳款 ── 河橋　30,000 　　貸：現金　　　　　　　　　　　$100,000 　　　　在建工程 ── 河橋　　　　130,000 　　　　河橋公債 ── 核定未發　　100,000		移除應歸其他基金之帳戶。

資本計畫基金之分錄		
5	借：現金 ── 資本計畫基金　　　　　$100,000 　　支出 ── 河橋工程　　　　　　　130,000 　　貸：收入 ── 河橋工程　　　　　　　$200,000 　　　　應付承攬工程帳款 ── 河橋工程　30,000	分立河橋工程帳戶。

政府個體會計之分錄		
6	借：土地　　　　　　　　$190,000 　　貸：淨資產　　　　　　　　$190,000	記錄省政府捐贈之土地。
7	借：設備　　　　　　　　$ 10,000 　　在建工程 ── 河橋　　130,000 　　建築改良　　　　　　210,000 　　貸：淨資產　　　　　　　　$350,000	記錄由發行公債與普通基金歲入獲取之長期性資產。
8	借：淨資產　　　　　　　$200,000 　　貸：應付河橋公債　　　　　$200,000	發行河橋公債。

9	借： 現金	$107,500		記錄普通基金淨資產。
	應收本年度稅款	148,500		
	一般行政費	760,000		
	貸： 稅課收入		$802,500	
	估計短收本年度稅款		6,000	
	應付憑單		7,500	
	淨資產		200,000	
10	借： 現金	$100,000		記錄資本計畫基金淨資產。
	貸： 淨資產		$70,000	
	應付承攬工程帳款		30,000	
11	借： 應付普通公債	$50,000		調整償付普通公債記錄。
	貸： 一般行政費		$50,000	

六、閣下被聘審查荷馬市 20×9 年度（終止於 6 月 30 日）之財務報表，發現簿記員將一切交易均記入普通基金。普通基金之試算表如下：

荷馬市普通基金
試算表
20×9 年 6 月 30 日

借　項	
現金	$　125,180
工程用現金	174,000
應收本年度稅款	8,000
應收特賦款項——遞延	300,000
物料盤存	38,000
改良工程核定額	15,000
歲入預算數	4,135,000
利息費用	18,000
歲出保留數	360,000
歲出實付數	4,310,000
借項總額	$9,483,180

貸　項	
估計短收本年度稅款	$　　7,000
應付憑單	62,090
應付利息	18,000
街道改良工程負債	10,000

應付公債	300,000
債券溢價	3,000
存貨準備	36,000
歲出保留數準備	360,000
利息收入	21,000
基金餘額	106,090
歲入實收數	4,110,000
貸項總額	$9,483,180

其他資料:

1. 市議會於早年通過以存貨入帳,採用永續盤存制。於 20×9 年 6 月 30 日實地盤存結果,留存物料成本額 $37,750。

2. 本年度稅款均經過期,估計有 $5,500 勢將短收。

3. 財產稅給予折扣 $32,000,此項折扣並未列入預算核定經費,惟於發出稅單課徵時並未酌減,於實收時則借入歲出戶。

4. 於 20×9 年 6 月 25 日省政府稅務處公函通知荷馬市應得省政府稅收之分額為 $75,000。

5. 警察局添購新設備成本 $90,000,已於普通基金作正確記錄。

6. 於年內,有人捐贈該市土地 100 畝,價值 $250,000,備作公園之用。並未入帳。

7. 市議會通過修鋪拓寬若干街道,估計成本 $365,000,包括估計設計與工程成本 $5,000,由普通基金轉撥支付。其餘 $360,000 之經費來源,$10,000 由市政府資助,$350,000 向財產所有主課徵特賦,分七年以等額付款。公家應攤之分額 $15,000 為預算核定經費之一,而總數 $365,000 亦經以歲出預算記錄。至街道改良工程,尚有下列之有關資料:

   a. 財產所有主已付當年應付特賦款項,附加利息 $21,000。

   b. 特賦公債 $300,000,已按溢價 $3,000 發售,應付利息負債 $18,000 亦經記錄無誤,市府並不攤銷債券之溢價或折價。

   c. 市府應攤之 $15,000 係於本年度以歲出入帳,設計與工程成本 $5,000 業經支付。工程於 20×8 年 7 月 5 日動工,承攬商之全部包工成本為 $360,000,已付 $200,000,此 $360,000 即歲出保留數準備之餘額。

   d. 工程用現金乃用以記錄一切有關工程之收支,包括發售公債得款,應收特賦款項與利息,減去支付承攬商之款項。

試編製工作底稿，調整 20×9 年 6 月 30 日之帳戶餘額，並將其分配於適當之基金。工作底稿應以普通基金試算表之項目為序，並設下列諸欄：

1. 帳面餘額。
2. 調整——借。
3. 調整——貸。
4. 普通基金。
5. 特賦基金。
6. 政府個體會計。

答：

<table>
<tr><td colspan="9" align="center">荷馬市
工作底稿
20×9 年 6 月 30 日</td></tr>
<tr><td rowspan="2">會計科目</td><td rowspan="2">帳面
餘額</td><td colspan="2">調　整</td><td rowspan="2">普通
基金</td><td rowspan="2">特賦
基金</td><td colspan="2">政府個
體會計</td></tr>
<tr><td>借</td><td>貸</td><td></td><td></td></tr>
<tr><td>現金</td><td>$ 125,180</td><td></td><td></td><td>$ 125,180</td><td></td><td></td><td></td></tr>
<tr><td>工程用現金</td><td>174,000</td><td></td><td></td><td></td><td>$174,000</td><td>(12)$</td><td>299,180</td></tr>
<tr><td>應收本年度稅款</td><td>8,000</td><td></td><td>(2)$ 8,000</td><td></td><td></td><td>(12)</td><td>300,000</td></tr>
<tr><td>應收特賦款項——遞延</td><td>300,000</td><td></td><td></td><td></td><td>300,000</td><td>(12)</td><td>37,750</td></tr>
<tr><td>物料盤存</td><td>38,000</td><td>(1) 250</td><td></td><td>37,750</td><td></td><td></td><td></td></tr>
<tr><td>改良工程核定額</td><td>15,000</td><td>(8) 15,000</td><td></td><td></td><td></td><td></td><td></td></tr>
<tr><td>歲入預算數</td><td>4,135,000</td><td></td><td></td><td>4,135,000</td><td></td><td>(12)</td><td>18,000</td></tr>
<tr><td>利息費用</td><td>18,000</td><td></td><td></td><td></td><td>18,000</td><td></td><td></td></tr>
<tr><td>歲出保留數</td><td>360,000</td><td></td><td>(10) 200,000</td><td></td><td>160,000</td><td>(12)</td><td>4,068,250</td></tr>
<tr><td>歲出實付數</td><td>4,310,000</td><td>(1)$ 250
(8) 5,000</td><td>(4) 32,000</td><td>4,078,250</td><td>205,000</td><td></td><td></td></tr>
<tr><td>應收已過期稅款</td><td></td><td>(2) 8,000</td><td></td><td>8,000</td><td></td><td>(12)</td><td>8,000</td></tr>
<tr><td>應收省政府稅務處款項</td><td></td><td>(5) 75,000</td><td></td><td>75,000</td><td></td><td></td><td></td></tr>
<tr><td>設備</td><td></td><td></td><td></td><td></td><td></td><td>(6)</td><td>90,000</td></tr>
<tr><td>土地</td><td></td><td></td><td></td><td></td><td></td><td>(7)</td><td>250,000</td></tr>
<tr><td>應收普通基金款項</td><td></td><td>(8) 10,000</td><td></td><td></td><td>10,000</td><td></td><td></td></tr>
<tr><td>在建工程</td><td></td><td></td><td></td><td></td><td></td><td>(11)</td><td>205,000</td></tr>
<tr><td></td><td>$9,483,180</td><td></td><td></td><td>$8,459,180</td><td>$867,000</td><td></td><td>$5,276,180</td></tr>
<tr><td>估計短收本年度稅款</td><td>$ 7,000</td><td>(3) 7,000</td><td></td><td></td><td></td><td></td><td></td></tr>
<tr><td>應付憑單</td><td>62,090</td><td></td><td></td><td>$ 62,090</td><td></td><td>(12)$</td><td>62,090</td></tr>
<tr><td>應付利息</td><td>18,000</td><td></td><td></td><td></td><td>$ 18,000</td><td>(12)</td><td>18,000</td></tr>
</table>

科目		調整借	調整貸			
街道改良工程負債	10,000			10,000		
應付公債	300,000			300,000	(12) 300,000	
債券溢價	3,000			3,000	(12) 3,000	
存貨準備	36,000		(1) 1,750	37,750		
歲出保留數準備	360,000	(10) 200,000		160,000		
歲出預算數	4,450,000	(9) 365,000		4,085,000		
利息收入	21,000			21,000	(12) 21,000	
基金餘額	106,090	(1) 1,750	(9) 365,000	104,340	365,000	
歲入實收數	4,110,000	(4) 32,000	(3) 1,500	4,154,500		(12) 4,079,500
			(5) 75,000			
估計短收已過期稅款			(3) 5,500	5,500		(12) 5,500
淨資產						(6)、(7)、(12) 787,090
	$9,483,180	$704,000	$704,000	$8,459,180	$867,000	$5,276,180

	調整分錄			
1	借：歲出實付數	$ 250		記錄存貨短缺 $250，並增加存貨準備，使與物料盤存戶之餘額相等。
	基金餘額	1,750		
	貸：物料盤存		$ 250	
	存貨準備		1,750	
2	借：應收已過期稅款	$8,000		將滯納稅款轉入已過期稅款戶。
	貸：應收本年度稅款		$8,000	
3	借：估計短收本年度稅款	$7,000		將估計短收本年度稅款轉入已過期帳戶，並修正估計短收額。
	貸：估計短收已過期稅款		$5,500	
	歲入實收數		1,500	
4	借：歲入實收數	$32,000		更正財產稅折扣之記錄。
	貸：歲出實付數		$32,000	
5	借：應收省政府稅務處款項	$75,000		記錄省政府所徵稅收市政府應得之分額。
	貸：歲入實收數		$75,000	
6	借：設備	$90,000		記錄警察局添購新設備於政府個體會計。
	貸：淨資產		$90,000	
7	借：土地	$250,000		記錄私人捐贈土地於政府個體會計。
	貸：淨資產		$250,000	

8	借：歲出實付數 $ 5,000	記錄市政府應攤街道改良工程
	應收普通基金款項 10,000	之分額於特賦基金。
	貸：改良工程核定額 $15,000	
9	借：歲出預算數 $365,000	記錄街道改良工程之經費於特
	貸：基金餘額 $365,000	賦基金基金餘額戶。
10	借：歲出保留數準備 $200,000	轉回已付承攬商部分之保留
	貸：歲出保留數 $200,000	數。
11	借：在建工程 $205,000	記錄在建街道改良工程於政府
	貸：淨資產 $205,000	個體會計。
12	借：現金 $ 125,180	記錄普通基金之淨資產。
	物料盤存 37,750	
	一般行政費 4,068,250	
	應收已過期稅款 8,000	
	貸：應付憑單 $ 62,090	
	稅課收入 4,079,500	
	估計短收已過期稅款 5,500	
	淨資產 92,090	
	借：現金 $174,000	記錄特賦基金之淨資產。
	應收特賦款項 300,000	
	利息費用 18,000	
	貸：應付利息 $ 18,000	
	利息收入 21,000	
	淨資產 150,000	
	應付公債 300,000	
	債券溢價 3,000	

第十六章　普通基金會計

一、 就普通基金帳戶餘額變動分析顯示：

本年度收入實際數較預算數	短少	$4,000
本年度支出實際數較預算數	短少	$10,000
本年度保留數準備		$6,000
本年度用品盤存準備		$3,000

設本年度期初基金餘額 $4,000，試計算期末基金餘額。

答：

期末基金餘額 = $4,000–$4,000+$10,000–$6,000–$3,000 = $1,000

二、 某政府單位通常維持其物料與用品的存貨餘額於 $20,000，假若至 20×A 年 12 月 31 日，該單位的存貨仍將保持不變，而於 20×B 年欲使用的物料與用品，估計需要 $139,000，則該單位在 20×B 年的預算中，應列多少物料與用品購置經費方為適當？請予說明。

答：

20×B 年預算中應列購置經費：　$139,000

三、 下列為會計期間終了時，普通基金的某些帳戶餘額：
經費預算數 $526,000；收入預算數 $523,000；
經費支出數 $514,000；歲入收入數 $521,000。
上項經費預算數中有 $8,400 必須到下年度才能支出，而且至今還未對該項未來支出開出購貨訂單。參照上述資料，請作一個或數個你認為適當的結帳分錄。

答：

借：經費預算數	$526,000	
貸：經費支出數		$514,000
基金餘額		12,000
借：歲入收入數	$521,000	
基金餘額	2,000	
貸：收入預算數		$523,000

四、下列為某市於本年 9 月 30 日，普通基金分類帳戶之餘額表：

1.在不編製平衡表的情況下，請計算該日之基金餘額，並將計算過程列出。

2.按一定格式編製該基金之期中平衡表。

應付帳款	$ 10,700
經費預算數	551,600
現金	111,400
應付其他基金款	5,900
經費保留數	12,000
收入預算數	556,200
備抵本年度稅收壞帳	22,000
經費支出數	129,000
零用金	500
保留數準備	12,000
歲入收入數	457,300
應付繳稅單借款	120,000
應收稅款──本年度	383,000
基金餘額	？

答：

1.本年 9 月 30 日之基金餘額 =－$10,700－$551,600+$111,400－$5,900+$12,000 +$556,200－$22,000+$129,000+$500－$12,000－$457,300－$120,000+$383,000 =$12,600

2.

某市普通基金

期中平衡表

本年 9 月 30 日

資　產		負債及基金餘額	
現金	$111,400	應付帳款	$ 10,700
零用金	500	應付其他基金款	5,900
應收稅款		應付繳稅單借款	120,000
──本年度 $383,000		經費預算數　$551,600	
減：備抵本年		減：經費支出數 (129,000)	
度稅收壞帳 (22,000)	361,000	經費保留數 (12,000)	410,600
收入預算數 $556,200		保留數準備	12,000

	減: 歲入收入數 (457,300)	98,900	基金餘額		12,600
	合 計	$571,800	合 計		$571,800

五、某市普通基金之基金餘額帳戶在 200A 年 9 月 30 日結帳後，有貸項餘額 $31,000。並且為記錄 200B 會計年度的法定預算而於 200A 年 10 月 1 日作了如下之分錄：

借: 收入預算數	$789,400	
貸: 經費預算數		$771,600
基金餘額		17,800

200B 會計年度間，該市沒有調整法定預算。至 200B 年 9 月 30 日，因年度終了所作之結帳分錄如下：

借: 歲入收入數	$791,900	
經費預算數	771,600	
基金餘額	13,500	
貸: 經費支出數		$769,500
收入預算數		789,400
經費保留數		18,100

該基金曾於 200B 年度中，收到上年度支出之退還計 $45，並隨即記入「基金餘額」之貸項。

1. 參照上述資料，編製該市普通基金於 200B 會計年度之詳細基金餘額變動分析表。

2. 假如將用品存貨成本 $8,000 從「基金餘額」中轉出並另成立「用品盤存準備」科目，則「基金餘額變動分析表」會有何不同？此 $8,000 應顯示於表中之何部分？「基金餘額」帳戶的數額為多少？

答:

1.

某市普通基金

基金餘額變動分析表

200B 年度

基金餘額：期初		$ 31,000
加：收入超出支出額		
歲入收入數	$791,900	
經費支出數	769,500	22,400
上年度支出收回數		45
減：保留數準備		(18,100)
基金餘額：期末		$ 35,345

2.基金餘額變動分析表內之減項將增加一項「用品盤存準備」$8,000，應顯示於保留數準備項下，「基金餘額」帳戶數額為 $27,345。

六、某市某年初之帳戶餘額如下：

	借	貸
現金與銀行存款	$ 6,230	
應收學校社團款	1,980	
應收稅款	31,756	
備抵稅收壞帳		$12,607
欠稅利息與罰金	1,884	
備抵欠稅利息與罰金壞帳		739
應付水基金款		108
應付憑單		3,615
應計費用		433
基金餘額		24,348
	$41,850	$41,850

該年間有下列各項交易發生：

1.市議會和州稅局認可本年度預算案，計有收入預算 $713,000，經費預算 $716,000。

2.收入預算中有 $100,500 屬其他收入，其餘數則全由財產稅供應，並且估計有 2% 可能難以收起。財產稅已照需要數徵收。

3.除了人事費，商品和勞務的經費保留數共計 $652,300。

4.本年度應計之欠稅利息與罰金共 $3,864，估計其中約 1/3 難以收起。

5.本年付人事費 $59,040。

6.本年移轉至學校社團之用品成本計 $1,419。

7.本年收到下列各款：

稅收	$618,100
欠稅利息與罰金	2,017
應收學校社團款	2,320
其他收入（非應計）	101,200

8.註銷應收稅款壞帳 $13,600 及欠稅利息與罰金壞帳 $811。

9.簽開付款憑單支付本年所收到的發票，淨額共計 $641,100；此款尚包括年初之應計費用與應付水基金款。此外，與上項發票淨額有關之財貨勞務，曾於以前契約簽訂時，已作了預算保留數計 $639,070。

10.總數 $643,840 之應付憑單已付現。

11.本年度終了之應計費用有 $516，但尚未記帳。

要求：

1.設立 T 帳戶，並將該年初各帳戶餘額記錄於其中。

2.將該年所發生之交易，直接記入 T 帳戶。

3.將結帳分錄直接記入 T 帳戶。

4.編製該年末之平衡表。

5.編製詳細之基金餘額變動分析表。

答：

現金與銀行存款	
6,230	(5) 59,040
(7) 723,637	(6) 1,419
	(10) 643,840
借餘 25,568	

應收學校社團款	
1,980	(7) 2,320
(6) 1,419	
借餘 1,079	

應收稅款	
31,756	(7) 618,100
(2) 612,500	(8) 13,600
借餘 12,556	

備抵稅收壞帳	
(8) 13,600	12,607
	(2) 12,250
	貸餘 11,257

欠稅利息與罰金	
1,884	(7) 2,017
(4) 3,864	(8)　811
借餘 2,920	

備抵欠稅利息與罰金壞帳	
(8) 811	739
	(4) 1,288
	貸餘 1,216

應付水基金款	
(9) 108	108

應付憑單	
(10) 643,840	3,615
	(9) 641,100
	貸餘 875

應計費用	
(9) 433	433
	(11) 516
	貸餘 516

基金餘額	
(1)　3,000	24,348
（結）6,319	
	貸餘 15,029

歲入預算數	
(1) 713,000	（結）713,000

歲出預算數	
（結）716,000	(1) 716,000

歲入收入數	
	(2) 600,250
（結）704,026	(4)　2,576
	(7) 101,200

歲出保留數	
(3) 652,300	(9) 639,070
	（結）13,230

歲出保留數準備		經費支出數	
(9) 639,070	(3) 652,300	(5) 59,040	（結）700,115
		(9) 640,559	
	貸餘 13,230	(11) 516	

4.

某　市

平衡表

×年×月×日

資　產			負債及基金餘額	
現金與銀行存款		$25,568	應付憑單	$ 875
應收學校社團款		1,079	應計費用	516
應收稅款	$12,556		歲出保留數準備	13,230
減：備抵稅收壞帳	11,257	1,299	基金餘額	15,029
欠稅利息與罰金	$ 2,920			
減：備抵欠稅利息與罰金壞帳	1,216	1,704		
合　計		$29,650	合　計	$29,650

5.

某　市

基金餘額變動分析表

×年度

基金餘額：年初		$24,348
加：收入超出支出額		
歲入收入數	$ 704,026	
經費支出數	(700,115)	3,911
合　計		$28,259
減：保留數準備		13,230
基金餘額：年終		$15,029

七、某市通用基金於 200C 年 4 月 30 日即年度終了時之結帳後試算表如下：

	借	貸
現金		$ 1,860
應收欠稅款	$57,400	
備抵欠稅壞帳		18,300
欠稅利息與罰金	2,469	
備抵欠稅利息與罰金壞帳		1,327
用品盤存	15,480	
應付憑單		3,440
應繳聯邦款		5,887
用品盤存準備		15,480
基金餘額		29,055
	$75,349	$75,349

截至 200C 年 10 月 31 日六個月之內，該市在 200D 上半年度共有下列各交易事項發生：

1. 登錄 200D 會計年度之法定預算，其中收入預算來自財產稅者計 $182,000，來自其他來源者計 $97,000，而經費預算計 $270,000。

2. 市政局核准以期限 120 天的應付票據作為融通工具，獲得短期貸款 $30,000；而該項貸款之貼現率為年息 6%（折扣借記經費支出）。

3. 記錄 200D 年度財產稅的課徵。已知該年可供課徵的財產淨值為 $3,800,000，稅率為 5.1%，且估計約有 4% 的稅金無法收起。此項課徵應視為本年度之應收稅款。

4. 簽開訂購單與訂立契約之總額達 $93,150。

5. 收到下列各款：本年稅款 $93,700，欠稅款 $24,100，欠稅利息與罰金 $1,016。另由於第一期稅金繳納期限已過，應加計欠稅罰金 $1,413。

6. 上半年度薪津總額共計 $46,209，其中應代扣員工聯邦保險稅 $2,703，聯邦所得稅 $6,331，州政府稅 $1,942，餘數以現金支付。

7. 該市須負擔的聯邦保險稅 $2,703，也已列帳。

8. 收到非稅金收入之其他收入計 $31,050。

9. 簽開付款憑單付清前年度所餘之應繳聯邦款，及本年度上半年度之聯邦保險稅、州政府與聯邦稅。

10. 開具付款憑單 $86,491，用以支付已實現之訂單與契約淨值。而該訂單與契約曾於先前簽訂時，已作預算保留數 $86,070。

11. 以現金 $97,146 支付應付憑單且因而獲得現金折扣 $803（現金折扣貸記經費支出）。

12. 在市議會的指示下，該市的經辦存款者將先前的短期貸款記在該市在銀行的存款帳戶內。

要求：

1. 將截至 10 月 31 日為止之上半年度各交易事項，記入日記帳。而不須再記入補助分類帳。

2. 編製 200C 年 10 月 31 日之期中平衡表。

答：

1.

⑴ 借：歲入預算數　　　　　　　　　　$279,000

　　　貸：歲出預算數　　　　　　　　　　　　　　$270,000

　　　　　基金餘額　　　　　　　　　　　　　　　　9,000

⑵ 借：現金　　　　　　　　　　　　　$29,400

　　　經費支出　　　　　　　　　　　　　600

　　　貸：應付票據　　　　　　　　　　　　　　　$30,000

⑶ 借：應收稅款　　　　　　　　　　　$193,800

　　　貸：備抵稅收壞帳　　　　　　　　　　　　$　7,752

　　　　　歲入收入數　　　　　　　　　　　　　186,048

⑷ 借：歲出保留數　　　　　　　　　　$93,150

　　　貸：歲出保留數準備　　　　　　　　　　　$93,150

⑸ 借：現金　　　　　　　　　　　　　$118,816

　　　貸：應收欠稅款　　　　　　　　　　　　　$24,100

　　　　　應收稅款　　　　　　　　　　　　　　93,700

　　　　　欠稅利息與罰金　　　　　　　　　　　1,016

　　借：欠稅利息與罰金　　　　　　　　$1,413

　　　貸：歲入收入數　　　　　　　　　　　　　$1,413

⑹ 借：經費支出數　　　　　　　　　　$46,209

　　　貸：應付聯邦稅款　　　　　　　　　　　　$　9,034

　　　　　應付州政府稅款　　　　　　　　　　　1,942

　　　　　現金　　　　　　　　　　　　　　　　35,233

(7)借：經費支出數　　　　　　　　$2,703
　　　貸：應付聯邦稅款　　　　　　　　　　　　　$2,703

(8)借：現金　　　　　　　　　　　$31,050
　　　貸：歲入收入數　　　　　　　　　　　　　$31,050

(9)借：應繳聯邦款　　　　　　　　$ 5,887
　　　應付聯邦稅款　　　　　　　　11,737
　　　應付州政府稅款　　　　　　　 1,942
　　　貸：應付憑單　　　　　　　　　　　　　$19,566

(10)借：經費支出數　　　　　　　　$86,491
　　　貸：應付憑單　　　　　　　　　　　　　$86,491
　　借：歲出保留數準備　　　　　　$86,070
　　　貸：歲出保留數　　　　　　　　　　　　$86,070

(11)借：應付憑單　　　　　　　　　$97,949
　　　貸：現金　　　　　　　　　　　　　　　$97,146
　　　　　經費支出數　　　　　　　　　　　　　　 803

(12)借：應付票據　　　　　　　　　$30,000
　　　貸：現金　　　　　　　　　　　　　　　$30,000

2.

某市通用基金

期中平衡表

200C 年 10 月 31 日

資　產			負債及基金餘額		
現金		$ 15,027	應付憑單		$ 11,548
應收稅款	$100,100		歲出預算數	$270,000	
減：備抵稅收壞帳	7,752	92,348	減：經費支出數	135,200	
應收欠稅款	$ 33,300		歲出保留數	7,080	127,720
減：備抵欠稅壞帳	18,300	15,000	用品盤存準備		15,480
欠稅利息與罰金	$ 2,866		歲出保留數準備		7,080
減：備抵欠稅利息與罰金	1,327	1,539	基金餘額		38,055
用品盤存		15,480			
歲入預算數	$279,000				
減：歲入收入數	218,511	60,489			
合　計		$199,883	合　計		$199,883

八、續依上題接作本題，200D 下半年度中，影響該市普通基金的各項交易如下：

1. 由於新修訂之州法自 7 月 1 日起生效，使得該市實際收入比當初估計之預算收入少了 $10,000。而在不減少經費預算下，請作一個適當之分錄以改正收入預算數。

2. 下半年度簽開之訂購單及其他承諾書共計 $95,404。

3. 收到財產欠稅 $530 及欠稅利息與罰金 $109；此二款已於前年度被視為無法收回之壞帳而予註銷。另外還同時收到自註銷後應計之利息 $21。

4. 除市府應負擔之聯邦保險稅外，下半年度之人事費共計 $31,817，其中仍須代扣員工聯邦保險及聯邦稅 $5,090，與州稅 $1,273，餘數以現金付清。

5. 將市府應負擔之聯邦保險稅 $1,862，以負債科目列帳。

6. 市府發現在城市邊界上尚有 $51,000 之財產未予課徵稅賦，於是以該財產價值之 2% 的稅率來課徵。

7. 收到本年度稅款 $71,310，欠稅款 $9,201，欠稅利息與罰金 $1,032 和其他收入 $54,212。上項各款均未牽涉其他交易事項。

8. 應計的欠稅利息與罰金共 $2,100，並估計其中有 30% 難以收起。

9. 過了 11 月的第一個星期一後，所有本年度未收起之應收稅款，即應轉至應收欠稅款帳戶。

10. 開具付款憑單沖銷應繳聯邦款及應繳州政府款。

11. 收到財貨勞務之發票與帳單共 $95,413 同時並開具付款憑單以支付。而有關之財貨勞務曾於先前簽訂契約時，已列記經費保留數 $96,218。

12. 因追蹤不到財產所有者，故將欠稅 $3,994 及欠稅利息罰金 $418 註銷。

13. 200D 年 4 月 30 日年度終了時，經實際盤點的結果，發現材料及用品的存貨計有 $17,321。

14. 下半年度付現之應付憑單共計 $99,842。

要求：

1. 將 200D 下半年度各交易事項記入日記簿。

2. 作結帳分錄。

3. 編製 200D 年 4 月 30 日之平衡表。

4. 編製 200D 年 4 月 30 日之基金餘額變動表。

答:

1.

(1)借: 基金餘額 $10,000

    貸: 歲入預算數 $10,000

(2)借: 歲出保留數 $95,404

    貸: 歲出保留數準備 $95,404

(3)借: 應收欠稅款 $530

    欠稅利息與罰金   109

    貸: 備抵欠稅壞帳 $530

      備抵欠稅利息與罰金壞帳   109

  借: 現金 $660

    貸: 應收欠稅款 $530

      欠稅利息與罰金   109

      歲入收入數   21

(4)借: 經費支出數 $31,817

    貸: 應付聯邦稅款 $ 5,090

      應付州政府稅款   1,273

      現金   25,454

(5)借: 經費支出數 $1,862

    貸: 應付聯邦稅款 $1,862

(6)借: 應收稅款 $1,020

    貸: 歲入收入數 $1,020

(7)借: 現金 $135,755

    貸: 應收稅款 $71,310

      應收欠稅款   9,201

      欠稅利息與罰金   1,032

      歲入收入數   54,212

(8)借: 欠稅利息與罰金 $2,100

    貸: 備抵欠稅利息與罰金壞帳 $ 630

      歲入收入數   1,470

⑼借：應收欠稅款 　$29,810

　　備抵稅收壞帳 　7,752

　　　貸：應收稅款 　　　　$29,810

　　　　　備抵欠稅壞帳 　　　　7,752

⑽借：應付聯邦稅款 　$6,952

　　應付州政府稅款 　1,273

　　　貸：應付憑單 　　　　$8,225

⑾借：經費支出數 　$95,413

　　　貸：應付憑單 　　　　$95,413

　借：歲出保留數準備 　$96,218

　　　貸：歲出保留數 　　　　$96,218

⑿借：備抵欠稅壞帳 　$3,994

　　備抵欠稅利息與罰金壞帳 　418

　　　貸：應收欠稅款 　　　　$3,994

　　　　　欠稅利息與罰金 　　　　418

⒀借：用品盤存 　$1,841

　　　貸：經費支出數 　　　　$1,841

　借：基金餘額 　$1,841

　　　貸：用品盤存準備 　　　　$1,841

⒁借：應付憑單 　$99,842

　　　貸：現金 　　　　$99,842

2.結帳分錄：

　借：歲入收入數 　$275,234

　　歲出預算數 　270,000

　　　貸：經費支出數 　　　　$262,451

　　　　　歲出保留數 　　　　6,266

　　　　　歲入預算數 　　　　269,000

　　　　　基金餘額 　　　　7,517

3.

某市通用基金
平衡表
200D 年 4 月 30 日

資　產			負債及基金餘額	
現金		$26,146	應付憑單	$15,344
應收欠稅款	$49,915		用品盤存準備	17,321
減：備抵欠稅壞帳	22,588	27,327	歲出保留數準備	6,266
欠稅利息與罰金	$ 3,516		基金餘額	33,731
減：備抵欠稅利息與罰金	1,648	1,868		
用品盤存		17,321		
合　計		$72,662	合　計	$72,662

4.

某市通用基金
基金餘額變動表
200D 年度

基金餘額：年初		$29,055
加：收入超出支出額		
歲入收入數	$ 275,234	
經費支出數	(262,451)	12,783
合　計		$41,838
減：保留數準備	$ 6,266	
用品盤存準備	1,841	8,107
基金餘額：年終		$33,731

九、下列係 20××年 7 月 1 日××省政府普通基金之試算表：

××省政府普通基金
試算表
20××年 7 月 1 日

會計科目	借	貸
現金	$36,000	
應收已過期稅款	7,000	
估計短收已過期稅款		$ 2,000
應收特種收入基金款項	8,000	

應付帳款		6,000
歲出保留數準備		4,000
基金餘額		39,000
合　計	$51,000	$51,000

截至 20××年 6 月 30 日之財政年度發生下列之交易：

1. 本年度成立預算，估計歲入 $110,000，核定經費 $90,000。

2. 本年度應徵稅收 $105,000，估計其中有 $2,500 無法收取。

3. 本年度歲出保留數計 $128,000。

4. 雜項收入 $21,000。

5. 提撥償債基金 $26,000。

6. 財產拍賣收入 $1,400。

7. 執照費收入 $4,300。

8. 核撥應付帳款 $80,000，超過訂購時原保留之數 $1,000，又應付帳款內 $3,000 係上年度保留數。

9. 收到稅款本年度 $90,000，已過期 $1,000。

10. 應付帳款總計已付 $78,000。

試作分錄記載本年度之交易，並編製 20××年 6 月 30 日普通基金之試算表。

答：

1. 借：歲入預算數　　　　　$110,000
   　　貸：歲出預算數　　　　　　　　　$90,000
   　　　　基金餘額　　　　　　　　　　20,000
2. 借：應收當期稅款　　　　$105,000
   　　貸：估計短收當期稅款　　　　　　$　2,500
   　　　　歲入實收數　　　　　　　　　102,500
3. 借：歲出保留數　　　　　$128,000
   　　貸：歲出保留數準備　　　　　　　$128,000
4. 借：現金　　　　　　　　$21,000
   　　貸：歲入實收數　　　　　　　　　$21,000
5. 借：經費支出數　　　　　$26,000
   　　貸：現金　　　　　　　　　　　　$26,000

6. 借：現金　　　　　　　　　　　　　$1,400
　　　貸：歲入實收數　　　　　　　　　　　　　　　$1,400

7. 借：現金　　　　　　　　　　　　　$4,300
　　　貸：歲入實收數　　　　　　　　　　　　　　　$4,300

8. 借：經費支出數　　　　　　　　　　$77,000
　　　貸：應付帳款　　　　　　　　　　　　　　　　$77,000

　借：歲出保留數準備　　　　　　　　$76,000
　　　貸：歲出保留數　　　　　　　　　　　　　　　$76,000

　借：以前年度支出　　　　　　　　　　$3,000
　　　貸：應付帳款　　　　　　　　　　　　　　　　$3,000

9. 借：現金　　　　　　　　　　　　　$91,000
　　　貸：應收當期稅款　　　　　　　　　　　　　　$90,000
　　　　　應收已過期稅款　　　　　　　　　　　　　　1,000

10. 借：應付帳款　　　　　　　　　　　$78,000
　　　貸：現金　　　　　　　　　　　　　　　　　　$78,000

××省政府普通基金
試算表（結帳前）
20××年 6 月 30 日

	借	貸
現金	$ 49,700	
應收當期稅款	15,000	
估計短收當期稅款		$ 2,500
應收已過期稅款	6,000	
估計短收已過期稅款		2,000
應收特種收入基金款項	8,000	
歲入預算數	110,000	
經費支出數	103,000	
歲出保留數	52,000	
以前年度支出	3,000	
應付帳款		8,000
歲出預算數		90,000
歲入實收數		129,200
歲出保留數準備		56,000
基金餘額		59,000
合　計	$346,700	$346,700

十、試根據下列有關某市政府可用收入基金截至 20××年 6 月 30 日止財政年度之資料：

1. 作 20××年 6 月 30 日基金帳冊之平時分錄及結帳分錄。
2. 編製 20××年 6 月 30 日之基金財務狀況表。
3. 編製截至 20××年 6 月 30 日止財政年度之基金餘額變動分析表。

㈠ 20××年 7 月 31 日之基金餘額，全部係現金 $1,200。
㈡歲入預算 $290,000。
㈢歲出預算 $270,000。
㈣課徵賦稅 $85,000。
㈤短期借款 $7,000。
㈥收到稅款 $82,000，外加罰金 $120。
㈦核支費用之應付憑單 $53,000。
㈧特種基金借墊 $5,000。
㈨核支本年度到期公債 $3,000，公債利息 $600。
㈩收到其他收入 $58,000。
(十一)退還本年度誤收稅款 $500。
(十二) 20××年 6 月 30 日歲出保留數猶未清償 $1,200。
(十三)償付公用事業售價現金 $1,500 及結欠 $5,000。
(十四)簽發支票 $49,000，償付應付憑單。
(十五)償還短期借款 $4,000，並支付利息 $100。
(十六)劃列循環基金準備 $16,000。

答：

1.

平時分錄：

㈠年度結轉分錄：（開帳）

借：現金	$1,200	
貸：基金餘額		$1,200
㈡借：歲入預算數	$290,000	
貸：基金餘額		$290,000
㈢借：基金餘額	$270,000	
貸：歲出預算數		$270,000

(四)借：應收賦稅　　　　　　　　$85,000
　　　貸：歲入實收數　　　　　　　　　　　　$85,000

(五)借：現金　　　　　　　　　　$7,000
　　　貸：應付短期借款　　　　　　　　　　　$7,000

(六)借：現金　　　　　　　　　　$82,120
　　　貸：應收賦稅　　　　　　　　　　　　　$82,000
　　　　　歲入實收數　　　　　　　　　　　　　　120

(七)借：經費支出數　　　　　　　$53,000
　　　貸：應付憑單　　　　　　　　　　　　　$53,000

(八)借：應收特種基金借款　　　　$5,000
　　　貸：現金　　　　　　　　　　　　　　　$5,000

(九)借：經費支出數　　　　　　　$3,600
　　　貸：應付到期公債　　　　　　　　　　　$3,000
　　　　　應付公債利息　　　　　　　　　　　　　600

(十)借：現金　　　　　　　　　　$58,000
　　　貸：歲入實收數　　　　　　　　　　　　$58,000

(土)借：歲入實收數　　　　　　　$500
　　　貸：現金　　　　　　　　　　　　　　　　$500

(圭)借：歲出保留數　　　　　　　$1,200
　　　貸：歲出保留數準備　　　　　　　　　　$1,200

(圭)借：經費支出數　　　　　　　$6,500
　　　貸：現金　　　　　　　　　　　　　　　$1,500
　　　　　應付公用事業基金款　　　　　　　　　5,000

(齒)借：應付憑單　　　　　　　　$49,000
　　　貸：現金　　　　　　　　　　　　　　　$49,000

(去)借：應付短期借款　　　　　　$4,000
　　　　經費支出數　　　　　　　　　100
　　　貸：現金　　　　　　　　　　　　　　　$4,100

(共)借：經費支出數　　　　　　　$16,000
　　　貸：現金　　　　　　　　　　　　　　　$16,000

結帳分錄：

借：歲入實收數 $142,620
　　基金餘額 147,380
　　　貸：歲入預算數 $290,000
借：歲出預算數 $270,000
　　　貸：基金餘額 $189,600
　　　　　經費支出數 79,200
　　　　　歲出保留數 1,200
借：歲出保留數準備 $1,200
　　　貸：應付歲出款 $1,200

2.基金財務狀況表：

某市政府可用收入基金
財務狀況表
20××年 6 月 30 日

資　產		負債及基金餘額	
現金	$72,220	應付憑單	$ 4,000
應收賦稅	3,000	應付歲出款	1,200
應收特種基金借款	5,000	應付短期借款	3,000
		應付到期公債	3,000
		應付公債利息	600
		應付公用事業基金款	5,000
		基金餘額	63,420
合　計	$80,220	合　計	$80,220

3.基金餘額變動分析表：

某市政府可用收入基金

基金餘額變動分析表

20××年至 6 月 30 日止全年度

基金餘額：年初		$ 1,200
加：收入超出支出額		
歲入實收數	$142,620	
經費支出數	(79,200)	63,420
減：保留數準備		(1,200)
基金餘額：年終		$63,420

十一、下示係 20×A 年 7 月 1 日安樂市政府普通基金之試算表：

安樂市政府普通基金

試算表

20×A 年 7 月 1 日

會計科目	借	貸
現金	$ 86,000	
應收已過期稅款	9,000	
估計短收已過期稅款		$ 4,000
應收特種收入基金款項	10,000	
應付憑單		12,000
歲出保留數準備		6,000
基金餘額		83,000
	$105,000	$105,000

截至 20×B 年 6 月 30 日之財政年度發生下列之交易：

1.本年度成立之預算，估計歲入 $147,000，核定經費 $140,000。

2.本年度應徵稅收 $118,000，估計其中有 $5,000 無法收取。

3.執照費與規費收入合計 $22,000。

4.其他收入總計 $6,300。

5.本年度歲出保留數共計 $128,500。

6.核發應付憑單 $97,000，超過訂購時原保留之數 $3,000。又應付憑單之一 $6,000，乃係上年度所保留者。

7.應付憑單總計已付 $95,000。

8.收到稅款如下：本年度 $112,000，已過期 $2,000。

根據上項資料：

1.試作分錄記載本年度之交易。

2.試編製 20×B 年 6 月 30 日普通基金之試算表。

答：

1.

		分　錄		
(1)	借：　歲入預算數 　　貸：　歲出預算數 　　　　基金餘額	$147,000	$140,000 7,000	記錄核定歲入與歲出預算。
(2)	借：　應收本年度稅款 　　貸：　估計短收本年度稅款 　　　　歲入實收數	$118,000	$　5,000 113,000	記錄本年度應徵稅收及備抵短收稅款。
(3)	借：　現金 　　貸：　歲入實收數	$22,000	$22,000	記錄執照費與規費收入。
(4)	借：　現金 　　貸：　歲入實收數	$6,300	$6,300	記錄其他收入。
(5)	借：　歲出保留數 　　貸：　歲出保留數準備	$128,500	$128,500	記錄本年度歲出保留數。
(6)	借：　歲出實付數 　　歲出實付數——上年度 　　貸：　應付憑單	$91,000 6,000	$97,000	核發應付憑單。
	借：　歲出保留數準備 　　貸：　歲出保留數	$88,000	$88,000	轉回訂購時所作歲出保留數之分錄。
(7)	借：　應付憑單 　　貸：　現金	$95,000	$95,000	記錄以現金支付應付憑單。
(8)	借：　現金 　　貸：　應收本年度稅款 　　　　應收已過期稅款	$114,000	$112,000 2,000	記錄收到稅款。
	借：　應收已過期稅款 　　估計短收本年度稅款 　　貸：　應收本年度稅款 　　　　估計短收已過期稅款	$6,000 5,000	$6,000 5,000	將滯納稅款與相關估計短收額自本年度帳戶轉入已過期帳戶。

2.

安樂市政府普通基金
試算表
20×B 年 6 月 30 日

會計科目	借	貸
現金	$133,300	
應收已過期稅款	13,000	
估計短收已過期稅款		$ 9,000
應收特種收入基金	10,000	
歲入預算數	147,000	
歲入實收數		141,300
應付憑單		14,000
歲出預算數		140,000
歲出實付數	91,000	
歲出實付數──上年度	6,000	
歲出保留數	40,500	
歲出保留數準備		40,500
歲出保留數準備──上年度		6,000
基金餘額		90,000
	$440,800	$440,800

十二、某市政府 20×5 年帳冊列示普通基金之資料如下：

年初基金餘額	$332,011
課徵賦稅	184,400
收到其他收入	56,841
應付憑單核支費用	227,642
年終基金餘額	345,610

經調查結果，發現下列各項：

1. 基金資產包括物料 $23,812，乃經常維持之存貨數量，市議會曾批准此項存貨額不得超過 $25,000。

2. 基金資產包括長期性資產，其帳面價值於 1 月 1 日合計 $269,362，於 12 月 31 日合計 $286,962，其差異乃本年度之資本支出，直接借入長期性資產戶。

3. 於 12 月 31 日，未付訂單與合約款項估計約有 $4,350，應自 20×5 年度之核定經費支付。

4. 本年度稅收於 5 月 1 日到期，惟於 12 月 31 日僅收得 82%，估計可再收取之數不致超過 8%。

5. 普通基金本年度應付債務基金款項合計 $9,212，其中 $6,000 已支付，並列作費用。

6. 公家應攤特賦基金地方改良有裨公益部分之分期帳款 $3,178 於 20×6 年 1 月 2 日到期。20×5 年 1 月 2 日亦有同額分期帳款到期，業經於 20×5 年支付，並列作該年度之支出。

7. 列作本年度之支出，包括下列各項，當由特種基金負擔：圖書館 $1,687，公園 $2,143。

要求：

1. 帳冊所示年初與年終之基金餘額是否正確表達各該日可供支用之數額？如非，試編製工作底稿，作適當調整，以示正確數額。

2. 試編製基金餘額變動分析表。

答：

1.

某市政府普通基金		
基金餘額調整工作底稿		
20×5 年 1 月 1 日至 12 月 31 日		
	基金餘額	
	1/1/×5	12/31/×5
帳冊列示餘額	$ 332,011	$ 345,610
調整：		
物料盤存準備	(25,000)	(25,000)
長期性資產	(269,362)	(286,962)
歲出保留數準備		(4,350)
備抵短收本年度稅款		(18,440)
本年度應付債券基金款項		(3,212)
應歸圖書館基金負擔之支出		1,687
應歸公園基金負擔之支出		2,143
調整後餘額	$ 37,649	$ 11,476

（　）表示減項。

2.

某市政府普通基金			
基金餘額變動分析表			
20×5 年 1 月 1 日至 12 月 31 日			
基金餘額: 1/1/×5			$ 37,649
加: 歲入實收數			
課徵稅收		$184,400	
減: 估計短收稅款		18,440	
可徵稅收淨額		$165,960	
其他收入		56,841	222,801
合　計			$260,450
減: 歲出實付數			
應付憑單核支費用		$227,642	
減: 圖書館基金支出	$1,687		
公園基金支出	2,143	3,830	
應付憑單調整後餘額		$223,812	
歲出保留數		4,350	
本年度應付債券基金款項		3,212	
資本支出		17,600	248,974
基金餘額: 12/31/×5			$ 11,476

十三、試根據下列有關一市政府可用收入基金截至 20×8 年 4 月 30 日止財政年度之資料:

1.作 20×8 年 4 月 30 日基金帳冊之結帳分錄。

2.編製 20×8 年 4 月 30 日之基金財務狀況表。

3.編製截至 20×8 年 4 月 30 日止財政年度之基金餘額變動分析表。

㈠20×7 年 5 月 1 日之基金餘額,全部係現金 $2,350。

㈡預算歲入 $185,000。

㈢預算歲出 $178,600。

㈣課徵賦稅 $115,620,估計其中將有 $4,000 短收。

㈤收到稅款 $112,246,外加罰金 $310。

㈥短期貸款 $20,000,均於本年內清償,並支付利息 $300。

㈦20×8 年 4 月 30 日歲出保留數猶未清額 $3,250。

㈧核支費用之應付憑單 $146,421。

(九)核准資本支出之應付憑單 $21,000。

(十)核支本年度到期公債 $5,000 與公債利息 $2,000。

(圡)收到其他收入 $74,319。

(圭)退回本年度誤收稅款 $240。

(圭)簽發支票 $169,400。

(齒)應付憑單有誤多付，退得現款 $116。

答：

某市政府可用收入基金
工作底稿
20×7年5月1日至20×8年4月30日

會計科目	5/1/×7 餘額 借	5/1/×7 餘額 貸	本年度交易 借	本年度交易 貸	結帳 借	結帳 貸	4/30/×8 餘額 借	4/30/×8 餘額 貸
現金	(1) $2,350		(5) $112,556 (11) 74,319 (14) 116	(6) $ 300 (12) 240 (13) 169,400			$19,401	
應收稅款			(4) 115,620 (12) 240	(5) 112,246			3,614	
估計短收稅款			(5) 386	(4) 4,000				$ 3,614
歲入預算數			(2) 185,000			(b) $185,000		
歲出預算數				(3) 178,600	(a) $178,600			
歲入實收數				(4) 111,620 (5) 386 (5) 310 (11) 74,319	(b) 186,635			
應付憑單			(13) 169,400	(8) 146,421 (9) 21,000 (10) 7,000 (14) 116				5,137
歲出實付數			(6) 300 (8) 146,421 (9) 21,000 (10) 7,000			(a) 174,721		
歲出保留數			(7) 3,250			(a) 3,250		
歲出保留數準備				(7) 3,250				3,250
基金餘額		(1) $2,350	(3) 178,600	(2) 185,000		(a) 629 (b) 1,635		11,014
	$2,350	$2,350	$1,014,208	$1,014,208	$365,325	$365,325	$23,015	$23,015

1.

20×8 年 4 月 30 日基金帳冊之結帳分錄			
(a) 借：歲出預算數	$178,600		結清歲出預算數、歲出
貸：歲出實付數		$174,721	實付數與歲出保留數
歲出保留數		3,250	戶。
基金餘額		629	
(b) 借：歲入實收數	$186,635		結清歲入預算數與歲
貸：歲入預算數		$185,000	入實收數戶。
基金餘額		1,635	

2.

某市政府可用收入基金
財務狀況表
20×8 年 4 月 30 日

資　產			負債、準備與基金餘額	
現金		$19,401	應付憑單	$ 5,137
應收稅款	$3,614		歲出保留數準備	3,250
減：估計短收稅款	3,614	–	基金餘額	11,014
合　計		$19,401	合　計	$19,401

3.

某市政府可用收入基金
基金餘額變動分析表
20×7 年 5 月 1 日至 20×8 年 4 月 30 日

基金餘額：5/1/×7			$ 2,350
歲入實收數：			
賦稅	$112,006		
賦稅罰金	310		
其他收入	74,319	$186,635	
減：歲出實付數與歲出保留數：			
經常費用	$146,421		
資本支出	21,000		
償還公債	5,000		
公債利息	2,000		
短期貸款利息	300		
歲出保留數	3,250	177,971	
歲入實收超逾歲出實付與歲出保留數			8,664
基金餘額：4/30/×8			$11,014

十四、試根據下列一市政府之普通基金，編製：

　1. 20××年終之基金財務狀況表。

　2. 20××年度之基金餘額變動分析表。

㈠ 20××年初基金之帳戶包括：

現金	$1,300
應收稅款	3,500
應付帳款	800
歲出保留數準備	1,100

㈡ 20××年度之現金收入為：

往年度稅收	$ 3,200
本年度稅收	76,000
其他收入	16,000
出售陳舊設備	600
短期貸款	20,000

㈢ 20××年度之支出如下：

上年度應付帳款	$ 800
本年度費用與利息：	
年初未付訂單與合約	1,200
本年度發生項目	80,000
償付本年度到期公債	10,000
購置長期性資產	4,000
設置永久性零用金	500
本年度購置物料	4,000
償付短期貸款	15,000

㈣於本年度購置物料，$1,600 業經各部門領用。年終所存物料，乃市府物料處必須維持之最低限度存貨數量。

㈤於 20××年終，唯一可望收取之稅款，係本年度之 $7,000，尚未支付之訂單與合約則有 $900。

答：

某市政府普通基金
工作底稿
20××年度

會計科目	年初餘額 借	年初餘額 貸	本年度交易 借	本年度交易 貸	結帳 借	結帳 貸	年終餘額 借	年終餘額 貸
現金	(1) $1,300		(2) $115,800	(3) $115,500			$1,600	
零用金			(3) 500				500	
應收稅款——往年度	(1) 3,500			(2) 3,200				
應收稅款——本年度			(5) 7,000 (3) 4,000	(5) 300				
物料盤存			(3) 15,000	(4) 1,600			7,000	
短期貸款			(3) 800	(2) 20,000			2,400	
應付帳款		(1) $800						$5,000
歲入實收數				(2) 76,000 (5) 7,000 (2) 16,000 (2) 600	(b) $99,600			
歲出實付數——往年度			(3) 1,200			(a) $1,200		
歲出實付數			(3) 80,000 (3) 10,000 (3) 4,000			(b) 95,600		
歲出保留數			(4) 1,600	(5) 900		(b) 900		
歲出保留數準備——往年度		(1) 1,100			(a) 1,100			
歲出保留數準備			(5) 900	(4) 2,400				900
物料盤存準備			(3) 500 (4) 2,400		(a) 100			2,400
零用金準備			(5) 300					500
基金餘額		(1) 2,900		(3) 500		(b) 3,100		2,700
	$4,800	$4,800	$244,000	$244,000	$100,800	$100,800	$11,500	$11,500

1.

某市政府普通基金 財務狀況表 20××年 12 月 31 日			
資　產		負債、準備與基金餘額	
現金	$ 1,600	短期貸款	$ 5,000
零用金	500	歲出保留數準備	900
應收稅款（淨額）	7,000	零用金準備	500
物料盤存	2,400	物料盤存準備	2,400
		基金餘額	2,700
合　計	$11,500	合　計	$11,500

2.

某市政府普通基金 基金餘額變動分析表 20××年度			
基金餘額：1/1/××			$2,900
歲入實收數：			
賦稅	$83,000		
其他收入	16,000		
出售陳舊設備	600	$99,600	
減：歲出實付數與歲出保留數：			
費用與利息	$81,600		
償還公債	10,000		
資本支出	4,000		
歲出保留數	900	96,500	
歲入實收超逾歲出實付與歲出保留數			3,100
合　計			$6,000
減：往年度歲出實付數超逾保留數：		$　100	
銷除往年度應收稅款		300	
零用金準備		500	
物料盤存準備		2,400	3,300
基金餘額：12/31/××			$2,700

十五、多發市普通基金帳戶於新財政年度開始時，20××年 1 月 1 日之試算表如下：

會計科目	借	貸
現金	$37,452	
應收已過期稅款	3,729	
雜項應收帳款	1,868	
應收留置稅款	2,046	
應付憑單		$20,370
歲出保留數準備		8,010
基金餘額		16,715
	$45,095	$45,095

20××年之交易可彙總如下：

1. 20××年度成立之預算如下：

歲　出	
省政府賦稅	$ 10,370
加撥債務基金款項	20,000
總務	28,200
公安	30,000
衛生	21,000
工務	40,000
教育	120,000
	$269,570

歲　入	
執照費與特許費	$ 6,250
罰款	6,715
其他	11,580
賦稅	245,025
	$269,570

2. 20××年 1 月 1 日之歲出保留數準備包括：

總務	$ 110
公安	2,450
衛生	750
工務	2,500
教育	2,200
	$8,010

3. 應收已過期稅款 $3,427 業經收到，其餘滯納稅款均取得留置權。

4. 所有年初稅款留置之財產均經變賣，所有雜項應收帳款亦全照收。

5. 20××年課徵賦稅 $245,025，其中 $236,421 已收到現金。

6. 訂立合約與簽具購貨訂單合計 $126,382 如下：

總務	$ 10,824
公安	15,933
衛生	8,422
工務	25,727
教育	65,476
	$126,382

7. 現金收到執照費與特許費總額 $5,276，罰款總額 $6,956。至其他收入合計 $11,475，其中 $9,375 業經收訖。

8. 合約與訂單業經完工或交貨，並送呈帳單者，合計 $125,955 如下：

總務	$ 10,853
公安	13,877
衛生	8,887
工務	28,951
教育	63,387
	$125,955

所送帳單，除一有關工務者超過原估數 $1,000 外，其餘均與原估數相符。

9. 核准支發薪工總額 $116,450 如下，未設歲出保留數。

總務	$ 16,621
公安	17,500
衛生	11,850
工務	13,479
教育	57,000
	$116,450

10. 核簽應付憑單撥款債務基金 $20,000，並支付省政府賦稅 $10,370。

11. 以現金支付已核准應付憑單總額 $270,653，包括 20××年 1 月 1 日所欠之數。

試根據上項資料，編製：

1. 20××年基金餘額變動分析表。

2. 20××年 12 月 31 日之財務狀況表。

3. 歲入比較表。

4. 歲出比較表。

5. 結帳分錄。

答：

	多發市普通基金							
	工作底稿							
	20××年度							
會計科目	1/1/××餘額		本年度交易		結　帳		12/31/××餘額	
	借	貸	借	貸	借	貸	借	貸
現金	$37,452		(3) $ 3,427	(11) $270,653			$32,168	
			(4) 3,914					
			(5) 236,421					
			(7) 5,276					
			(7) 6,956					
			(7) 9,375					
應收已過期稅款	3,729			(3) 3,729				
應收本年度稅款			(5) 245,025	(5) 236,421			8,604	
雜項應收帳款	1,868		(7) 2,100	(4) 1,868			2,100	
應收留置稅款	2,046		(3) 302	(4) 2,046			302	
應付憑單		$20,370	(11) 270,653	(8) 125,955				$22,492
				(9) 116,450				
				(10) 30,370				
歲出保留數準備								
——以前年度		8,010			(c) $ 8,010			
歲出保留數準備			(8) 117,005	(6) 126,382				9,377
歲出保留數			(6) 126,382	(8) 117,005		(b) $ 9,377		
歲入預算數			(1) 269,570			(a) 269,570		
歲入實收數				(5) 245,025	(a) 268,732			
				(7) 5,276				
				(7) 6,956				
				(7) 11,475				
歲出實付數								
——以前年度			(8) 7,950			(c) 7,950		
歲出實付數			(6) 118,005			(b) 264,825		
			(9) 116,450					
			(10) 10,370					
			(10) 20,000					
歲出預算數				(1) 269,570	(b) 269,570			
基金餘額		16,715			(a) 838	(c) 60		11,305
					(b) 4,632			
	$45,095	$45,095	$1,569,181	$1,569,181	$551,782	$551,782	$43,174	$43,174

1.

多發市普通基金 基金餘額變動分析表 20××年度		
基金餘額：1/1/××		$16,715
減：歲出實付數與歲出保留數超逾歲入實收數：		
歲出實付數	$264,825	
歲出保留數	9,377	
	$274,202	
歲入實收數	268,732	5,470
		$11,245
加：銷除以前年度歲出保留數		60
基金餘額：12/31/××		$11,305

2.

多發市普通基金 財務狀況表 20××年12月31日			
資　產		負債、準備與基金餘額	
現金	$32,168	應付憑單	$22,492
應收本年度稅款	8,604	歲出保留數準備	9,377
雜項應收帳款	2,100	基金餘額	11,305
應收留置稅款	302		
合　計	$43,174	合　計	$43,174

3.

多發市普通基金 歲入比較表 20××年度			
	歲入預算數	歲入實收數	差　額
賦稅	$245,025	$245,025	
執照費與特許費	6,250	5,276	$(974)
罰款	6,715	6,956	241
其他	11,580	11,475	(105)
總　額	$269,570	$268,732	$(838)

4.

	上年度			本年度			
	歲出保留數準備	歲出實付數	餘　額	歲出預算數	歲出實付數	歲出保留數	未保留餘額
省政府賦稅				$ 10,370	$ 10,370		
加撥債務基金款項				20,000	20,000		
總務	$ 110	$ 110		28,200	27,364	$ 81	$ 755
公安	2,450	2,500	$ 50	30,000	28,877	4,556	(3,433)
衛生	750	700	(50)	21,000	20,037	235	728
工務	2,500	2,440	(60)	40,000	39,990	216	(206)
教育	2,200	2,200		120,000	118,187	4,289	(2,476)
總　額	$8,010	$7,950	$(60)	$269,570	$264,825	$9,377	$(4,632)

多發市普通基金
歲出比較表
20××年度

5.

		結帳分錄		
(a)	借：歲入實收數		$268,732	結清歲入預算數與歲入實收數帳戶。
	基金餘額		838	
	貸：歲入預算數		$269,570	
(b)	借：歲出預算數		$269,570	結清歲出預算數、歲出實付數與歲出保留數帳戶。
	基金餘額		4,632	
	貸：歲出實付數		$264,825	
	歲出保留數		9,377	
(c)	借：歲出保留數準備——以前年度		$8,010	結清以前年度歲出實付數與歲出保留數準備帳戶。
	貸：歲出實付數——以前年度		$7,950	
	基金餘額		60	

第十七章　普通基金歲入

一、請於普通日記帳上作下列各交易事項的分錄；如係不須作分錄者，則請解釋理由。（補助分類帳戶亦應列明）

　　1. 某市預算經市長認可如下：稅課收入 $2,900,000；證照與許可收入 $250,000；罰款與沒入物收入 $50,000；政府間收入 $460,000。

　　2. 稅金計 $2,890,000 已列入帳冊，而估計約有 1% 難以收起。

　　3. 年度中，為反映州政府給予該市燃料稅配額的變動，該市收入預算因而依法減少 $100,000。

　　4. 年度中發現有某財產的買賣雙方均被課以財產稅 $485，故而取消該財產賣方的稅課。

　　5. 該年實際收起的收入計有：稅課收入 $2,800,000；證照與許可收入 $275,000；罰款與沒入物收入 $44,000；政府間收入 $357,000。

答：

1.借：歲入預算數	$3,660,000	⟶	補助分類帳：		借
貸：基金餘額		$3,660,000	稅課收入	$2,900,000	
			證照許可收入	250,000	
			罰款沒入物收入	50,000	
			政府間收入	460,000	
2.借：應收稅款	$2,890,000				
貸：備抵稅收壞帳		$ 28,900	補助分類帳：		貸
歲入收入數		2,861,100	稅課收入	$2,861,100	
3.借：基金餘額	$100,000		補助分類帳：		貸
貸：歲入預算數		$100,000	稅課收入	100,000	
4.借：歲入收入數	$480	⟶	補助分類帳：		借
備抵稅收壞帳	5		稅課收入	$480	
貸：應收稅款		$485			

5.借：現金 $3,476,000　　　→補助分類帳：　　　　貸
　　貸：應收稅款 $2,800,000　　證照許可收入 $275,000
　　　　歲入收入數 676,000　　罰款沒入物收入 44,000
　　　　　　　　　　　　　　　　政府間收入 357,000

二、下列為某市某年度（20××年9月30日止）普通基金之各收入預算和實收數。請按六大收入來源別，將各收入項目分類後，編製收入預算與實收比較表，並且在表內的「實收數大（小）於預算數」欄內，顯示變動的金額與百分比。百分比的數字可求到小數點後一位。

收入項目	預算數	實收數
車輛罰款收入	$ 250,000	$ 252,215
裝貨許可收入	500	630
財產稅	4,242,508	4,265,752
油井使用費	132,000	123,037
短期投資利息	3,500	4,212
鄉鎮負擔的社會福利攤額	346,219	328,012
欠稅罰金與利息	12,000	11,872
法庭費——手續費和稅金	48,000	58,996
營業執照稅	280,000	344,888
州政府收取的摩托車牌照稅	481,510	524,620
沒收違約保證金	10,000	8,700
髒亂罰金	1,000	1,350
對無依孤兒的聯邦補助金	12,000	12,279
娛樂稅	22,000	20,147
特別治安服務收入	15,000	17,300

答：

某市普通基金
收入預算與實收比較表

20××年截至 9 月 30 日止

收入來源	預算數	實收數	實收數大(小)於預算數 金額	百分比
稅課收入:				
財產稅	$4,242,508	$4,265,752	$ 23,244	0.5%
欠稅罰金與利息	12,000	11,872	(128)	1.1%
娛樂稅	22,000	20,147	(1,853)	8.4%
合　計	$4,276,508	$4,297,771	$ 21,263	
證照與許可收入:				
裝貨許可收入	$ 500	$ 630	$ 130	26%
營業執照稅	280,000	344,888	64,888	23%
合　計	$ 280,500	$ 345,518	$ 65,018	
罰款與沒入物收入:				
車輛罰款收入	$ 250,000	$ 252,215	$ 2,215	0.9%
沒收違約保證金	10,000	8,700	(1,300)	13%
髒亂罰金	1,000	1,350	350	35%
合　計	$ 261,000	$ 262,265	$ 1,265	
服務費收入:				
法庭費──手續費與稅金	$ 48,000	$ 58,996	$ 10,996	22.9%
特別治安服務收入	15,000	17,300	2,300	15.3%
合　計	$ 63,000	$ 76,296	$ 13,296	
政府間收入:				
鄉鎮負擔的社會福利攤額	$ 346,219	$ 328,012	$ (18,207)	5.3%
州政府收取的摩托車牌照稅	481,510	524,620	43,110	9%
對無依孤兒的聯邦補助金	12,000	12,279	279	2.3%
合　計	$ 839,729	$ 864,911	$ 25,182	
其他雜項收入:				
油井使用費	$ 132,000	$ 123,037	$ (8,963)	6.8%
短期投資利息	3,500	4,212	712	20.3%
合　計	$ 135,500	$ 127,249	$ (8,251)	
收入共計	$5,856,237	$5,974,010	$117,773	

三、下列各帳戶係來自某市普通基金的收入分類帳:

財產稅

參　考		收入預算數	歲入收入數	餘　額
1/1/9C	普通日記帳 1	$2,400,000		$2,400,000
2/28/9C	普通日記帳 6	(200,000)	$2,200,000	0

證照與許可收入

參　考		收入預算數	歲入收入數	餘　額
1/1/9C	普通日記帳 1	$400,000		$400,000
1/31/9C	現金收入簿 4		$160,000	240,000
2/28/9C	現金收入簿 7		50,000	190,000

政府間收入

參　考		收入預算數	歲入收入數	餘　額
1/1/9C	普通日記帳 1	$600,000		$600,000

服務費收入

參　考		收入預算數	歲入收入數	餘　額
1/1/9C	普通日記帳 1	$150,000		$150,000
2/28/9C	現金收入簿 7		$45,000	105,000

假設以上各帳戶均無誤,且該普通基金無其他之收入類別。請回答下列各問題並列出必要的計算過程。

　1.收入預算數統制帳戶的餘額有多少?

　2.最初認可的 200C 年收入預算是多少?

　3.⑴ 200C 年收入預算在該年當中,是否曾經調整過?

　　⑵如「是」,則何時調整的?

　　⑶如「是」,則調整數額為何?

　　⑷如「是」,則收入預算數是增加抑或減少?

　4.歲入收入數統制帳戶餘額為多少?

　5.請計算 200C 年頭二個月內所收到的現金收入。

假如無法算出上述數額,請解釋此係因缺少了何項資料。

答:

　1.收入預算數統制帳戶餘額 =$3,350,000。

2. 收入預算 =$3,550,000。

3. ⑴是。

　　⑵ 200C 年 2 月 28 日。

　　⑶調整數額 $200,000。

　　⑷減少。

4. 歲入收入數統制帳戶餘額 =$2,455,000。

5. 現金收入，以題目所列之四項收入分類帳看，為 $255,000，是否尚有其他預算外之現金收入，須有其分類帳資料。

四、下表係供市政府高級會計人員審核所用的報表之一。在審核過程中，審計人員亦同時獲得下述諸補充資料，及做了如下諸決定：

1. 特許權稅乃私人企業因占用市政府財產而支付的稅金總額。

2. 工程費實際上並非證照收入而是由於市民接受了市公共設施的工程服務後，予以酌收的費用。

3. 欠稅利息與罰金應歸於普通財產稅別內。

4. 購買折扣應視為成本的減項。

5. 州燃料稅分配數應直接由市街道基金收取，及記入其帳戶內。

6. 該市普通基金依慣例，由「特種償債基金」收到供作償還公債用的現款，並且隨即貸入「應付到期公債款」。該市至今為止，尚未建立確實的「債務支出基金」，故仍利用普通基金償還公債。

7. 市音樂廳由普通基金管理但游泳池卻由特殊收入基金經營且係屬營運收入。

要求：

1. 審核人員收到的該份收入報表不僅未按照通用的收入來源別分類，而且還錯誤地列出實際上並非屬於普通基金的收入。請按照六大收入來源別將各收入科目分類後編製該普通基金的收入報表。

2. 你認為在該市報表中所列出的預算收入與實際收入間，是否有任何顯著的差異？假如「是」，請列舉合理的理由。

3. 關於該普通基金收入預算數內，有包含 $12,000 之火災損失費，請問你是贊成抑或反對，試加以評論。

某市普通基金

財務報表

200D 年 4 月 30 日

	預算數	實收數
稅課收入：		
普通財產稅：		
本年度稅收	$ 699,840	$ 701,310
上年度稅收	66,900	64,200
普通財產稅合計	$ 766,740	$ 765,510
其他稅課收入：		
特許權稅	$ 1,500	$ 1,500
娛樂稅	21,000	19,600
州政府雜稅分配數	11,000	12,400
其他稅課收入合計	$ 33,500	$ 33,500
稅課收入合計	$ 800,240	$ 799,010
證照與許可收入：		
計時停車費收入	$ 37,600	$ 29,400
工程費	17,040	21,660
埋葬許可收入	1,300	970
建築許可收入	21,630	19,407
證照與許可收入合計	$ 77,570	$ 71,437
罰款與沒入物收入及罰金收入：		
市政府法院罰款	$ 6,000	$ 6,840
沒收保證金	2,000	2,140
欠稅罰金	1,800	1,630
罰款與沒入物收入及罰金收入合計	$ 9,800	$ 10,610
租金和使用費收入：		
石油使用費	$ 150,000	$ 201,600
音樂廳租金	12,000	12,800
購買折扣	440	420
欠稅利息	660	710
游泳池收入	11,000	13,600
租金和使用費收入合計	$ 174,100	$ 229,130
來自其他機關和其他人的收入：		
州燃料稅分配數	$ 91,440	$ 89,660
火災損失保險收入	12,000	15,770
漏稅追償金——逃避納稅	500	690

由償債基金而來的款	30,000	30,000
供機場擴張用的地方補助	9,000	9,000
來自其他機關和其他人的收入合計	$ 142,940	$ 145,120
服務費收入：		
地下室汲水費	$　　200	$　　520
空地除草費用	1,000	1,100
財產銷售收入	2,000	12,650
廢物收集與處理費用	12,000	13,380
服務費收入合計	$ 15,200	$ 27,650
總　　計	$1,219,850	$1,282,957

答：

1.

某市普通基金
收入報表
200D 年 4 月 30 日

收入來源	預算數	實收數
稅課收入：		
普通財產稅	$ 699,840	$ 701,310
娛樂稅	21,000	19,600
欠稅罰金	1,800	1,630
欠稅利息	660	710
漏稅追償金	500	690
合　　計	$ 723,800	$ 723,940
證照與許可收入：		
埋葬許可收入	$　 1,300	$　　970
建築許可收入	21,630	19,407
合　　計	$ 22,930	$ 29,107
罰款與沒入物收入：		
市政府法院罰款	$　 6,000	$　 6,840
沒收保證金	2,000	2,140
合　　計	$　 8,000	$　 8,980
服務費收入：		
計時停車費收入	$ 37,600	$ 29,400
工程費	17,040	21,660
地下室汲水費	200	520
空地除草費用	1,000	1,100

廢物收集與處理費用	12,000	13,380
合　計	$　67,840	$　66,060
政府間收入：		
州政府雜稅分配數	$　11,000	$　12,400
供機場擴張用的地方補助	9,000	9,000
合　計	$　20,000	$　21,400
其他雜項收入：		
特許權稅	$　1,500	$　1,500
石油使用費	150,000	201,600
音樂廳租金	12,000	12,800
火災損失保險收入	12,000	15,770
由償債基金而來的款	30,000	30,000
財產銷售收入	2,000	12,650
合　計	$　207,500	$　274,320
收入共計	$1,050,070	$1,123,807

2.財產銷售收入：預算收入 $2,000，實際收入 $12,650，有顯著差異。可能預算所列為財產帳面價值，而實際收入為財產之市價。

3.反對；先預計將發生火災損失，明白顯示不加防杜之意。

　贊成；根據歷年經驗，火災之發生乃不可避免，為充分表達，而將火災損失保險收入列入預算，以便與實際相配合。

五、某市原本對收入的認定採權責基礎，但在多年前，曾因實際財產稅收入低於帳列稅課收入甚多，而遭致一次嚴重的財務困難。故從那次以後，該市即禁止按權責基礎入帳，但仍然認可，須對財產所有人應課的稅記錄起來。某年 6 月 30 日即年度終了時，該市普通基金分類帳顯示了以下有關財產稅的各帳戶名稱及金額：

備抵稅收壞帳──本年度	$ 29,000
備抵稅收壞帳──上年度	78,000
收入預算數──本年度	835,000
收入預算數──上年度	58,000
未收稅課收入準備──本年度	56,000
未收稅課收入準備──上年度	31,000
歲入收入數──本年度	811,000
歲入收入數──上年度	65,000

| 應收稅款 —— 本年度 | 66,000 |
| 應收稅款 —— 上年度 | 107,000 |

該普通基金通常均於每月底，才將當月所收的現金稅收從「未收稅課收入準備」轉至「歲入收入數」。此外，由於本年度及上年度之「未收稅課收入準備」及「備抵稅收壞帳」的總額大於「應收稅款」總額，可見得本年 6 月底應作的結轉分錄，還未登錄。

下年度初，按照市議會決定的稅率計算，則約可獲得 $830,000 之稅課收入，其中估計有 4% 難以收起。

要求：

1. 作 6 月 30 日應作的所有分錄。可以利用「基金餘額」作為「收入預算數」及「歲入收入數」兩帳戶的調整餘額帳戶。本年度的應收稅款帳戶結轉為上年度的應收稅款帳戶。

2. 請記錄新會計年度的稅課。

答：

1. 借：未收稅課收入準備 —— 本年度　　　$19,000

　　未收稅課收入準備 —— 上年度　　　2,000

　　　貸：歲入收入數 —— 本年度　　　　　　　$19,000

　　　　　歲入收入數 —— 上年度　　　　　　　2,000

　　借：歲入收入數 —— 本年度　　　$830,000

　　歲入收入數 —— 上年度　　　67,000

　　　貸：收入預算數 —— 本年度　　　　　　　$835,000

　　　　　收入預算數 —— 上年度　　　　　　　58,000

　　　　　基金餘額　　　　　　　　　　　　　4,000

　　借：應收稅款 —— 上年度　　　$66,000

　　備抵稅收壞帳 —— 本年度　　　29,000

　　未收稅收準備 —— 本年度　　　37,000

　　　貸：應收稅款 —— 本年度　　　　　　　$66,000

　　　　　備抵稅收壞帳 —— 上年度　　　　　　29,000

　　　　　未收稅收準備 —— 上年度　　　　　　37,000

2.借: 應收稅款 —— 本年度　　　　　　　　　$830,000

　　　貸: 備抵稅收壞帳 —— 本年度　　　　　　　　　　　$ 33,200

　　　　　未收稅收準備 —— 本年度　　　　　　　　　　　796,800

六、下面是某市政府某會計年度有關應收賦稅的事項:

1.上年度結轉未收賦稅 $880,000。

2.本年度查定應徵稅課 $41,600,000。

3.收到當期賦稅 $41,050,000, 過期賦稅 $447,000。

4.未收當期賦稅餘額, 結轉過期賦稅。

5.註銷過期賦稅 $85,000。

試根據上述資料, 結出期末餘額, 並分欄列明當期賦稅, 過期賦稅及合計, 編製應收賦稅變動表。

答:

1.

	當期賦稅	過期賦稅	合計
期初餘額		$ 880,000	$ 880,000
本年度查定	$ 41,600,000		41,600,000
收到賦稅	(41,050,000)	(447,000)	(41,497,000)
當期結轉過期	(550,000)	550,000	0
註銷過期賦稅		(85,000)	(85,000)
期末餘額	$　　　　0	$ 898,000	$　　898,000

2.

某市政府

應收賦稅變動表

××年度

應收賦稅 —— 期初餘額	$　　880,000
加: 本期查定數	41,600,000
減: 收到當期稅賦	(41,050,000)
收到過期稅賦	(447,000)
註銷過期稅賦	(85,000)
應收賦稅 —— 期末餘額	$　　898,000

第十八章 普通基金經費

一、請作下列各交易事項的分錄。補助分類帳戶與總分類帳戶亦要註明。假若有某
交易事項不須作分錄，則請解釋其理由。

1. 某鄉鎮的經費預算案業經合法採納。包括有：一般政務 $180,000；高速公路
$200,000；社會福利 $95,000；公共安全 $500,000。

2. 發出去的訂單計有：道路平地機 $40,000；社會福利部門所需的兩張桌子
$400；還有州長代理人使用的三輛汽車 $7,800。

3. 收到有關三輛汽車的發票，金額共 $7,875（汽車的訂購已於 2.中述及）。同時，
此發票已被認可支付。

4. 該鄉鎮曾於三十年前為了籌措高速公路建設資金，而發行了 $600,000 的公
債，如今已到期；而且持有者亦要求償還本金。

5. 由於道路平地機必須到八月份才能出貨（訂購已於 2.中述及），故該製造廠商
遂將此事通知購買代理人。然而該鄉鎮的會計年度係於 7 月 31 日結束，請作
結清有關帳戶的結帳分錄。

答：

1. 借：基金餘額　　　　$975,000　　　　　　→補助分類帳戶：

	貸
一般政務	$180,000
高速公路	200,000
社會福利	95,000
公共安全	500,000

　　貸：歲出預算數　　　　　　$975,000

2. 借：歲出保留數　　　$482,000　　————→補助分類帳戶：

	借
公共安全	$40,000
社會福利	400
一般政務	7,800

　　貸：保留數準備　　　　　　$482,000

3. 借：保留數準備　　　$7,800　　　　　→補助分類帳戶：

	借	貸
一般政務	$7,875	$7,800

　　貸：歲出保留數　　　　　　$7,800

　借：經費支出　　　　$7,875

　　貸：現金　　　　　　　　$7,875

4.不作分錄（償債事項由債務基金償付，普通基金不作分錄）

5.借：歲出預算數　　　　$975,000

　　　貸：基金餘額　　　　　　　$926,725

　　　　　歲出保留數　　　　　　　40,400

　　　　　經費支出　　　　　　　　7,875

二、某市以採購、會計、財務三部門來共同負責財貨勞務購買之交易事宜。下述即
　　係過去，為完成某交易而發生之事項；其中有的須作會計分錄，有的則否。請
　　將應作分錄者以日記帳形式為之。至於分錄中，摘要部分可以省略，但交易事
　　項之日期與號碼仍應保留。

　　1.街道基金所需部分設備，於 200E 年 1 月 12 日以招標方式採購。此項設備的
　　　購買，先前已經確定，有足夠的經費預算可供支應。

　　2.經過慎重考慮後，決定接受製造公司的標價 $4,315。然後於 1 月 27 日將備好
　　　的訂單交予會計部門。會計部門再度確定經費預算無缺後，於 2 月 1 日認可
　　　該訂單，並將其再送回採購部。採購部即於次日將該訂單正式發出。

　　3. 2 月 12 日收到出貨通知；2 月 18 日收到貨物。

　　4.會計部門於 2 月 17 日收到發票副本；2 月 20 日收到驗收報告。基於驗收時
　　　應注意的各項細節均能符合標準，故會計部於 2 月 24 日認可付款，且於同日
　　　將發票送往財務部。

　　5.採購部於 2 月 27 日由財務部處收到蓋上「付訖」章的該發票副本。

答：

　　1. 1/12　不作分錄

　　2. 2/1　借：保留數　　　　　$4,315

　　　　　　　貸：保留數準備　　　　　　　$4,315

　　3. 2/12　不作分錄

　　4. 2/24　借：經費支出　　　　$4,315

　　　　　　　貸：應付憑單　　　　　　　　$4,315

　　　　　　借：保留數準備　　　$4,315

　　　　　　　貸：保留數　　　　　　　　　$4,315

　　5. 2/27　借：應付憑單　　　　$4,315

　　　　　　　貸：現金　　　　　　　　　　$4,315

三、某市採用按季分配經費預算制以幫助控制普通基金的支出。已知普通基金所屬某部門於某年的經費預算核定數為 $380,000，而第一季，該部門應分配的經費預算額為 $86,000，實際支出額為 $81,000(可以省略保留數與應付憑單的分錄)。至年底發現需要申請追加預算，於是經立法通過的追加預算計 $3,000。此外，另三季之分配預算共$297,000，實際支出共 $302,000，請依下列問題，作成分錄。

　1.記錄立法機關的預算計畫。

　2.記錄第一季之預算配額。

　3.記錄第一季之經費支出。

　4.記錄追加預算。

　5.記錄後三季之預算配額。

　6.記錄後三季之經費支出。

　7.作結帳分錄以結清上述 1.到 6.的預算類帳戶與虛帳戶。

答：

　1.借：基金餘額　　　　　　　　　　　$380,000

　　　　貸：經費預算數　　　　　　　　　　　　$380,000

　2.借：經費預算數　　　　　　　　　　$86,000

　　　　貸：預算分配數　　　　　　　　　　　　$86,000

　3.借：經費支出　　　　　　　　　　　$81,000

　　　　貸：現金　　　　　　　　　　　　　　　$81,000

　4.借：基金餘額　　　　　　　　　　　$3,000

　　　　貸：經費預算數　　　　　　　　　　　　$3,000

　5.借：經費預算數　　　　　　　　　　$297,000

　　　　貸：預算分配數　　　　　　　　　　　　$297,000

　6.借：經費支出　　　　　　　　　　　$302,000

　　　　貸：現金　　　　　　　　　　　　　　　$302,000

　7.借：預算分配數　　　　　　　　　　$383,000

　　　　貸：經費支出　　　　　　　　　　　　　$383,000

四、下列資料係於會計年度終了（20×B 年 6 月 30 日止）時，摘自某市結帳後的各帳戶：

	餘　額 6/30/×A	20×B年變動額		餘　額 6/30/×B
		借　方	貸　方	
現金	$180,000	$ 955,000	$ 880,000	$255,000
應收稅課收入	20,000	809,000	781,000	48,000
	$200,000			$303,000
備抵稅收壞帳	4,000	6,000	9,000	7,000
應付憑單	44,000	880,000	889,000	53,000
應繳政府內部服務基金款	2,000	7,000	10,000	5,000
應繳債務支出基金款	10,000	60,000	100,000	50,000
保留數準備	40,000	40,000	47,000	47,000
基金餘額	100,000	20,000	61,000	141,000
	$200,000	$2,777,000	$2,777,000	$303,000

此外還有若干補充資料如下：

1. 該年度收入預算為 $1,000,000，經費預算為 $965,000。

2. 除去以「保留數準備」支應的支出外，該年度實際支出共計$895,000。

3. 由「保留數準備」支應的實際支出計有 $37,000。

要求：

試編製工作底稿以比較收入預算、歲入收入、保留數、實支數、經費預算數和其他核定之經費。工作底稿應具備下列各欄標題：

欄　位	標　題
1–4	科目名稱
5	平衡表，6/30/×A
6 & 7	20×B 年的交易（借方與貸方）
8	收入預算數
9	歲入收入數
10	保留數與支出數
11	經費預算
12	平衡表，6/30/×B

不須作正式分錄。

答：

某市工作底稿
20×A年7月1日至20×B年6月30日止

	平衡表 6/30/×A	20×B年交易 借	20×B年交易 貸	收入預算數	歲入收入數	保留數與支出數	經費預算	平衡表 6/30/×B
現金	$180,000	$ 955,000	$ 880,000					$255,000
應收稅課收入	20,000	809,000	781,000					48,000
減：備抵稅收壞帳	(4,000)	6,000	9,000					(7,000)
歲入預算數		1,000,000		$1,000,000				
減：歲入收入數			980,000		$980,000			
	$196,000							$296,000
應付憑單	$ 44,000	880,000	889,000					$ 53,000
應繳總政府內部服務基金款	2,000	7,000	10,000					5,000
應繳總債務支出基金款	10,000	60,000	100,000					50,000
歲出預算數			965,000				$965,000	
減：保留數		47,000				$ 47,000		
支出數		895,000				895,000		
保留數準備	40,000	40,000	47,000					47,000
基金餘額	100,000	41,000	41,000					141,000
	$196,000	$4,699,000	$4,699,000	$1,000,000	$980,000	$942,000	$965,000	$296,000

五、某市普通基金之各財務類帳戶於某年度初之餘額分別如下列：

	借	貸
現金	$ 30,000	
應收欠稅款	160,000	
備抵欠稅壞帳		$ 18,000
用品盤存	14,000	
應付憑單		90,000
預先收起稅課收入		1,770
應付其他基金款		10,530
用品盤存準備		14,000
保留數準備──上年度		13,300
基金餘額		56,400
	$204,000	$204,000

1.按照來源別分類的收入預算與按照職能別分類的經費預算各分別如下：

收入預算：		
稅課收入	$876,000	
證照與許可收入	72,000	
政府間收入	190,000	
其他來源	83,000	
合　計		$1,221,000
經費預算：	$120,000	
一般政務	440,000	
公共安全	250,000	
公共工程	230,000	
衛生與社會福利	70,000	
其他職能		1,110,000
合　計		$　111,000

2.本年度中各不同職能別的經費預算項下，各有如下之保留數：

一般政務	$ 12,000
公共安全	80,000
公共工程	160,000
衛生與社會福利	65,000
其他職能	59,000
合　計	$376,000

3. 本年稅課共計 $895,000，其中約有 $20,000 難以收起。

4. 實際收得的稅款包括有上年度的稅課 $120,000 及本年度的稅課$644,000。

5. 本年人事費共計 $718,500；未曾列記保留數，而貸入「應付憑單」科目。其於各職能經費項下各占的數額如下：

一般政務	$104,000
公共安全	351,000
公共工程	90,000
衛生與社會福利	163,300
其他職能	9,900

6. 上年度的各項保留款於今年始收到發票且同意支付，金額共計$13,100（請記入「經費支出——上年度」帳戶中。並請將該帳戶與「保留數準備——上年度」的餘額結轉「基金餘額」）。

7. 關於本題第 2.項交易所述及之各種保留款，該基金已收到發票且認可支付貨款。至於各項經費預算數所受之影響如下：

	實際支出數	保留款註銷數
一般政務	$ 11,200	$ 11,400
公共安全	77,500	77,300
公共工程	150,350	150,100
衛生與社會福利	64,750	65,000
其他職能	59,500	59,000
	$363,300	$362,800

8. 本年所收起之非稅課收入包括有 $71,000 證照與許可收入；$185,000 機關間收入；$66,000 其他來源之收入。

9. 消除上年度的稅收壞帳 $10,500，同時為了改正錯誤而撤銷本年度稅課收入 $2,200。（後者並未歸入備抵壞帳戶內）

10. 應付憑單已支付數共 $1,088,600。

11. 年度末了經過實地盤點後之原料與用品的存貨共計 $27,400，隨後並作調整分錄，將「用品盤存」與「用品盤存準備」分別轉出。至於上述之存貨全係供公共工程部門所使用。

12. 將上年度預收之稅課收入調整為本年度稅課收入。同時，又收到預付明年度的稅款 $1,700（二者係獨立之交易事項）。

要求：

1. 將該市普通基金總分類帳之期初餘額過入 T 帳戶。

2. 將 1. 到 12. 之交易事項作成分錄，並註明其補助分類帳戶與總分類帳戶。

3. 設立收入分類帳與經費支出分類帳，並將各分錄分別過入相關之總分類帳與補助分類帳。

4. 編製總分類帳試算表。並請證明補助分類帳上之收入預算、歲入收入、經費預算、經費支出與經費保留各餘額必與相對之總分類帳戶之餘額相一致。

5. 作結帳分錄以結清總分類帳之預算帳戶與虛帳戶，同時將本年度稅課收入與相關之稅收壞帳轉入欠稅款科目；「保留數準備」轉入「保留數準備──上年度」。

6. 依據所給之資料，編製期末平衡表，基金餘額變動分析表、收入預算與實收表、經費預算與實支表。

答：

1.

現　金			
	30,000	⑽	1,088,600
⑷	764,000		
⑻	322,000		
⑿	1,700		
借餘	29,100		

應收欠稅款			
	160,000	⑷	120,000
		⑼	10,500
借餘	29,500		

備抵欠稅壞帳		
⑼	10,500	18,000
		貸餘 7,500

用品盤存		
	14,000	
⑾	13,400	
借餘	27,400	

	應付憑單		
(10)	1,088,600		90,000
		(5)	718,200
		(6)	13,100
		(7)	363,300
		貸餘	96,000

	預先收起稅課收入		
(12)	1,770		1,770
		(12)	1,700
		貸餘	1,700

應付其他基金款		
		10,530
	貸餘	10,530

用品盤存準備		
		14,000
	(11)	13,400
	貸餘	27,400

	保留數準備——上年度	
(6)	13,300	13,300

	基金餘額		
(11)	13,400		56,400
		(1)	111,000
		(6)	200
		貸餘	154,200

	歲入預算數	
(1)	1,221,000	
借餘	1,221,000	

歲出預算數		
	(1)	1,110,000
	貸餘	1,110,000

	歲入收入數		
(9)	2,200	(3)	875,000
		(8)	322,000
		(12)	1,770
		貸餘	1,196,570

	經費支出數		
(5)	718,200	(11)	13,400
(7)	363,300		
借餘	1,068,100		

保留數			
(2)	376,000	(7)	362,800
借餘 13,200			

應收稅款			
(3)	895,000	(4)	644,000
		(9)	2,200
借餘 248,800			

備抵稅收壞帳			
		(3)	20,000
		貸餘 20,000	

經費支出──上年度			
(6)	13,100	(6)	13,100

保留數準備			
(7)	362,800	(2)	376,000
		貸餘 13,200	

2.

補助分類帳戶:

(1)借: 歲入預算數　　　　　　　$1,221,000　────→課稅收入、證照與許
　　　　　　　　　　　　　　　　　　　　　　　可收入、政府間收
　　　　　　　　　　　　　　　　　　　　　　　入、其他來源

　　貸: 歲出預算數　　　　　　　　　　$1,110,000→一般政務、公共安
　　　　基金餘額　　　　　　　　　　　　111,000　全、公共工程、衛生
　　　　　　　　　　　　　　　　　　　　　　　與社會福利、其他職
　　　　　　　　　　　　　　　　　　　　　　　能

(2)借: 保留數　　　　　　　　　　$376,000　────→一般政務、公共安
　　貸: 保留數準備　　　　　　　　　　$376,000　全、公共工程、衛生
　　　　　　　　　　　　　　　　　　　　　　　與社會福利、其他職
　　　　　　　　　　　　　　　　　　　　　　　能

(3)借: 應收稅款　　　　　　　　　$895,000　　　　→稅課收入
　　貸: 備抵稅收壞帳　　　　　　　　　$ 20,000
　　　　歲入收入數　　　　　　　　　　　875,000

⑷借：現金　　　　　　　　　$764,000
　　　貸：應收稅款　　　　　　　　　　$644,000
　　　　　應收欠稅款　　　　　　　　　　120,000
⑸借：經費支出數　　　　　　　$718,200 ────→一般政務、公共安
　　　貸：應付憑單　　　　　　　　　　$718,200 　全、公共工程、衛生
　　　　　　　　　　　　　　　　　　　　　　　與社會福利、其他職
　　　　　　　　　　　　　　　　　　　　　　　能

⑹借：經費支出──上年度　　　$13,100
　　　貸：應付憑單　　　　　　　　　　$13,100
　　借：保留數準備──上年度　　$13,300
　　　貸：經費支出──上年度　　　　　13,100
　　　　　基金餘額　　　　　　　　　　　　200
⑺借：經費支出數　　　　　　　$363,300 ────→一般政務、公共安
　　　貸：應付憑單　　　　　　　　　　$363,300 　全、公共工程、衛生
　　　　　　　　　　　　　　　　　　　　　　　與社會福利、其他職
　　　　　　　　　　　　　　　　　　　　　　　能

　　借：保留數準備　　　　　　　$362,800
　　　貸：保留數　　　　　　　　　　　$362,800
⑻借：現金　　　　　　　　　　$322,000 ──→證照與許可收入、機
　　　貸：歲入收入數　　　　　　　　　$322,000 　關間收入、其他來源
⑼借：備抵欠稅壞帳　　　　　　$10,500
　　　貸：應收欠稅款　　　　　　　　　$10,500
　　借：歲入收入數　　　　　　　$2,200 ────→稅課收入
　　　貸：應收稅款　　　　　　　　　　$2,200
⑽借：應付憑單　　　　　　　$1,088,600
　　　貸：現金　　　　　　　　　　　$1,088,600
⑾借：用品盤存　　　　　　　　$13,400 ─→公共工程
　　　貸：經費支出數　　　　　　　　　$13,400
　　借：基金餘額　　　　　　　　$13,400
　　　貸：用品盤存準備　　　　　　　　$13,400
⑿借：預先收起稅課收入　　　　$1,770
　　　貸：歲入收入數　　　　　　　　　　$1,770→稅課收入

借：現金 $1,700
　　貸：預先收起稅課收入 $1,700

3.

收入分類帳

摘　要		歲入預算數	歲入收入數	餘　額
稅課收入：	(1)	$ 876,000		$876,000
	(3)		$ 875,000	1,000
	(9)		(2,200)	3,200
	(12)		1,770	1,430
證照與許可收入：	(1)	$ 72,000		$ 72,000
	(8)		$ 71,000	1,000
政府間收入：	(1)	$ 190,000		$190,000
	(8)		$ 185,000	5,000
其他來源：	(1)	$ 83,000		$ 83,000
	(8)		$ 66,000	17,000
合　計		$1,221,000	$1,196,570	

經費支出分類帳

摘　要		保留數 借	保留數 貸	支出數	預算數	餘　額
一般政務：	(1)				$ 120,000	$120,000
	(2)	$ 12,000				108,000
	(5)			$ 104,000		4,000
	(7)		$ 11,400	11,200		4,200
公共安全：	(1)				$ 440,000	$440,000
	(2)	$ 80,000				360,000
	(5)			$ 351,000		9,000
	(7)		$ 77,300	77,500		8,800
公共工程：	(1)				$ 250,000	$250,000
	(2)	$160,000				90,000
	(5)			$ 90,000		0
	(7)	$150,100		150,350		(250)
	(11)			(13,400)		13,150
衛生與社會福利：	(1)				$ 230,000	$230,000

(2)	$ 65,000		$ 163,300		165,000
(5)			64,750		1,700
(7)		$ 65,000			1,950
其他職能：	(1)			$ 70,000	$ 70,000
	(2)	$ 59,000			11,000
	(5)			$ 9,900	1,100
	(7)	$ 59,000		59,500	600
合　計		借餘 $13,200	$1,068,100		$1,110,000

4.

某基金
總分類帳試算表
×年×月×日

	借	貸
現金	$　　29,100	
應收稅款	248,800	
備抵稅收壞帳		$　　20,000
應收欠稅款	29,500	
備抵欠稅壞帳		7,500
用品盤存	27,400	
歲入預算數	1,221,000	
歲入收入數		1,196,570
應付憑單		96,000
應付其他基金款		10,530
預先收起稅課收入		1,700
歲出預算數		1,110,000
經費支出數	1,068,100	
保留數	13,200	
保留數準備		13,200
用品盤存準備		27,400
基金餘額		154,200
合　計	$2,637,100	$2,637,100

5.

借：歲出預算數	$1,110,000	
貸：經費支出數		$1,068,100
保留數		13,200
基金餘額		28,700
借：歲入收入數	$1,196,570	
基金餘額	24,430	
貸：歲入預算數		$1,221,000
借：應收欠稅款	$248,800	
備抵稅收壞帳	20,000	
貸：應收稅款		$248,800
備抵欠稅壞帳		20,000
借：保留數準備	$13,200	
貸：保留數準備——上年度		$13,200

6.

某基金
平衡表
×年×月×日

資　產			負債及基金餘額	
現金		$ 29,100	應付憑單	$ 96,000
應收欠稅款	$278,300		應付其他基金款	10,530
減：備抵欠稅壞帳	27,500	250,800	預先收起稅課收入	1,700
用品盤存		27,400	用品盤存準備	27,400
			保留數準備——上年度	13,200
			基金餘額	158,470
合　計		$307,300	合　計	$307,300

某基金
基金餘額變動分析表
×年度

基金餘額：年初		$ 56,400
加：收入超出支出數		
歲入收入數	$ 1,196,570	

經費支出數	(1,068,100)	128,470
合　計		184,870
減：用品盤存準備	$　　13,400	
保留數準備	13,200	(26,600)
加：上年度保留準備超過上年度支出		200
基金餘額：年終		$158,470

某基金
收入預算與實收表
×年度

收入來源	預算數	實收數	比較數
稅課收入	$　876,000	$　874,570	$(1,430)
證照與許可收入	72,000	71,000	(1,000)
政府間收入	190,000	185,000	(5,000)
其他來源	83,000	66,000	(17,000)
合　計	$1,221,000	$1,196,570	$(24,430)

某基金
經費預算與實支表
×年度

職能／用途	預算數	實支數	保留數	餘　額
一般政務	$　120,000	$　115,200	$　600	$　4,200
公共安全	440,000	428,500	2,700	8,800
公共工程	250,000	226,950	9,900	13,150
衛生與社會福利	230,000	228,050	0	1,950
其他職能	70,000	69,400	0	600
合　計	$1,110,000	$1,068,100	$13,200	$28,700

六、某市政府普通基金上年度結帳後，「歲計餘絀」帳戶的貸方餘額為 $18,000，本年度核定歲入預算數 $800,000，歲出預算數 $750,000，年度進行中並無追加減預算，本年度終了，核計歲入實收 $765,000，經費支出 $683,000，收回以前年度支出 $800，未了契約責任 $16,000。

1. 試根據上列資料，編製基金餘額變動分析表，表中應包括預算數與實際數。

2. 若從基金餘額中劃出 $3,500，設置「存貨準備帳戶」，則如何顯示其期末基金餘額？

答:

1.

某市政府普通基金
基金餘額變動分析表
××年度

	預算數	實際數	增減比較
期初基金餘額			$ 50,000
歲入	$800,000	$765,000	(35,000)
以前年度支出收回		800	800
歲出	750,000	683,000	67,000
應付歲出保留款		16,000	(16,000)
期末基金餘額			$ 66,800

2. 若增設存貨準備 $3,500，則於基金餘額變動分析表內列為減項，於保留數準備之下列之，期末基金餘額應為 $63,300 ($66,800–$3,500)。

七、下列所示係某市 20×8 年財政年度（終止於 6 月 30 日）之資料。

1. 20×8 年度成立之預算如下：估計歲入 $800,000，核定經費$780,000。

2. 課徵賦稅總額 $650,000，估計短收 $13,000。

3. 訂購物料總額 $100,000。

4. 收到其他收入總額 $140,000。

5. 訂購稅務處設備 $15,000。

6. 本年度稅款 $600,000 與往年度業經銷除之稅款 $2,000，均經收到。

7. 本年度應收稅款與估計短收稅款之餘額，當轉入已過期帳戶。

8. 上列第 3. 項所訂物料交貨，發票總額 $98,000，核准付款。

9. 薪金總額 $600,000，核准分發。

10. 支付應付憑單 $698,000。

11. 上列第 5. 項所訂設備收到，實際成本為 $18,000。

12. 訂購物料 $20,000。

13. 支付利息 $5,000。

14. 分期攤還公債 $20,000 到期，核准撥款債務基金清償。

15. 上列第 14. 項核轉債務基金款項，以現金支付。

16. 以利息罰款 $500，減除估計短收數 5% 入帳。

17.各部門應收款項合計 $10,000，估計短收數 $1,000。

18.普通基金共欠政府內部服務基金帳款 $10,000。

19.賦稅有 $2,000 係屬預收。

試根據上列資料：

1.作分錄記載上列交易。

2.編製 20×8 年 6 月 30 日結帳前之財務狀況表。

3.作結帳分錄。

4.編製 20×8 年 6 月 30 日結帳後之財務狀況表。

5.編製基金餘額變動分析表。

6.假定第 12.項訂購之物料於 20×8 年 7 月收到，其成本為：

㈠ $19,500

㈡ $20,300

試作分錄。

答：

1.

分　錄			
(1) 借：歲入預算數	$800,000		記錄核定歲入與歲出預算。
貸：歲出預算數		$780,000	
基金餘額		20,000	
(2) 借：應收本年度稅款	$650,000		記錄本年度賦稅應收稅款及備抵短收稅款。
貸：估計短收本年度稅款		$ 13,000	
歲入實收數		637,000	
(3) 借：歲出保留數	$100,000		記錄訂購物料。
貸：歲出保留數準備		$100,000	
(4) 借：現金	$140,000		記錄收到其他收入。
貸：歲入實收數		$140,000	
(5) 借：歲出保留數	$15,000		記錄訂購稅務處設備。
貸：歲出保留數準備		$15,000	
(6) 借：現金	$602,000		記錄收到本年度稅款 $600,000 與往年度業經銷除之稅款 $2,000。
貸：應收本年度稅款		$600,000	
額外收入		2,000	

(7)	借：應付已過期稅款 　　估計短收本年度稅款 　　貸：應收本年度稅款 　　　　估計短收已過期稅款	$50,000 13,000	$50,000 13,000	將滯納稅款與相關估計，短收額自本年度帳戶轉入已過期帳戶。
(8)	借：歲出保留數準備 　　歲出實付數 　　貸：歲出保留數 　　　　應付憑單	$100,000 98,000	$100,000 98,000	記錄收到所訂物料交貨，並轉回訂購時所作歲出保留數之分錄。
(9)	借：歲出實付數 　　貸：應付憑單	$600,000	$600,000	核准分發薪金。
(10)	借：應付憑單 　　貸：現金	$698,000	$698,000	支付應付憑單。
(11)	借：歲出保留數準備 　　歲出實付數 　　貸：歲出保留數 　　　　應付憑單	$15,000 18,000	$15,000 18,000	記錄收到所訂設備，並轉回訂購時所作歲出保留數之分錄。
(12)	借：歲出保留數 　　貸：歲出保留數準備	$20,000	$20,000	記錄訂購物料。
(13)	借：歲出實付數 　　貸：現金	$5,000	$5,000	支付利息。
(14)	借：歲出實付數 　　貸：應付憑單	$20,000	$20,000	分期攤還公債$20,000到期，核准撥款債務基金清償。
(15)	借：應付憑單 　　貸：現金	$20,000	$20,000	以現金支付債務基金款項。
(16)	借：應收稅款利息與罰金 　　貸：估計短收稅款利息與罰金 　　　　歲入實收數	$500	$ 25 475	以利息罰金$500，減除估計短收款5%入帳。
(17)	借：應收帳款 　　貸：估計短收帳款 　　　　歲入實收數	$10,000	$1,000 9,000	各部門應收款項合計$10,000，估計短收數$1,000。
(18)	借：歲出實付數 　　貸：應付政府內部服務基金款項	$10,000	$10,000	記錄賒欠政府內部服務基金帳款$10,000。
(19)	借：現金 　　貸：預收稅款	$2,000	$2,000	記錄預收稅款。

2.

某市普通基金
結帳前財務狀況表
20×8 年 6 月 30 日

資　　產			負債、準備與基金餘額		
現金		$21,000	應付憑單		$18,000
應收已過期稅款	$ 50,000		應付政府內部		
減：估計短收稅款	13,000	37,000	服務基金款項		10,000
應收稅款利息與罰金	$ 500		預收稅款		2,000
減：估計短收利息罰金	25	475	歲出預算數	$780,000	
應收帳款	$ 10,000		減：歲出實付數 751,000		
減：估計短收帳款	1,000	9,000	歲出保留數 20,000		9,000
歲入預算數	$800,000		歲出保留數準備		20,000
減：歲入實收數	786,475		基金餘額		20,000
額外收入	2,000	11,525			
合　　計		$79,000	合　　計		$79,000

3.

結帳分錄			
(1) 借：歲入實收數	$786,475		結清歲入預算數與歲入實收數帳戶。
基金餘額	13,525		
貸：歲入預算數		$800,000	
(2) 借：歲出預算數	$780,000		結清歲出預算數、歲出實付數，與歲出保留數帳戶。
貸：歲出實付數		$751,000	
歲出保留數		20,000	
基金餘額		9,000	
(3) 借：額外收入	$2,000		結清額外收入戶。
貸：基金餘額		$2,000	

4.

<table>
<tr><td colspan="4" align="center">某市普通基金
結帳後財務狀況表
20×8 年 6 月 30 日</td></tr>
<tr><td colspan="2" align="center">資　產</td><td colspan="2" align="center">負債、準備與基金餘額</td></tr>
<tr><td>現金</td><td>$21,000</td><td>應付憑單</td><td>$18,000</td></tr>
<tr><td>應收已過期稅款　　$50,000</td><td></td><td>應付政府內部服務基金款項</td><td>10,000</td></tr>
<tr><td>減：估計短收稅款　　13,000</td><td>37,000</td><td></td><td></td></tr>
<tr><td>應收稅款利息與罰金　$　500</td><td></td><td>預收稅款</td><td>2,000</td></tr>
<tr><td>減：估計短收利息罰金　　25</td><td>475</td><td>歲出保留數準備</td><td>20,000</td></tr>
<tr><td>應收帳款　　　　　$10,000</td><td></td><td>基金餘額</td><td>17,475</td></tr>
<tr><td>減：估計短收帳款　　1,000</td><td>9,000</td><td></td><td></td></tr>
<tr><td>合　計</td><td>$67,475</td><td>合　計</td><td>$67,475</td></tr>
</table>

5.

<table>
<tr><td colspan="4" align="center">某市普通基金
基金餘額變動分析表
20×7 年 7 月 1 日至 20×8 年 6 月 30 日</td></tr>
<tr><td>基金餘額：7/1/×7</td><td></td><td></td><td>$　　−0−</td></tr>
<tr><td>歲入實收數</td><td></td><td>$786,475</td><td></td></tr>
<tr><td>減：歲出實付數</td><td>$751,000</td><td></td><td></td></tr>
<tr><td>歲出保留數</td><td>20,000</td><td>771,000</td><td></td></tr>
<tr><td>歲入實收數超逾歲出實付與歲出保留數</td><td></td><td></td><td>15,475</td></tr>
<tr><td></td><td></td><td></td><td>$15,475</td></tr>
<tr><td>加額外收入：往年已銷除稅款</td><td></td><td></td><td>2,000</td></tr>
<tr><td>基金餘額：6/30/×8</td><td></td><td></td><td>$17,475</td></tr>
</table>

6.

<table>
<tr><td>(一)</td><td>借：歲出實付數 ── 20×7 年度　$19,500
　　貸：應付憑單　　　　　　　　　　$19,500</td><td>收到上年度訂購物料
$19,500。</td></tr>
<tr><td>(二)</td><td>借：歲出實付數 ── 20×7 年度　$20,000
　　　歲出實付數　　　　　　　　　300
　　貸：應付憑單　　　　　　　　　　$20,300</td><td>收到上年度訂購物料
$20,300。</td></tr>
</table>

八、下列所示係柏維市於 20××年 12 月 31 日會計記錄所示之資料：

柏維市普通基金
部分總分類帳調整前試算表
20××年 12 月 31 日

會計科目	借	貸
物料盤存（12/31/××實地盤存）	$10,000	
歲入預算數——雜項	20,000	
歲入預算數——賦稅	95,000	
歲出預算數		$112,000
歲入實收數——雜項		19,900
歲入實收數——賦稅		95,500
歲出保留數	20,000	
歲出實付數	80,000	
往年度設置保留數之歲出	7,100	
歲出保留數準備（1/1/××餘額 $7,000）		27,000
物料盤存準備（1/1/××餘額）		12,000
基金餘額		3,300
額外收入		1,700

普通基金於 20××年 12 月 31 日尚未交貨之購貨訂單合計 $20,000。

1. 試作普通基金 20××年 12 月 31 日之調整分錄。

2. 試作普通基金 20××年 12 月 31 日之結帳分錄。

3. 試編製基金餘額變動分析表，設立下列諸欄：

㈠預算數。

㈡實際數。

㈢差異。

答：

1.

調整分錄			
借：物料盤存準備	$2,000		減低物料盤存準備，使與 12/31/××
貸：基金餘額		$2,000	之物料盤存戶餘額相等。

2.

結帳分錄			
(1)	借: 歲出保留數準備 　　　基金餘額 　　貸: 往年度設置保留數之歲出	$7,000 100 	 $7,100	結清 1/1/××歲出保留數準備戶餘額與相關歲出戶。
(2)	借: 歲入實收數──雜項 　　　基金餘額 　　貸: 歲入預算數──雜項	$19,900 100 	 $20,000	結清雜項歲入預算數與歲入實收數戶。
(3)	借: 歲入實收數──賦稅 　　貸: 歲入預算數──賦稅 　　　　基金餘額	$95,500 	 $95,000 500	結清賦稅歲入預算數與歲入實收數戶。
(4)	借: 歲出預算數 　　貸: 歲出實付數 　　　　歲出保留數 　　　　基金餘額	$112,000 	 $90,000 20,000 2,000	結清歲出預算數、歲出實付數與歲出保留數戶。
(5)	借: 額外收入 　　貸: 基金餘額	$1,700 	 $1,700	結清額外收入戶。

3.

柏維市普通基金

基金餘額變動分析表

20××年度

	預算數	實際數	差　異
基金餘額: 1/1/××			$3,000
歲入數: 雜項	$20,000	$19,900	(100)
賦稅	95,000	95,500	500
物料盤存準備減低額		2,000	2,000
額外收入		1,700	1,700
歲出數: 支出	112,000	90,000	
保留數		20,000	2,000
往年度支出超逾保留數		100	(100)
基金餘額: 12/31/××			$9,000

九、閣下被聘審查高豐市之普通基金帳戶，發現下列各項：

　　1.年終普通基金之帳戶餘額如下：

借　項

現金	$　600,000
應收本年度稅款	500,000
歲出實付數	9,300,000
	$10,400,000

貸　項

歲入實收數	$ 9,900,000
遞延稅收	500,000
	$10,400,000

　　2.於年度開始時，市議會正式通過本年度預算，如下列第 3.項所示。

　　3.現金收支，連同預算資料，如下所示：

	預算收入	實際收入
賦稅：		
本年度	$ 9,700,000	$9,500,000
預收	－	20,000
執照費與特許費	200,000	250,000
罰款與沒收金	70,000	78,000
賃用財產租金	30,000	32,000
其他：		
其他基金退回取費：		
公營事業基金	－	6,000
政府內部服務基金	－	4,000
資本計畫基金多餘現金轉撥	－	10,000
	$10,000,000	$9,900,000

	預算支出	實際支出
各部門費用 *	$7,100,000	$6,894,000
轉撥退休基金	150,000	140,000
設立零用金		5,000
公家應攤特賦成本	150,000	150,000
設立政府內部服務基金	50,000	50,000

總務處設備	420,000	421,000
土地	500,000	500,000
轉撥定期公債債務基金	1,000,000	1,000,000
到期分期攤還公債	100,000	100,000
公債利息		
定期公債	20,000	20,000
定期攤還公債	10,000	10,000
暫墊政府內部服務基金		10,000
	$9,500,000	$9,300,000

* 包括下列項目：

公營事業基金帳單	$ 70,000	$ 80,000
政府內部服務基金帳單	$ —	$ 39,000

4. 應收賦稅，根據稅單，合計 $10,000,000。

5. 所有未付賦稅，於課徵年度終了均經過期。

6. 年終未記錄之項目有：

應付薪金	$60,000	
已收物料未付帳款	19,000	$79,000
尚未交貨之購貨訂單		30,000

7. 政府內部服務基金開具帳單，未記入普通基金帳冊之總額為 $1,000。

8. 普通基金於年終之物料存貨為 $35,000，應予入帳。

試編製普通基金工作底稿，設立下列諸欄：帳面餘額，調整，與調整後餘額。

答：

高豐市普通基金
工作底稿
××年度

會計科目	帳面餘額	調整 借	調整 貸	調整後餘額
現金	$ 600,000			$ 600,000
零用金		(3)$ 5,000		5,000
應收本年度稅款	500,000	(4) 10,000,000	(2)$ 9,500,000	
			(5) 500,000	−0−
			(6) 500,000	
估計短收本年度稅款		(6) 300,000	(4) 300,000	−0−
應收已過期稅款		(6) 500,000		500,000
估計短收已過期稅款			(6) 300,000	(300,000)
應收政府內部服務基金款項		(3) 10,000		10,000
物料盤存		(9) 35,000		35,000
歲出預算數			(1) 9,500,000	(9,500,000)
歲出保留數		(7) 30,000		30,000
歲出實付數	$ 9,300,000	(7) 79,000	(2) 20,000	
		(8) 1,000	(3) 15,000	9,345,000
	$10,400,000			$ 725,000
應付帳款			(7) 19,000	$ 19,000
應付薪金			(7) 60,000	60,000
應付政府內部服務基金款項			(8) 1,000	1,000
預收賦稅			(2) 20,000	20,000
歲出保留數準備			(7) 30,000	30,000
零用金準備			(10) 5,000	5,000
物料盤存準備			(9) 35,000	35,000
遞延稅收	$ 500,000	(5) 500,000		−0−
基金餘額		(10) 5,000	(1) 500,000	495,000
歲入預算數		(1) 10,000,000		(10,000,000)
歲入實收數	9,900,000	(2) 9,540,000	(4) 9,700,000	10,060,000
	$10,400,000	$31,005,000	$31,005,000	$ 725,000

	調整分錄			
1.	借: 歲入預算數	$10,000,000		記錄核定歲入與歲出預
	貸: 歲出預算數		$9,500,000	算。
	基金餘額		500,000	
2.	借: 歲入實收數	$ 9,540,000		更正實際收入之分錄。
	貸: 應收本年度稅款		$9,500,000	(除執照費與特許費、罰
	預收稅款		20,000	款與沒收金、賃用財產
	歲出實付數		20,000	租金,合計 $360,000 應
				貸入歲入實收數戶外,
				其他收入應貸入其他適
				當帳戶。)
3.	借: 應收政府內部服務			墊付政府內部服務基金
	基金款項	$10,000		與設立零用金,不當借
	零用金	5,000		入歲出實付數戶,特更
	貸: 歲出實付數		$15,000	正之。
4.	借: 應收本年度稅款	$10,000,000		記錄本年度應收賦稅及
	貸: 估計短收本年度稅款		$ 30,000	備抵短收稅款。
	歲入實收數		9,700,000	
5.	借: 遞延稅收	$500,000		轉回誤記遞延稅收之分
	貸: 應收本年度稅款		$500,000	錄。
6.	借: 應收已過期稅款	$500,000		將滯納稅款與相關估計
	估計短收本年度稅款	300,000		短收額自本年度帳戶轉
	貸: 應收本年度稅款		$500,000	入已過期帳戶。
	估計短收已過期稅款		300,000	
7.	借: 歲出實付數	$79,000		記錄年終應付項目。
	歲出保留數	30,000		
	貸: 應付薪金		$60,000	
	應付帳款		19,000	
	歲出保留數準備		30,000	
8.	借: 歲出實付數	$1,000		記錄欠付政府內部服務
	貸: 應付政府內部服務			基金帳單。
	基金款項		$1,000	
9.	借: 物料盤存	$35,000		設立物料盤存與物料盤
	貸: 物料盤存準備		$35,000	存準備戶。
10.	借: 基金餘額	$5,000		設立零用金準備。
	貸: 零用金準備		$5,000	

十、海明市經費之主要來源為財產稅、供水收入、法院課徵之罰款及儲蓄存戶利息。
該市僅設一普通基金，其 20×6 年度之會計事項經審查探悉下列各項：

1.普通基金 20×6 年 1 月 1 日的餘額為：

銀行儲蓄戶存款	$ 62,030
銀行往來戶存款	38,450
庫存現金(未存行供水收入)	160
水廠物料	3,640
應收自來水用戶帳款	3,670
基金餘額	107,950

2. 20×6 年度市議會通過之預算及該年度有關預算之交易如下：(所有帳單均於 20×6 年 12 月 31 日付清。)

	預算數	實際數
財產稅	$26,750	$26,750
水廠成本	66,500	64,360*
警察局與法院費用	10,000	9,550
供水收入	30,000	32,060**
法院罰款	12,500	11,025
市議員薪金費用	6,000	5,470
儲蓄存戶利息	2,000	2,240
雜項費用	1,200	2,610

* 現金支出。
** 帳單額。

3.市議會曾轉撥足額普通基金餘額，平衡預算收支，其差異乃由預期水道主管之修理而致。於 20×6 年必須自儲蓄存戶轉入往來存戶 $15,000，以支付此項修理成本。

4.檢點 20×6 年 12 月 31 日之現金，探知手頭有 $250，直至 20×7 年 1 月 2 日始行存入銀行。

5.於 20×6 年所有用水帳單，除於 12 月最後一週寄交用戶之 $2,230 外，均已收訖。

6.所有水廠物料，於本年度修理水道主管時，均經耗盡。

試編製海明市 20×6 年度之工作底稿，設立下列諸欄：

1.試算表。

2.本年度交易。

3.預算差異。

4. 20×6 年 12 月 31 日之財務狀況表。

答：

海明市普通基金　工作底稿　20×6年度

會計科目	1/1/×6 試算表 借	1/1/×6 試算表 貸	本年度交易 借	本年度交易 貸	12/31/×6 財務狀況表 借	12/31/×6 財務狀況表 貸
銀行儲蓄戶存款	$62,030		(2) $2,240	(5) $15,000	$49,270	
銀行往來戶存款	38,450		(3) 37,775	(4) 81,990	42,645	
			(5) 15,000	(6) 90		
庫存現金	160		(7) 33,500	(8) 3,640	250	
水廠物料	3,640		(6) 90	(7) 33,500		
應收自來水用戶帳款	3,670		(3) 32,060	(9) 71,250	2,230	
歲入預算數			(1) 71,250	(2) 2,240		
歲入實賣收數			(9) 72,075	(3) 69,835		
歲出預算數			(10) 83,700	(1) 83,700		
歲出實付數			(4) 81,990	(10) 81,990		
基金餘額			(1) 12,450 / (8) 3,640	(9) 825 / (10) 1,710		$94,395
	$107,950	$107,950	$445,770	$445,770	$94,395	$94,395

本年度交易之分錄			
1.	借：歲入預算數　$71,250 　　基金餘額　　　12,450 　　貸：歲出預算數　　　　$83,700		記錄核定歲入與歲出預算。
2.	借：銀行儲蓄戶存款　$2,240 　　貸：歲入實收數　　　　$2,240		記錄儲蓄存戶利息。
3.	借：銀行往來戶存款　$37,775 　　應收自來水用戶帳款　32,060 　　貸：歲入實收數　　　$69,835		記錄歲入實收數。
4.	借：歲出實付數　$81,990 　　貸：銀行往來戶存款　$81,990		記錄歲出實付數。
5.	借：銀行往來戶存款　$15,000 　　貸：銀行儲蓄戶存款　$15,000		自儲蓄存戶轉入往來存戶$15,000。
6.	借：庫存現金　$90 　　貸：銀行往來戶存款　$90		增加庫存現金餘額自$160至$250。
7.	借：銀行往來戶存款　$33,500 　　貸：應收自來水用戶帳款　$33,500		收到自來水用戶帳款。
8.	借：基金餘額　$ 3,640 　　貸：水廠物料　$3,640		記錄20×6年度耗用水廠物料，並更正1/1/×6基金餘額（20×5年並未設置物料盤存準備）。
9.	借：歲入實收數　$72,075 　　貸：歲入預算數　$71,250 　　　基金餘額　　　825		結清歲入預算數與歲入實收數帳戶。
10.	借：歲出預算數　$83,700 　　貸：歲出實付數　$81,990 　　　基金餘額　　　1,710		結清歲出預算數與歲出實付數帳戶。

十一、立達市之財政年度終止於6月30日，其20×B年度結帳後之帳戶餘額如下所示：

	6/30/×A	20×B 年變異		6/30/×B
	餘 額	借	貸	餘 額
現金	$180,000	$ 955,000	$ 880,000	$255,000
應收稅款	20,000	809,000	781,000	48,000
	$200,000			$303,000
估計短收稅款	$ 4,000	6,000	9,000	$ 7,000
應付憑單	44,000	880,000	889,000	53,000
應付政府內部服務				
基金款項	2,000	7,000	10,000	5,000
應付債務基金款項	10,000	60,000	100,000	50,000
歲出保留數準備	40,000	40,000	47,000	47,000
基金餘額	100,000	20,000	61,000	141,000
	$200,000	$2,777,000	$2,777,000	$303,000

其他資料:

1. 本年度預算: 估計歲入 $1,000,000，核定經費 $965,000。

2. 歲出總額 $895,000，此外有支出於往年度設有歲出保留數準備。

3. 實際支出於往年度設有歲出保留數準備之金額為 $37,000。

試編製工作底稿，設立下列諸欄，以便預算與實際數之比較:

1-4	會計科目
5	6/30/×A 財務狀況表
6-7	20×B 年交易（借貸）
8	歲入預算數
9	歲入實收數
10	歲出實付數與歲出保留數
11	歲出預算數與往年度歲出保留數準備
12	6/30/×B 財務狀況表

答:

立達市
工作底稿
20×A 年 7 月 1 日至 20×B 年 6 月 30 日

會計科目	6/30/×A 財務狀況表	20×B 年度交易 借	20×B 年度交易 貸	歲入預算數	歲入實收數	歲出實付與歲出保留數	歲出預算數與往年度歲出保留數準備	6/30/×B 財務狀況表
現金	$180,000 (4)	(4)$ 955,000	(5)$ 880,000					$255,000
應收稅款	20,000 (2)	(2) 809,000	(3) 6,000 (4) 775,000					48,000
	$200,000							$303,000
歲入預算數		(1) 1,000,000		$1,000,000				
歲出實付數		(8) 785,000	(8) 785,000			$ 895,000		
歲出實付數——20×A 年度		(9) 110,000				37,000		
歲出保留數		(6) 37,000 (10) 47,000	(2) 9,000 (6) 37,000			47,000		
估計短收稅款	$ 4,000 (3)	(3) 6,000						$ 7,000
應付憑單	44,000 (5)	(5) 880,000	(6) 37,000 (7) 67,000					53,000
應付政府內部服務基金款項	2,000 (7)	(7) 7,000	(9) 10,000					5,000
應付債務基金款項	10,000 (7)	(7) 60,000	(9) 100,000					50,000
歲出保留數準備	40,000	40,000	(10) 47,000				40,000	47,000
歲出預算數			(1) 965,000				965,000	
歲入實收數——賦稅			(2) 800,000		$ 800,000			
歲入實收數——其他			(4) 180,000		180,000			
基金餘額	100,000	35,000	(1) 35,000		20,000	26,000		141,000
	$200,000	$4,696,000	$4,696,000	$1,000,000	$1,000,000	$1,005,000	$1,005,000	$303,000

	分　錄		
1.	借：歲入預算數　　　　　　　$1,000,000 　　貸：歲出預算數　　　　　　　　　$965,000 　　　　基金餘額　　　　　　　　　　　35,000		記錄核定歲入與歲出預算。
2.	借：應收稅款　　　　　　　　$809,000 　　貸：估計短收稅款　　　　　　　　$ 9,000 　　　　歲入實收數——賦稅　　　　　800,000		記錄本年度應收賦稅及備抵短收稅款。
3.	借：估計短收稅款　　　　　　$6,000 　　貸：應收稅款　　　　　　　　　　$6,000		銷除無法收回稅款。
4.	借：現金　　　　　　　　　　$955,000 　　貸：應收稅款　　　　　　　　　　$775,000 　　　　歲入實收數——其他　　　　　180,000		記錄本年度現金收入。
5.	借：應付憑單　　　　　　　　$880,000 　　貸：現金　　　　　　　　　　　　$880,000		記錄本年度現金支出。
6.	借：歲入實付數——20×A年度　$37,000 　　貸：應付憑單　　　　　　　　　　$37,000		記錄於往年度設有歲出保留數準備之支出。
7.	借：應付政府內部服務基金款項　$ 7,000 　　應付債務基金款項　　　　　60,000 　　貸：應付憑單　　　　　　　　　　$67,000		記錄支付應付政府內部服務基金與債務基金款項之憑單。
8.	借：歲出實付數　　　　　　　$785,000 　　貸：應付憑單　　　　　　　　　　$785,000		記錄本年度歲出之應付憑單。
9.	借：歲出實付數　　　　　　　$110,000 　　貸：應付政府內部服務基金款項　$ 10,000 　　　　應付債務基金款項　　　　　100,000		記錄應付政府內部服務基金與債務基金之負債。
10.	借：歲出保留數　　　　　　　$47,000 　　貸：歲出保留數準備　　　　　　　$47,000		記錄年終應設之歲出保留數。

第十九章　資本計畫基金會計

一、下列是某市建設局有關資本計畫基金事項，試作成分錄。

　　1.核准發行體育館建設債券 $800,000。

　　2.上項債券的全數以 2% 的溢價出售。

　　3.支付債券印刷費用 $15,000。

　　4.工程係部分發包，部分自行僱工，該工程某部分已與大華公司訂立合約，估計成本約 $600,000。

　　5.訂購材料 $100,000。

　　6.支付薪資 $56,000。

　　7.接到大華公司帳單 $600,000。

　　8.前述訂購材料業已收到，發票金額 $99,500。

　　9.支付大華公司 $600,000。

　　10.支付材料帳單 $66,500。

　　11.將債券溢價移轉於償債基金。

　　12.年底計畫全部完成。

答：

　　1.備忘分錄：核准發行

　　2.借：現金　　　　　　　　　　$816,000

　　　　　貸：收入　　　　　　　　　　　　　　　$800,000

　　　　　　　債券溢價　　　　　　　　　　　　　　16,000

　　3.借：經費支出　　　　　　　　$15,000

　　　　　貸：現金　　　　　　　　　　　　　　　$15,000

　　4.借：保留數　　　　　　　　　$600,000

　　　　　貸：保留數準備　　　　　　　　　　　　$600,000

　　5.借：保留數　　　　　　　　　$100,000

　　　　　貸：保留數準備　　　　　　　　　　　　$100,000

　　6.借：經費支出　　　　　　　　$56,000

　　　　　貸：現金　　　　　　　　　　　　　　　$56,000

7.借：保留數準備　　　　　　　　　$600,000
　　　貸：保留數　　　　　　　　　　　　　　　　　$600,000
　借：經費支出　　　　　　　　　　　$600,000
　　　貸：約定應付款　　　　　　　　　　　　　　　$600,000
8.借：保留數準備　　　　　　　　　$100,000
　　　貸：保留數　　　　　　　　　　　　　　　　　$100,000
　借：經費支出　　　　　　　　　　　$99,500
　　　貸：應付憑單　　　　　　　　　　　　　　　　$99,500
9.借：約定應付款　　　　　　　　　$600,000
　　　貸：現金　　　　　　　　　　　　　　　　　　$600,000
10.借：應付憑單　　　　　　　　　　$99,500
　　　貸：現金　　　　　　　　　　　　　　　　　　$99,500
11.借：債券溢價　　　　　　　　　　$16,000
　　　貸：現金　　　　　　　　　　　　　　　　　　$16,000
12.借：收入　　　　　　　　　　　　$800,000
　　　貸：經費支出　　　　　　　　　　　　　　　　$770,500
　　　　　基金餘額　　　　　　　　　　　　　　　　29,500
　借：基金餘額　　　　　　　　　　　$29,500
　　　貸：現金　　　　　　　　　　　　　　　　　　$29,500

二、甲市為新闢街道，發行債券支應工程建設經費，決定設資本計畫基金處理，下
　　面為該基金事項，試作應有分錄並編製平衡表。
　　1.核准發行市街建設債券 $200,000。
　　2.債券全數售出，溢價 $1,000。
　　3.建設工程交由中華公司承包，約定總價 $190,000。
　　4.依約以現金支付第一期工程款，為 20%。
　　5.支付監工費用 $1,200。
　　6.將債券溢價移轉於債務基金。
　　7.年終結算。

答：

1. 備忘分錄: 核准發行

2. 借: 現金 $201,000
   貸: 收入 $200,000
     債券溢價   1,000

3. 借: 保留數 $190,000
   貸: 保留數準備 $190,000

4. 借: 保留數準備 $38,000
   貸: 保留數 $38,000
 借: 經費支出 $38,000
   貸: 現金 $38,000

5. 借: 經費支出 $1,200
   貸: 現金 $1,200

6. 借: 債券溢價 $1,000
   貸: 現金 $1,000

7. 借: 收入 $200,000
   貸: 經費支出 $ 39,200
     保留數   152,000
     基金餘額   8,800

某市資本計畫基金

平衡表

×年×月×日

資　產		負債、準備及基金餘額	
現金	$160,800	保留數準備	$152,000
		基金餘額	8,800
合　計	$160,800	合　計	$160,800

三、永利市資本計畫基金××年度發生事項如下,試依序作成分錄。

 1.市議會同意市政府所提建築一消防站計畫,核定支出以不超過 $1,500,000 為度。

2. 下列資金來源，均已收到：

普通基金移轉	$100,000
省政府補助	500,000
銀行貸款	900,000

3. 支付下列各項費用：

工程價款	$1,400,000
設計監工費	60,000

4. 完工結帳。

5. 餘款移轉普通基金。

答：

1. 備忘分錄：

2. 借：現金　　　　　　　　　　$1,500,000

　　　貸：收入　　　　　　　　　　　　　　$1,500,000

3. 借：經費支出　　　　　　　　$1,460,000

　　　貸：現金　　　　　　　　　　　　　　$1,460,000

4. 借：收入　　　　　　　　　　$1,500,000

　　　貸：經費支出　　　　　　　　　　　　$1,460,000

　　　　　基金餘額　　　　　　　　　　　　　40,000

5. 借：基金餘額　　　　　　　　$40,000

　　　貸：現金　　　　　　　　　　　　　　　$40,000

四、某市市議會決定興建一座娛樂中心；至於該項經費的籌措則計畫部分取自公債收入，部分來自聯邦政府的補助。然而，由於聯邦所能補助的確實金額未定，以致所需發行的公債總額亦無法預估，故市政府決定等到有進一步的資料後再將公債出售。目前預計該娛樂中心的建築與設備成本共需 $2,500,000。

1. 施工前的計畫與設計費用共計 $11,500，但是並沒有充裕的現金可立即支付該費用（貸記應付憑單）。

2. 發出訂單訂購 $7,050 之物料以供支援該計畫的市府工作人員所用。

3. 該計畫中的某一主要部分是以競爭性的投標方式承包出去，已經簽約計 $2,170,000。

4. 將出售娛樂中心預定地上的舊建築物所獲得之現金 $3,100 作為娛樂中心基金的經費；至於該娛樂中心預定地乃由某慈善家捐贈而來。

5. 關於 2. 中所訂購的物料已全部收到，不過淨成本為 $6,090。

6. 由於街道基金為該計畫所作的貢獻，故同意支付其所開的帳單，共計 $2,080（先前未經保留）。

7. 收到包商因完成合約所訂之部分工程而開出之帳單計 $200,000。

8. 由於發行的公債尚未準備好上市，故市府決定先利用其向銀行借款 $250,000，以作為短期融通。此外，到期前之貼現率為 2%。

9. 將包商之帳單，保留 5% 後，其餘部分再以付款憑單支付。

10. 應付憑單中，除了引起爭議的 $970 之外，均已付現。

11. 作會計年度終了之結帳分錄。

要求：

1. 將上述各資料作成分錄。

2. 編製 20××年 12 月 31 日之基金平衡表。

3. 截至 20××年 12 月 31 日為止，請編製此段期間之估計和實際的支出與保留數表。

答：

1.

(1)借：經費支出　　　　　　　　　　$11,500

　　　貸：應付憑單　　　　　　　　　　　　　　$11,500

(2)借：保留數　　　　　　　　　　$7,050

　　　貸：保留數準備　　　　　　　　　　　　　$7,050

(3)借：保留數　　　　　　　　　$2,170,000

　　　貸：保留數準備　　　　　　　　　　　　$2,170,000

(4)借：現金　　　　　　　　　　　$3,100

　　　貸：收入　　　　　　　　　　　　　　　　$3,100

(5)借：保留數準備　　　　　　　　$7,050

　　　貸：保留數　　　　　　　　　　　　　　　$7,050

　　借：經費支出　　　　　　　　　$6,090

　　　貸：應付憑單　　　　　　　　　　　　　　$6,090

(6)借：經費支出　　　　　　　　　$2,080

　　　貸：應付憑單　　　　　　　　　　　　　　$2,080

(7)借：保留數準備　　　　　　　　$200,000

　　　貸：保留數　　　　　　　　　　　　　$200,000

　借：經費支出　　　　　　　　　$200,000

　　　貸：約定應付款　　　　　　　　　　　$200,000

(8)借：現金　　　　　　　　　　　$245,000

　　　貸：收入　　　　　　　　　　　　　　$245,000

(9)借：約定應付款　　　　　　　　$200,000

　　　貸：應付憑單　　　　　　　　　　　　$190,000

　　　　約定應付款──扣存成數　　　　　　　10,000

(10)借：應付憑單　　　　　　　　　$208,700

　　　貸：現金　　　　　　　　　　　　　　$208,700

(11)借：收入　　　　　　　　　　　$　248,100

　　基金餘額　　　　　　　　　　1,941,570

　　　貸：經費支出　　　　　　　　　　　$　219,670

　　　　保留數　　　　　　　　　　　　　1,970,000

2.

某市資本計畫基金

平衡表

20××年 12 月 31 日

資　　產		負債、準備與基金餘額	
現金	$39,400	應付憑單	$　　970
		保留數準備	1,970,000
		約定應付款──	
		扣存成數	10,000
		基金餘額（虧絀）	(1,941,570)
合　計	$39,400	合　計	$　39,400

3.

某市資本計畫基金
估計與實際的支出與保留數表
截至 20×× 年 12 月 31 日全年度

	估 計	實 際	比 較
經費支出	$2,500,000	$ 219,670	$ 2,280,330
保留數		1,970,000	(1,970,000)
合　計	$2,500,000	$2,189,670	$ 310,330

五、20×× 年，某市開始其擴張下水道系統的工作，至於經費則靠發行公債收入與聯邦補助。估計此項計畫的總成本計 $1,600,000；其中 $800,000 來自公債發行，$600,000 來自聯邦補助，其餘部分則來自州政府補助。該市並且為此項資本計畫成立下水道系統擴張基金以處理其財務收支。以下交易事項乃發生於 20×× 年：

1. 普通基金提供 $25,000 之貸款。

2. 將其他政府單位（州以及聯邦）所提供的資金視作應收款而記錄（分別帳戶記錄其款額）。

3. 某公司以 $1,450,000 之標價承包下該計畫的主要部分工程，並與簽約。

4. 收到市儲備與服務基金因供給物料而開出之帳單計 $20,000。

5. 由於地下道系統計畫迫使電話公司必須移開該地區之某些地下資產，故簽開付款憑單補償其所花之成本計 $1,680。

6. 收到建築包商按計畫的工程進度而開出之帳單計 $480,000。

7. 支付事前的計畫與設計成本共 $19,500 予某工程公司，至於此項成本並未曾經過保留。

8. 20×× 年間所收到的各款項如下：

   來自聯邦政府 ⋯⋯⋯⋯⋯⋯⋯⋯⋯⋯⋯⋯⋯⋯⋯⋯⋯⋯⋯⋯⋯⋯ $300,000

   來自州政府 ⋯⋯⋯⋯⋯⋯⋯⋯⋯⋯⋯⋯⋯⋯⋯⋯⋯⋯⋯⋯⋯ 100,000

   來自按票面價值出售的公債收入 ⋯⋯⋯⋯⋯⋯⋯⋯⋯ 800,000

9. 支付普通基金之貸款與包商所開之帳單，後者尚保留 5%。

10. 以 $675,000 之成本購入短期投資，但是其中之 $1,500，乃是購入之應計利息。（借記「應計利息收入」）

11. 作 20×× 年 12 月 31 日之結帳分錄。

要求：

1.將上述各資料作成分錄。

2.編製 20××年 12 月 31 日之平衡表。

3.編製該期間之基金餘額變動分析表；假設基金之設立日期為 20××年 7 月 1 日。

答：

1.

(1)借：現金 $25,000

　　貸：應付普通基金墊款 $25,000

(2)借：應收聯邦政府款 $600,000

　　應收州政府款 200,000

　　貸：收入 $800,000

(3)借：支出保留數 $1,450,000

　　貸：保留數準備 $1,450,000

(4)借：經費支出 $20,000

　　貸：應付憑單 $20,000

(5)借：經費支出 $1,680

　　貸：應付憑單 $1,680

(6)借：保留數準備 $480,000

　　貸：支出保留數 $480,000

　借：經費支出 $480,000

　　貸：應付合約款 $480,000

(7)借：經費支出 $19,500

　　貸：現金 $19,500

(8)借：現金 $1,200,000

　　貸：應收聯邦政府款 $300,000

　　應收州政府款 100,000

　　收入 800,000

⑼借：　應付普通基金墊款　　　　　　　　$ 25,000

　　　　應付合約款　　　　　　　　　　　480,000

　　　　貸：應付合約款——保留成數　　　　　　　　　　$ 24,000

　　　　　　現金　　　　　　　　　　　　　　　　　　　481,000

⑽借：　短期投資　　　　　　　　　　　$673,500

　　　　應計利息收入　　　　　　　　　　　1,500

　　　　貸：現金　　　　　　　　　　　　　　　　　　$675,000

⑾借：　收入　　　　　　　　　　　　$1,600,000

　　　　貸：經費支出　　　　　　　　　　　　　　　　$521,180

　　　　　　支出保留數　　　　　　　　　　　　　　　　970,000

　　　　　　基金餘額　　　　　　　　　　　　　　　　　108,820

2.

某市資本計畫基金
平衡表
20××年 12 月 31 日

資　　產		負債、準備與基金餘額	
現金	$　　49,500	應付憑單	$　　21,680
短期投資	673,500	應付合約款——保留成數	24,000
應計利息收入	1,500	保留數準備	970,000
應收州政府款	100,000	基金餘額	108,820
應收聯邦政府款	300,000		
合　　計	$1,124,500	合　　計	$1,124,500

3.

某市資本計畫基金
基金餘額變動分析表
20××年 7 月 1 日至 12 月 31 日

基金餘額：20××年 7 月 1 日		$　　　　0
加：收入超過支出數		
收入	$1,600,000	
支出	(521,180)	1,078,820
減：保留數準備		970,000
基金餘額：20××年 12 月 31 日		$　108,820

第二十章　債務基金會計

一、甲市發行債券 $500,000，期限五年，積聚償債基金以備到期一次償還，在發行存續的每一年度終了時，收自普通基金五次相同之分攤額，而每次的分攤額，除最後一次外，從撥入日起到債券到期日止，獲有年利 8% 之收益，從一元年金終值表中查知終值因子為 $5.866601。

　1.請計算每年應提分攤額。

　2.編製償債基金積聚表，分年列明應提分攤額，應提收益，及年終合計。

答：

　1. $500,000÷5.866601=$85,228（每年應提分攤額）

　2.

償債基金積聚表 （年收益率 8%）			
年次	應提分攤額	應提收益	年終合計
1	$ 85,228	$　　0	$ 85,228
2	85,228	6,818	177,274
3	85,228	14,182	276,684
4	85,228	22,135	384,047
5	85,229*	30,724	500,000
合計	$426,141	$73,859	

　* 因小數捨去之故。

二、下列為某償債基金，結帳前試算表，試作成結帳分錄，並編製結帳後平衡表。

現金	$ 35,100	
應收投資利息	350	
投資	33,000	
應提分期收取分攤額	33,500	
應提收益	1,350	
分攤所入		$ 33,500
收益		1,400
償債基金債券償還準備		68,400
	$103,300	$103,300

答:

結帳分錄:

借: 分擔所入 $33,500

　　貸: 應提分期收取分攤額 $33,500

借: 收益 $1,400

　　貸: 應提收益 $1,350

　　　　未支配膡餘 50

平衡表:

某償債基金
平衡表
×年×月×日

資　產		準備與膡餘	
現金	$35,100	償債基金債券償還準備	$68,400
應收投資利息	350	未支配膡餘	50
投資	33,000		
合　計	$68,450	合　計	$68,450

三、某市 20X9 年 12 月 31 日, 分期償付債務基金之平衡表如下:

某市分期償付債務基金
平衡表
20X9 年 12 月 31 日

資　產		負債及基金餘額	
現金──代理商處	$　　800	應付利息	$　　800
投資	1,000,000	基金餘額	1,025,000
應收利息──投資	25,000		
總資產	$1,025,800		$1,025,800

試問:

1.作成下列事項應有之分錄。

㈠本債務基金 20Y0 年的預計所入為普通基金移轉 $160,000, 投資收益 $52,250, 核定經費是 1 月 1 日及 7 月 1 日, 代理商須付的利息支出各 $40,000。

㈡記錄對普通基金的應收款項。

㈢收到普通基金應分攤額的半數。

㈣記錄 20Y0 年 1 月 1 日的應付利息。

㈤移轉現金給代理商，以便償付 1 月 1 日到期之利息。

㈥20X9 年 12 月 31 日的應收利息已收到並加以投資，從普通基金所收到而賸下來的錢也加以投資。

㈦代理商報告付了利息 $39,200。

㈧賸下的普通基金分攤額亦已收到。

㈨記錄 7 月 1 日的應付利息。

㈩移轉現金給代理商，以便償付 7 月 1 日到期之利息。

㈠收到投資利息 $25,625 並加以投資，從普通基金所收到而賸下的錢也加以投資。

㈡代理商通知付了利息 $39,400。

㈢年底的應收利息為 $26,750。

㈣結清預算及名義帳戶。

2. 編 20Y0 年 12 月 31 日某市分期償付債務基金平衡表。

3. 編 20Y0 年本基金之收入、支出及基金餘額表。

答：

1. 分錄：

㈠借：預計需增額　　　　　　　$160,000

　　　預計收益額　　　　　　　 52,250

　　　　貸：預計支出額　　　　　　　　　　　$ 80,000

　　　　　　基金餘額　　　　　　　　　　　　 132,250

㈡借：應收普通基金款項　　　　$160,000

　　　　貸：歲入實收數　　　　　　　　　　　$160,000

㈢借：現金　　　　　　　　　　$80,000

　　　　貸：應收普通基金款項　　　　　　　　$80,000

㈣借：歲出實付數　　　　　　　$40,000

　　　　貸：應付利息　　　　　　　　　　　　$40,000

㈤借：現金——代理商處　　　　$40,000

　　　　貸：現金　　　　　　　　　　　　　　$40,000

(六)借：現金 $25,000

　　貸：應收利息——投資 $25,000

　借：投資 $65,000

　　貸：現金 $65,000

(七)借：應付利息 $39,200

　　貸：現金——代理商處 $39,200

(八)借：現金 $80,000

　　貸：應收普通基金款項 $80,000

(九)借：歲出實付數 $40,000

　　貸：應付利息 $40,000

(十)借：現金——代理商處 $40,000

　　貸：現金 $40,000

(土)借：現金 $25,625

　　貸：利息收入 $25,625

　借：投資 $65,625

　　貸：現金 $65,625

(圭)借：應付利息 $39,400

　　貸：現金——代理商處 $39,400

(圭)借：應收利息——投資 $26,750

　　貸：利息收入 $26,750

(齒)借：利息收入 $52,375

　　貸：預計收益額 $52,250

　　　基金餘額 125

　借：歲入實收數 $160,000

　　貸：預計需增額 $160,000

　借：預計支出額 $80,000

　　貸：歲出實付數 $80,000

2.

某市分期償付債務基金
平衡表
20Y0 年 12 月 31 日

資　產		負債及基金餘額	
現金——代理商處	$　　2,200	應付利息	$　　2,200
投資	1,130,625	基金餘額	1,157,375
應收利息——投資	26,750		
合　計	$1,159,575	合　計	$1,159,575

3.

某市分期償付債務基金
基金收支餘額表
20Y0 年度

收入：	
普通基金撥款	$　160,000
投資利息	52,375
收入總額	$　212,375
支出：	
公債付息	80,000
盈　虧	$　132,375
基金餘額：1/1/Y0	1,025,000
基金餘額：12/31/Y0	$1,157,375

四、北市有 4.5% 流通在外債券，$600,000 於 20×5 年 7 月 1 日到期，在 20×5 年的初期，只累積 $100,000 來償還此一債務，因此擬發行 5% 分期償付債券，每年到期 $25,000，從 20×6 年 7 月 1 日開始。有足夠的債券持有人同意此一提案，並決定於 20×6 年 6 月 30 日結束的這一會計年度之預算為償付所有 7 月 1 日到期之利息及 $100,000 給債券持有人。這 $100,000 的基金餘額是屬於現金科目。

試問：

 1. 下列事項是關於一次到期債務基金在 20×6 年 6 月 30 日結束這一會計年度所發生的交易，試作成分錄。

㈠記錄此一會計年度的預算。

㈡普通基金提供足夠的現金以償付利息。

㈢記錄 $100,000 債券之負債。

㈣本年的利息及債券負債都已償付（沒有使用代理商制度）。

㈤結清所有的帳戶。

2. 新的分期償付債務基金成立，在 20×6 年 6 月 30 日結束的會計年度，它所發生的交易如下，試作成分錄。

㈠記錄本年度的預算。預計所入的來源為租稅，其金額為本年度的利息支出及第一年的到期債券。核定經費則只有本年度的利息費用。

㈡租稅徵課，應收賦稅是以產生預計所入的金額，預計有 2% 的壞稅。

㈢收到 90% 的賦稅，膳餘的已過期。

㈣記錄 20×6 年 1 月 1 日之利息負債。

㈤20×6 年 1 月 1 日的現金，除移轉利息支出的數額於代理商外，其餘都加以投資。

㈥代理商報告所有 1 月 1 日到期之利息都已償還。

㈦投資利息如下：當年度收到 $780，年底應收 $170。應收滯納利息與罰款 $255，其中的 $55 為壞帳。

㈧結束本年度的預算及名義帳戶。

3. 編製 20×6 年 6 月 30 日分期償付債務基金平衡表。

4. 編製 20×6 年 6 月 30 日結束這一年度，分期償付債務基金之收入、支出及基金餘額表。

答：

1.

㈠借：基金餘額　　　　　　　　　　$100,000

　　　基金需用數　　　　　　　　　　27,000

　　　貸：預計支出額　　　　　　　　　　　　　$27,000

　　　　　公債收回準備　　　　　　　　　　　　100,000

㈡借：現金　　　　　　　　　　　　$27,000

　　　貸：基金需用數　　　　　　　　　　　　　$27,000

㈢借：公債收回準備　　　　　　　　$100,000

　　　貸：應付到期債券　　　　　　　　　　　　$100,000

㈣借：歲出實付數　　　　　　　　　　$ 27,000

　　　應付到期債券　　　　　　　　　100,000

　　　貸：現金　　　　　　　　　　　　　　　　　$127,000

㈤借：預計支出額　　　　　　　　　　$27,000

　　　貸：歲出實付數　　　　　　　　　　　　　　$27,000

2.

㈠借：歲入預算數　　　　　　　　　　$50,000

　　　貸：歲出預算數　　　　　　　　　　　　　　$25,000

　　　　　基金餘額　　　　　　　　　　　　　　　 25,000

㈡借：應收稅款 —— 本年度　　　　　　$50,000

　　　貸：估計短收稅款 —— 本年度　　　　　　　$ 1,000

　　　　　歲入實收數　　　　　　　　　　　　　　 49,000

㈢借：現金　　　　　　　　　　　　　$45,000

　　　貸：應收稅款 —— 本年度　　　　　　　　　$45,000

㈣借：歲出實付數　　　　　　　　　　$12,500

　　　貸：應付利息　　　　　　　　　　　　　　　$12,500

㈤借：現金 —— 代理商處　　　　　　　$12,500

　　　貸：現金　　　　　　　　　　　　　　　　　$12,500

　借：投資　　　　　　　　　　　　　$32,500

　　　貸：現金　　　　　　　　　　　　　　　　　$32,500

㈥借：應付利息　　　　　　　　　　　$12,500

　　　貸：現金 —— 代理商處　　　　　　　　　　$12,500

㈦借：應收利息　　　　　　　　　　　$170

　　　現金　　　　　　　　　　　　　 780

　　　貸：利息收入　　　　　　　　　　　　　　　$950

　借：應收滯納利息與罰款　　　　　　$200

　　　貸：歲入實收數　　　　　　　　　　　　　　$200

(八)借：應收稅款——過期 $5,000

估計短收稅款——本年度 1,000

貸：應收稅款——本年度 $5,000

估計短收稅款——過期 1,000

借：歲出實付數 $12,500

貸：應付利息 $12,500

借：歲入實收數 $49,200

基金餘額 800

貸：歲入預算數 $50,000

借：歲出預算數 $25,000

貸：歲出實付數 $25,000

借：利息收入 $950

貸：基金餘額 $950

3.

北市分期償付債務基金
平衡表
20×6 年 6 月 30 日

資　產			負債及基金餘額	
現金		$　780	應付利息	$12,500
應收稅款——過期	$5,000		基金餘額	25,150
減：估計短收稅款——過期	1,000	4,000		
應收滯納利息與罰款		200		
應收利息		170		
投資		32,500		
合　計		$37,650	合　計	$37,650

4.

北市分期償付債務基金
基金收支餘額表
20×6 年度

收入：	
賦稅收入	$49,000
滯納利息與罰款收入	200
投資利息	950
收入總額	$50,150
支出：	
公債付息	25,000
盈　虧	$25,150
基金餘額：7/1/20×5	0
基金餘額：6/30/20×6	$25,150

第二十一章　特賦基金會計

一、下列為某市特賦基金所發生之會計事項，試為之作分錄、結帳分錄及基金平衡表。

  1. 某特賦計畫已奉核准，總額 $675,000，分十年繳納。

  2. 照面值發行特賦基金債券 $675,000。

  3. 收到第一期特賦徵課 $67,500。

  4. 工程計畫業已簽約總價 $635,000。

  5. 核准支付包商帳款 $200,000。

  6. 收到特賦利息 $18,225。

  7. 支付債券持有人利息 $12,150。

  8. 應計債券利息 $6,000。

  9. 應計特賦利息 $2,700。

答：

平時分錄：

1. 借：應收特賦款項 —— 本年度	$ 67,500	
應收特賦款項 —— 遞延	607,500	
貸：基金餘額		$675,000
2. 借：現金	$675,000	
貸：應付公債		$675,000
3. 借：現金	$67,500	
貸：應收特賦款項 —— 本年度		$67,500
4. 借：支出保留數	$635,000	
貸：支出保留數準備		$635,000
5. 借：支出	$200,000	
貸：應付憑單		$200,000
借：支出保留數準備	$200,000	
貸：支出保留數		$200,000
6. 借：現金	$18,225	
貸：利息收入		$18,225

7.借：利息費用　　　　　　　　　　　$12,150

　　貸：現金　　　　　　　　　　　　　　　　　　$12,150

8.借：利息費用　　　　　　　　　　　$6,000

　　貸：應付利息　　　　　　　　　　　　　　　　$6,000

9.借：應收利息　　　　　　　　　　　$2,700

　　貸：利息收入　　　　　　　　　　　　　　　　$2,700

結帳分錄：

　　借：利息收入　　　　　　　　　　$20,925

　　　貸：基金餘額　　　　　　　　　　　　　　　$ 2,775

　　　　利息費用　　　　　　　　　　　　　　　　18,150

　　借：基金餘額　　　　　　　　　　$635,000

　　　貸：支出　　　　　　　　　　　　　　　　$200,000

　　　　支出保留數　　　　　　　　　　　　　　435,000

平衡表：

某市特賦基金

平衡表

×年×月×日

資　產		負債、準備與基金餘額	
現金	$ 748,575	應付憑單	$ 200,000
應收特賦款項——遞延	607,500	應付利息	6,000
應收利息	2,700	應付公債	675,000
		負債總額	$ 881,000
		支出保留數準備	435,000
		基金餘額	42,775
合　計	$1,358,775	合　計	$1,358,775

二、某縣為建築防洪堤，決定置一特賦基金，下列為該基金發生之事項，試分別年度作成應有之分錄與結帳分錄，並編製第二年結帳後平衡表。

　1.防洪堤全部工程計畫預算為四十萬元，發行特賦建設公債支應。

　2.特賦建設公債於第一年全數售出，溢價二千元。

　3.政府應分擔成本三萬元，民間受益財產第一年應分擔特賦三萬元，第二年分擔特賦六萬元，其餘遞延以後年度收取。

4.政府分擔成本於第一年一次收足。第一年收到當期特賦二萬元。第二年收到當期特賦三萬元，過期特賦一萬元。

5.第一年經費支出三十五萬元，第二年經費支出四萬元。全部工程業已完成，驗收合格，工款付訖。

6.第二年償付債券五萬元，支付利息二千元。

答：

第一年

㈠平時分錄：

借：應收特賦款項——本年度	$ 30,000	
應收特賦款項——遞延	340,000	
應收政府分擔款項	30,000	
貸：基金餘額		$400,000
借：現金	$402,000	
貸：應付公債		$400,000
公債溢價		2,000
借：現金	$50,000	
貸：應收政府分擔款項		$30,000
應收特賦款項——本年度		20,000
借：支出	$350,000	
貸：應付工程款		$350,000

㈡結帳分錄：

借：基金餘額	$350,000	
貸：支出		$350,000

第二年

㈠平時分錄：

借：應收特賦款項——本年度	$50,000	
應收特賦款項——過期	10,000	
貸：應收特賦款項——遞延		$60,000
借：現金	$40,000	
貸：應收特賦款項——本年度		$30,000
應收特賦款項——過期		10,000

借：支出 $ 40,000
　　應付工程款   350,000
　　貸：現金 $390,000

借：應付公債 $50,000
　　公債溢價   250
　　利息費用   1,750
　　貸：現金 $52,000

㈡結帳分錄：

借：基金餘額 $41,750
　　　貸：支出 $40,000
　　　　　利息費用   1,750

㈢平衡表：

某縣特賦基金
平衡表
20×2年×月×日

資　　產		負債、準備與基金餘額	
現金	$ 50,000	應付公債	$350,000
應收特賦款項──本年度	30,000	公債溢價	1,750
應收特賦款項──遞延	280,000	負債總額	$351,750
		基金餘額	8,250
合　　計	$360,000	合　　計	$360,000

三、在特賦債券發行以前得先發行短期庫券支應特賦工程款項，試就下列事項作成分錄，並說明先發庫券之優點。

　1.出售特賦工程建設庫券 $340,000。

　2.出售債券 $350,000。

　3.償付庫券本金 $340,000，利息 $10,000。

答：

　1.借：現金 $340,000
　　　貸：應付庫券 $340,000

　2.借：現金 $350,000
　　　貸：應付公債 $350,000

3.借：應付庫券　　　　　　　　　　$340,000

　　　利息費用　　　　　　　　　　　 10,000

　　　貸：現金　　　　　　　　　　　　　　　　　　$350,000

先發庫券之優點：

⑴庫券利率較債券利率低，可節省利息。

⑵由於庫券的發行，得將債券延至計畫完工與成本確定之後再予核准發售，使發行額可確知，不致多發或少發而簡化手續。

四、多樂市 20×B 年度（終止於 6 月 30 日）普通基金之一部分帳戶如下：

特種現金

日　期	備　考	借	貸	餘　額
8/1/×A··············	現收 58	$301,000		$301,000
9/1/×A··············	現收 60	80,000		381,000
12/1/×A··············	現支 41		$185,000	196,000
2/1/×B··············	現支 45		4,500	191,500
6/1/×B··············	現收 64	50,500		242,000
6/30/×B··············	現支 65		167,000	75,000

應付公債

日　期	備　考	借	貸	餘　額
8/1/×A··············	現收 58		$300,000	$300,000
6/1/×B··············	現收 64		50,000	350,000

在建工程 —— 大街溝渠

日　期	備　考	借	貸	餘　額
12/1/×A··············	現支 41	$185,000		$185,000
6/30/×B··············	現支 65	167,000		352,000

利息費用

日　期	備　考	借	貸	餘　額
2/1/×B··············	現支 45	$4,500		$4,500
6/1/×B··············	現收 64		$500	4,000

特賦收入

日　期	備　考	借	貸	餘　額
9/1/×A·····················現收 60			$80,000	$80,000

債券溢價

日　期	備　考	借	貸	餘　額
8/1/×A·····················現收 58			$1,000	$1,000

上列帳戶乃因下述之工程計畫而產生：

市議會通過興建大街溝渠工程，並核發公債 $350,000，以便特賦得以遞延支付。根據通過方案，建築工程估計成本之 80%，以特賦向財產所有主課徵，分五年付款，餘額則於 20×A 年 10 月由市府提供。第一年特賦於 20×A 年 9 月 1 日收得，遞延特賦帳款，則自 20×A 年 9 月 1 日起按 5.625% 之利率加息徵收。工程預期於 20×B 年 10 月 31 日完成。

1. 試編製特賦基金工作底稿，記載大街溝渠工程交易，列示 20×B 年 6 月 30 日之結帳分錄，與該日之帳戶餘額。
2. 試作特賦基金外其他基金對於大街溝渠工程諸交易應為之分錄。

答：

1.

多樂市特賦基金
工作底稿
20×A 年 7 月 1 日至 20×B 年 6 月 30 日

會計科目	本年度交易		結帳分錄		6/30/×B 之帳戶餘額	
	借	貸	借	貸	借	貸
現金	(3) $ 301,000 (4) 80,000 (5) 100,000 (9) 50,500	(6) $ 185,000 (8) 4,500 (10) 167,000			$ 175,000	
應收特賦款項 ——本年度	(1) 80,000	(4) 80,000				
應收特賦款項 ——遞延	(1) 320,000				320,000	
應收普通基金款項	(1) 100,000	(5) 100,000				
支出保留數	(2) 500,000	(7) 185,000			315,000	
支出保留數準備	(7) 185,000	(2) 500,000				$ 315,000
應付公債		(3) 300,000 (9) 50,000				350,000
公債溢價		(3) 1,000 (9) 500	(13) $ 1,500			
支出	(6) 185,000 (10) 167,000				352,000	
利息費用	(8) 4,500 (11) 3,875			(13) $ 8,375		
應付利息		(11) 3,875				3,875
應收利息	(12) 15,000				15,000	
利息收入		(12) 15,000	(13) 15,000			
基金餘額		(1) 500,000		(13) 48,125		508,125
	$2,091,875	$2,091,875	$16,500	$16,500	$1,177,000	$1,177,000

	特賦基金之分錄		

1	借：應收特賦款項──本年度 $ 80,000
	    應收特賦款項──遞延 320,000
	    應收普通基金款項 100,000
	    貸：基金餘額 $500,000
			大街溝渠工程計畫正式核准。（貸入特賦收入之金額，乃全部應徵特賦之 1/5，故應徵特賦總額為 $80,000×5= $400,000，即工程估計成本之 80%。）

2	借：支出保留數 $500,000 貸：支出保留數準備 $500,000		記錄工程之估計成本。

3	借：現金 $301,000
	    貸：公債溢價 $ 1,000
	       應付公債 300,000
			記錄 8/1/×A 公債按溢價發行。

4	借：現金 $80,000 貸：應收特賦款項──本年度 $80,000		記錄 9/1/×A 收到第一年特賦。
5	借：現金 $100,000 貸：應收普通基金款項 $100,000		記錄市府提供應攤 20% 之工程成本。
6	借：支出 $185,000 貸：現金 $185,000		記錄 12/1/×A 支出。
7	借：支出保留數準備 $185,000 貸：支出保留數 $185,000		轉回支出保留數。
8	借：利息費用 $4,500 貸：現金 $4,500		記錄 2/1/×B 支付利息費用。 $300,000 \times 3\% \times \frac{1}{2} = \$4,500$

9	借：現金 $50,500
	    貸：公債溢價 $ 500
	       應付公債 50,000
			記錄 6/1/×B 公債按溢價發行。

10	借：支出 $167,000 貸：現金 $167,000		記錄 6/30/×B 支出。
11	借：利息費用 $3,875 貸：應付利息 $3,875		記錄 6/30/×B 之應付公債利息。 $300,000 \times 3\% \times \frac{5}{12} = \$3,750$ ， $50,000 \times 3\% \times \frac{1}{12} = \$125$
12	借：應收利息 $15,000 貸：利息收入 $15,000		記錄特賦之應收利息。$320,000 \times 5$ $\frac{5}{8}\% \times \frac{10}{12} = \$15,000$

13	借：利息收入 $15,000
	    公債溢價 1,500
	    貸：利息費用 $8,375
	       基金餘額 8,125
			結清利息與公債溢價帳戶。（註：如知公債年限，其溢價應於存續期間內攤銷。）

2.

	普通基金之分錄		
1	借：應付公債　　　　　　　　$350,000 　　　特賦收入　　　　　　　　80,000 　　　債券溢價　　　　　　　　1,000 　　　貸：在建工程——大街溝渠　　　　$352,000 　　　　　利息費用　　　　　　　　4,000 　　　　　特種現金　　　　　　　　75,000		取銷普通基金已作之分錄。
2	借：歲出實付數　　　　　　　　$100,000 　　　貸：應付特賦基金款項　　　　　$100,000		記錄市府提供應攤 20% 之大街溝渠工程成本。
3	借：應付特賦基金款項　　　　　$100,000 　　　貸：現金　　　　　　　　　　$100,000		記錄支付市府應攤 20% 之大街溝渠工程成本。

	長期性資產類帳戶之分錄		
1	借：在建工程　　　　　$352,000 　　　貸：長期性資產投資——特賦　　$352,000		記錄特賦基金在建工程。

五、某縣為興建道路，全部工程費及利息開支約計 $500,000，與銀行訂立透支合約，成立特賦基金，借款本息，俟道路完工後，收費歸還，預計五年內還清，即停止收費。下面是該特賦基金發生之事項：

　1. 第一年

㈠工程計畫及借款利息 $500,000 已奉核定，並與銀行訂立透支合約。

㈡經與建設公司訂約，計價 $420,000，第一期工程款 $100,000，簽發銀行透支戶支票。

㈢第二期工程款 $80,000。

㈣部分道路業已完工，開始徵收通行費，本年內收到通行費收入 $16,000，送存本基金透支戶。

㈤接銀行通知第一年利息 $8,000，已入本基金透支戶。

　2. 第二年

㈠支付第三期工程款 $220,000。

㈡本年上期通行費收入 $28,000。

㈢全部工程已完工，末期工程款 $100,000，亦已付訖。

㈣接銀行通知第二年利息 $13,000，已入本基金透支戶。

㈤本年下期通行費收入 $21,000。

要求：

1. 試根據上列資料作應有之分錄及年終結帳分錄。
2. 編製第一、第二年平衡表。

答：

1.

(一)第一年

　(1)借：核准改良　　　　　　　　$500,000
　　　　貸：核定經費　　　　　　　　　　　　$500,000
　(2)借：支出保留數　　　　　　　$420,000
　　　　貸：支出保留數準備　　　　　　　　　$420,000
　　借：支出　　　　　　　　　　$100,000
　　　　貸：銀行透支　　　　　　　　　　　　$100,000
　　借：支出保留數準備　　　　　$100,000
　　　　貸：支出保留數　　　　　　　　　　　$100,000
　(3)借：支出保留數準備　　　　　$80,000
　　　　貸：支出保留數　　　　　　　　　　　$80,000
　　借：支出　　　　　　　　　　$80,000
　　　　貸：銀行透支　　　　　　　　　　　　$80,000
　(4)借：銀行透支　　　　　　　　$16,000
　　　　貸：收入　　　　　　　　　　　　　　$16,000
　(5)借：利息費用　　　　　　　　$8,000
　　　　貸：銀行透支　　　　　　　　　　　　$8,000

結帳：

　借：收入　　　　　　　　　$ 16,000
　　　核定經費　　　　　　　　188,000
　　　貸：利息費用　　　　　　　　　　　$ 8,000
　　　　　支出　　　　　　　　　　　　　180,000
　　　　　核准改良　　　　　　　　　　　16,000

(二)第二年

　(1)借：支出保留數準備　　　　　$220,000
　　　　貸：支出保留數　　　　　　　　　　　$220,000

借：支出 $220,000

  貸：銀行透支 $220,000

⑵借：銀行透支 $28,000

  貸：收入 $28,000

⑶借：支出保留數準備 $20,000

  貸：支出保留數 $20,000

借：支出 $100,000

  貸：銀行透支 $100,000

⑷借：利息費用 $13,000

  貸：銀行透支 $13,000

⑸借：銀行透支 $21,000

  貸：收入 $21,000

結帳：

借：收入 $ 49,000

 核定經費   333,000

  貸：利息費用 $ 13,000

   支出   320,000

   核准改良   49,000

2.

某縣特賦基金

平衡表

第一年終了日

資　產		負債及基金餘額		
核准改良	$484,000	銀行透支		$172,000
		核定經費	$312,000	
		減：保留數	240,000	72,000
		支出保留數準備		240,000
合　計	$484,000	合　計		$484,000

某縣特賦基金
平衡表
第二年終了日

資　產		負債及基金餘額	
核准改良	$435,000	銀行透支	$456,000
		核定經費	(21,000)
合　計	$435,000	合　計	$435,000

六、某縣為建築體育場，決定設置一特賦基金處理，下列為該基金發生之事項，試分別年度作成應有之分錄與結帳分錄，並編製結帳後平衡表。

1. 建築體育場全部工程計畫預算為 $800,000，發行特賦建設公債支出。
2. 特賦建設公債於第一年全數售出，折價 $30,000。
3. 政府應分擔成本 $500,000，民間受益第一年應分攤特賦 $100,000，第二年分攤特賦 $80,000，其餘遞延至以後年度收取。
4. 政府分擔成本於第一年一次收足，第一年收到當期特賦 $50,000，第二年收到當期特賦 $60,000，過期特賦 $50,000。
5. 第一年經費支出 $570,000，第二年經費支出 $200,000，全部工程已完工，驗收後付訖。
6. 第二年償付債券 $120,000，並支付利息 $12,000。

答：

第一年：

借：應收特賦——本年度	$100,000		
應收特賦——遞延	200,000		
應收政府分擔款	500,000		
貸：基金餘額		$800,000	
借：現金	$770,000		
公債折價	30,000		
貸：應付公債		$800,000	
借：現金	$550,000		
貸：應收政府分擔款		$500,000	
應收特賦——本年度		50,000	

借：支出　　　　　　　　　　　　$570,000

　　貸：應付工程款　　　　　　　　　　　　　　　　$570,000

結帳：

　借：基金餘額　　　　　　　　　　$600,000

　　貸：支出　　　　　　　　　　　　　　　　　　　$570,000

　　　　公債折價　　　　　　　　　　　　　　　　　　30,000

第二年：

　借：應收特賦 —— 本年度　　　　　$80,000

　　　應收特賦 —— 過期　　　　　　50,000

　　貸：應收特賦 —— 遞延　　　　　　　　　　　　$80,000

　　　　應收特賦 —— 本年度　　　　　　　　　　　　50,000

　借：現金　　　　　　　　　　　　$110,000

　　貸：應收特賦 —— 本年度　　　　　　　　　　　$60,000

　　　　應收特賦 —— 過期　　　　　　　　　　　　50,000

　借：支出　　　　　　　　　　　　$200,000

　　　應付工程款　　　　　　　　　570,000

　　貸：現金　　　　　　　　　　　　　　　　　　$770,000

　借：應付公債　　　　　　　　　　$120,000

　　　利息費用　　　　　　　　　　12,000

　　貸：現金　　　　　　　　　　　　　　　　　　$132,000

結帳：

　借：基金餘額　　　　　　　　　　$212,000

　　貸：支出　　　　　　　　　　　　　　　　　　$200,000

　　　　利息費用　　　　　　　　　　　　　　　　　12,000

某縣特賦基金
平衡表
第一年終了日

資　產		負債及基金餘額	
現金	$1,320,000	應付工程款	$ 570,000
應收特賦──本年度	50,000	應付公債	800,000
應收特賦──遞延	200,000	基金餘額	200,000
合　計	$1,570,000	合　計	$1,570,000

某縣特賦基金
平衡表
第二年終了日

資　產		負債及基金餘額	
現金	$528,000	應付公債	$680,000
應收特賦──本年度	20,000	基金餘額	(12,000)
應收特賦──遞延	120,000		
合　計	$668,000	合　計	$668,000

第二十二章　政府內部服務基金會計

一、 下列是林內區物材基金發生之事項，試作應有之分錄，並編製平衡表。

1. 收到普通基金墊款 $1,000 成立物材基金。
2. 核定採購物材付款憑單 $800。
3. 照成本發出物材供普通基金使用。
4. 物材付款憑單業已付訖。
5. 收到普通基金償還材料價款 $100。
6. 材料實地盤盈 $25，增加物材帳戶。

答：

1. 借：	現金	$1,000	
	貸： 普通基金墊款		$1,000
2. 借：	物材存貨	$800	
	貸： 應付憑單		$800
3. 借：	發售物材成本	$100	
	貸： 物材存貨		$100
借：	應收普通基金款	$100	
	貸： 發售各單位貨價		$100
4. 借：	應付憑單	$800	
	貸： 現金		$800
5. 借：	現金	$100	
	貸： 應收普通基金款		$100
6. 借：	物材存貨	$25	
	貸： 存貨盤盈		$25
借：	發售各單位貨價	$100	
	貸： 發售物材成本		$100
借：	存貨盤盈	$25	
	貸： 保留盈餘		$25

林內區物材基金

平衡表

×年×月×日

資　產		負債、捐助及保留盈餘	
現金	$ 300	普通基金墊款	$1,000
物材存貨	725	保留盈餘	25
合　計	$1,025	合　計	$1,025

二、試就政府內部服務基金（循環基金）及其修護工廠所發生會計事項作分錄，並編製基金平衡表。

1. 向市立銀行舉借款 $40,000 成立基金。

2. 奉准發行公債 $2,000,000 作為業務基金，並以溢價 $10,000 全部售出。

3. 發出訂單購物料 $1,080,000，立即收到物料半數，並支付貨款。

4. 修護工廠單獨設帳並接到普通基金支應機關甲乙兩訂單，估計修理費 $600,000。

5. 償還市立銀行貸款 $40,000，並支付利息 $2,000。

6. 點收訂購材料 $400,000 並簽辦付款憑單手續。

7. 修護工廠發生直接人工費 $280,000，間接人工 $20,000。

8. 向基金領用物料 $200,000，間接物料 $40,000。

9. 由基金支付工廠全部人工費後，又支付工廠購置直接材料 $40,000，間接材料 $20,000。

10. 分配間接費用四分之三記入修理訂單。

11. 工廠完成甲項訂單，計成本 $400,000。

12. 由基金另加服務費 3% 作為基金資本累積，送請普通基金機關驗收並請付款。

答：

1. 借：現金　　　　　　　　　　　　　$40,000

　　　貸：銀行貸款　　　　　　　　　　　　　　　　　$40,000

2. 借：現金　　　　　　　　　　　　　$2,010,000

　　　貸：普通公債撥款　　　　　　　　　　　　　　　$2,010,000

3. 借：物料用品存貨　　　　　　　　　$540,000

　　　貸：現金　　　　　　　　　　　　　　　　　　　$540,000

4. 不作分錄

5. 借：銀行貸款 $40,000

  利息費用   2,000

  貸：現金 $42,000

6. 借：材料用品存貨 $400,000

  貸：應付憑單 $400,000

7. 借：薪資費用 $300,000

  貸：應付憑單 $300,000

8. 借：發售物料用品成本 $240,000

  貸：物料用品存貨 $240,000

9. 借：應付憑單 $300,000

  貸：現金 $300,000

 借：發售材料用品成本 $60,000

  貸：現金 $60,000

10. 基金不作分錄（修護工廠作內部分錄）

11. 基金不作分錄（修護工廠作內部分錄）

12. 借：應收普通基金款 $412,000

  貸：來自其他單位收入 $412,000

 借：在修品——乙 $200,000

  來自其他單位收入   412,000

  貸：發售材料用品成本 $ 60,000

   發售物料用品成本   240,000

   薪資費用   300,000

   利息費用   2,000

   收入超逾成本數   10,000

 借：收入超逾成本數 $10,000

  貸：保留盈餘 $10,000

某政府內部服務基金

平衡表

×年×月×日

資　產		負債及保留盈餘	
現金	$1,108,000	應付憑單	$ 400,000
應收普通基金款	412,000	普通公債撥款	2,010,000
材料用品盤存	400,000	保留盈餘	10,000
物料用品盤存	300,000		
在修品——乙	200,000		
合　計	$2,420,000	合　計	$2,420,000

三、於 20××年 1 月 1 日，中和市自普通基金轉撥 $100,000，設立一政府內部服務
　　基金，以專司交通事項。基金一經設立，即購置下列卡車：

種　類	數　量	每輛成本
4 噸通用車	4	$3,500
3 噸福特車	4	2,500
3 噸邁克車	4	2,200
1 噸道奇車	5	1,500

　　每 3、4 噸卡車需僱用司機與助手各一，其工資每小時各為 $2.00 與 $1.50，1 噸
　　卡車則毋需助手。

　　所有卡車均按直線法於五年內折舊，殘料價值為 5%。

　　卡車租賃於普通基金按時計費，下列所示乃 20××年度之使用報告與汽油成
　　本：

種　類	每小時租費	使用時數	應用汽油成本
4 噸通用車	$5.50	6,000	$2,400
3 噸福特車	5.00	8,000	2,400
3 噸邁克車	5.00	8,000	2,800
1 噸道奇車	3.00	15,000	3,000

　　駕用上列車輛，更發生下列之成本：

1. 司機與助手所付工資之時數，與卡車使用之時數完全相符，於年終並無未付
　　工資。

2. 於 20××年 12 月 31 日，尚未支付之汽車帳單總計 $1,500。

3. 其他間接成本如下：

管理	$15,000
修理	10,000
購置輪胎	1,600

4. 於 20××年 12 月 31 日，上列項目之帳單均經付清，惟尚留存新胎成本為 $500。

5. 於年內普通基金利用交通車輛曾支付 $95,000。

要求：

1. 試作分錄，設立政府內部服務基金，記載 20××年之交易，並作年終基金之結帳分錄。

2. 試編製基金於 20××年 12 月 31 日之財務狀況表。

答：

1.

分　錄		
借：現金　　　　　　$100,000 　貸：普通基金撥款　　　　　　$100,000		自普通基金轉撥 $100,000，設立一政府內部服務基金。
借：卡車　　　　　　$40,300 　貸：現金　　　　　　　　　$40,300		記錄購置卡車成本。 $3,500×4+$2,500×4+$2,200×4+$1,500×5=$40,300。
借：司機與助手工資　$107,000 　貸：現金　　　　　　　　$107,000		記錄直接人工成本。 $2.00×37,000+$1.50×22,000=$107,000。
借：折舊　　　　　　$7,657 　貸：累計折舊　　　　　　　$7,657		記錄本年度折舊。 $40,300×(1−5%)×$\frac{1}{5}$=$7,657。
借：汽油　　　　　　$10,600 　貸：現金　　　　　　　　　$9,100 　　　應付憑單　　　　　　　1,500		記錄汽油成本。 $2,400+$2,400+$2,800+$3,000=$10,600。
借：管理費用　　　　$15,000 　　修理費用　　　　10,000 　　輪胎盤存　　　　　 500 　　輪胎費用　　　　 1,100 　貸：現金　　　　　　　　$26,600		記錄其他間接成本及留存新胎。

借：現金	$95,000		記錄本年度收入。
應收普通基金款項	63,000		$5.50×6,000+$5.00×8,000+$5.00×8,000+
貸：來自其他單位收入		$158,000	$3.00×15,000=$158,000。
借：來自其他單位收入	$158,000		結清本年度收入與成本費用。
貸：司機與助手工資		$107,000	
折舊		7,657	
汽油		10,600	
管理費用		15,000	
修理費用		10,000	
輪胎費用		1,100	
來自其他單位			
收入超逾成本		6,643	
借：來自其他單位收入			將來自其他單位收入超逾成本數轉入保
超逾成本	$6,643		留盈餘。
貸：保留盈餘		$6,643	

2.

中和市政府內部服務基金（卡車）
財務狀況表
20××年 12 月 31 日

資產			負債、提供資金與保留盈餘		
流動資產：			流動負債：		
現金	$12,000		應付憑單	$	1,500
應收普通基金款項	63,000		普通基金撥款		100,000
輪胎盤存	500	$ 75,500	保留盈餘		6,643
長期性資產：					
卡車	$40,300				
減：累計折舊	7,657	32,643			
合　計		$108,143	合　計		$108,143

四、檢查德來市 20×B 年 6 月 30 日的帳戶，發現下列事實：

1. 在 20×A 年 12 月 31 日,德市從普通基金收入中付出 $115,000 來取得一座停車庫。在 $115,000 中，房屋的成本是 $67,500，耐用年限為二十五年，土地的成本為 $14,500，機器和設備的成本為 $33,000，而使用年限為十五年。在

同一天，停車庫收到普通基金出資 $12,200。

2.停車庫本身沒有記錄，從存款單和已付支票的覆核，發現如下：

收到普通基金欠付	$30,000
辦公人員薪給	6,000
熱光電力費	700
技術人員薪給	11,000
材料用品	9,000

3.停車庫尚有未收到現金的其他基金欠付 $2,000，材料用品的應付帳款 $500，在 20×B 年 6 月 30 日材料用品盤存為 $1,500。

要求：

1.做出建立德市政府內部服務基金及此一期間各事項的分錄。

2.做出 20×B 年 6 月 30 日可能的調整及結帳分錄。

答：

1.

(1)借：房屋　　　　　　　　　　　$67,500

　　土地　　　　　　　　　　　14,500

　　機器及設備　　　　　　　　33,000

　　現金　　　　　　　　　　　12,200

　　貸：普通基金出資　　　　　　　　　　$127,200

(2)借：現金　　　　　　　　　　　$30,000

　　貸：應收普通基金款　　　　　　　　　$30,000

　借：薪資費用　　　　　　　　　$17,000

　　電費　　　　　　　　　　　700

　　材料用品存貨　　　　　　　9,000

　　貸：現金　　　　　　　　　　　　　$26,700

(3)借：應收普通基金款　　　　　　$30,000

　　應收其他基金款　　　　　　2,000

　　貸：發售各單位貨價　　　　　　　　$32,000

　借：材料用品存貨　　　　　　　$500

　　貸：應付帳款　　　　　　　　　　　$500

借：發售材料用品成本　　　　　　　　　　　$8,000
　　貸：材料用品存貨　　　　　　　　　　　　　　　　　$8,000

2.
　借：折舊費用　　　　　　　　　　　　　　　$2,450
　　　貸：備抵折舊──房屋　　　　　　　　　　　　　　$1,350
　　　　　備抵折舊──機器及設備　　　　　　　　　　　1,100
　借：發售各單位貨價　　　　　　　　　　　　$32,000
　　　貸：發售材料用品成本　　　　　　　　　　　　　$ 8,000
　　　　　折舊費用　　　　　　　　　　　　　　　　　2,450
　　　　　薪資費用　　　　　　　　　　　　　　　　17,000
　　　　　電費　　　　　　　　　　　　　　　　　　　700
　　　　　收入超逾成本數　　　　　　　　　　　　　3,850
　借：收入超逾成本數　　　　　　　　　　　　$3,850
　　　貸：保留盈餘　　　　　　　　　　　　　　　　　$3,850

五、在 200C 年 12 月 31 日，愛曲市的中央購買基金之試算表如下：

	借　方	貸　方
現金	$ 3,080	
用品盤存	41,300	
其他基金欠付	13,650	
設備	6,940	
備抵折舊──設備		$ 2,130
應付憑單		7,010
普通基金出資		47,040
負擔準備		8,600
保留盈餘		190
	$64,970	$64,970

在 200D 年發生下列交易事項：

1. 負擔準備的帳戶結到保留盈餘。

2. 在 200D 年，本基金共發出用品訂單 $591,000。

3. 在發出的訂單中有 $588,000 已收到用品，發票的價格為 $589,600，已做成應付憑單。

4. 購買費用的應付憑單為 $15,875，倉儲費用的應付憑單為 $12,000。

5. 有 $579,300 的用品已發出，其價格為成本再加 5%。

6. 收到其他基金欠付 $619,230。

7. 償還應付憑單 $616,800。

8. 發現一位職員盜用存貨，經盤點發現庫存較帳上記載少 $900，保險公司負責賠償這 $900 的差異。

9. 成本 $580 的用品在本基金正常的營運中消耗（借記倉儲費用）。本基金所用掉的用品沒有再加 5% 的加價。

10. 設備的折舊為成本的 10%（借記倉儲費用）。

11. 200D 年 12 月 31 日的期末盤點，用品盤存為 $49,950，用品盤存科目的帳上金額也調整為此數（借記倉儲費用）。

12. 虛帳戶結到「成本超過帳單數」科目 "excess of cost over net billing"，負擔帳戶結到保留盈餘。

試問：

1. 做成 200D 年交易事項的分錄，或直接過到 T 字帳（如果採用後法，應先寫 200C 年 12 月 31 日的餘額）。

2. 編製本基金 200D 年 12 月 31 日的平衡表。

3. 編製本年度保留盈餘變動分析表。

4. 編製 200D 年本基金營運報表。

答：

1.

(1)借：負擔準備 $8,600

      貸：保留盈餘 $8,600

(2)不作分錄

(3)借：用品盤存 $589,600

      貸：應付憑單 $589,600

(4)借：購貨費用 $15,875

        倉儲費用   12,000

      貸：應付憑單 $27,875

(5)借：發售用品存貨成本 $579,300

    貸：用品盤存 $579,300

  借：其他基金欠付 $608,265

    貸：發售各單位貨價 $608,265

(6)借：現金 $619,230

    貸：其他基金欠付 $619,230

(7)借：應付憑單 $616,800

    貸：現金 $616,800

(8)借：應收保險賠償款 $900

    貸：用品盤存 $900

(9)借：倉儲費用 $580

    貸：用品盤存 $580

(10)借：倉儲費用 $694

    貸：備抵折舊——設備 $694

(11)借：倉儲費用 $170

    貸：用品盤存 $170

(12)借：發售各單位貨價 $608,265

    成本超過帳單數   354

    貸：購貨費用 $ 15,875

      倉儲費用   13,444

      發售用品存貨成本   579,300

  借：保留盈餘 $354

    貸：成本超過帳單數 $354

2.

愛曲市中央購買基金
平衡表
200D 年 12 月 31 日

資　產			負債及保留盈餘	
現金		$ 5,510	應付憑單	$ 7,685
其他基金欠付		2,685	普通基金出資	47,040
應收保險賠償款		900	保留盈餘	8,436
用品盤存		49,950		
設備	$6,940			
減：備抵折舊——設備	2,824	4,116		
合　計		$63,161	合　計	$63,161

3.

愛曲市中央購買基金
保留盈餘變動分析表
200D 年 1 月 1 日至 12 月 31 日

餘額：1 月 1 日		$ 190
加：負擔準備結轉		8,600
減：成本超過帳單數		(354)
餘額：12 月 31 日		$8,436

4.

愛曲市中央購買基金
營運報表
200D 年 1 月 1 日至 12 月 31 日

發售各單位貨價		$608,265
減：發售用品成本		579,300
毛利		$ 28,965
減：購貨費用	$15,875	
倉儲費用	13,444	
營運費用合計		29,319
發售各單位貨價超逾成本淨額		$　(354)

六、從利和市以下的資料，試作：

　　1.編本市修理服務基金的營運報表。

　　2.本基金的平衡表。

　　期初普通基金的科目如下：

現金	$1,000
應收賦稅——過期	8,000
應付帳款	7,000
負擔準備	1,500
保留盈餘	500

本年度的交易如下：

1.本年度預算由以下來源供給：賦稅 $275,000，特別徵課 $100,000，公費收入 $15,000，牌照稅收入 $10,000。其中 $290,000 提供給普通基金運用，$100,000 建立修理服務基金。

2.所有賦稅和特別徵課已屆徵課期。

3.普通基金的現金收入包括如下：

賦稅——當期	$260,000
特別徵課	100,000
會費	16,000
牌照稅	9,500
賦稅——過期（加利息 $500）	5,500
（其他過期的賦稅已取得財產留置權。）	

4.普通基金的契約金額 $75,000。

5.修理服務基金對其他部門的服務如下：普通基金 $40,000，熱光電力基金 $20,000，其中 $5,000 在年底尚未收到現金。

6.普通基金的現金支付如下：

修理服務基金	$100,000
去年的應付帳款	7,000
年初的訂單都已收到物品應付款	2,000
本年度費用	145,000
為本年度建立的倉庫買進的庫存	5,000
本年度契約	30,000

對零用金基金的永久性借款	1,000
修理服務基金的服務	35,000
本年的薪給	30,000

7.修理服務基金的現金支付如下：

購買設備（耐用年限十年）	$60,000
購買材料和用品，年底還剩 1/5	40,000
薪給和工資：	
直接人工	9,000
辦公人員薪給	2,000
監工薪給	4,000
熱光電力	2,000
辦公費用	500

8.所有未付的賦稅都已過期。

9.普通基金年底的庫存為 $2,000。

答：

1.

利和市修理服務基金

營運報表

××年全年度

服務收入		$60,000
減：服務成本		
直接人工	$ 9,000	
材料用品	32,000	
監工薪給	4,000	
折舊費用	6,000	
熱光電力	2,000	53,000
毛　利		$ 7,000
減：營業費用		
辦公人員薪給	$ 2,000	
辦公費用	500	
合　計		2,500
收入超逾成本淨額		$ 4,500

2.

利和市普通基金
平衡表
×年×月×日

資　產		負債及基金餘額	
現金	$37,000	應付帳款	$ 5,000
零用金	1,000	零用金準備	1,000
應收賦稅──過期	15,000	物料盤存準備	2,000
應收留置稅款	3,000	保留數準備	45,000
物料盤存	2,000	基金餘額	5,000
合　計	$58,000	合　計	$58,000

第二十三章　公營事業基金會計

一、設某公營事業某固定資產投資計畫，係以優先股為資金來源，試就下列資料，計算優先股資金成本率：

1. 發行股數 1,000 股。
2. 每股價格 $100。
3. 票面利率 13.2%。
4. 發行費用 $5,000。

答：

$$優先股資金成本率 = \frac{1,000 \times \$100 \times 13.2\% + \$5,000}{1,000 \times \$100}$$

$$= \frac{\$13,200 + \$5,000}{\$100,000} = \frac{\$18,200}{\$100,000} = 18.2\%$$

二、下列為某公營事業本年度發生事項，試作成應有分錄。

1. 本年度所開出的所入帳單計為 $400,000。
2. 支付薪資總額 $150,000。
3. 購買設備 $60,000。
4. 購買材料 $55,000。
5. 預付保險費 $1,200。
6. 償付債券 $50,000。
7. 收到應收帳款 $350,000。
8. 支付應付憑單 $80,000。
9. 應調整項目如下：

   ① 應計薪資 $5,000。
   ② 預付保險費 $600。
   ③ 期末盤存 $25,000。
   ④ 壞帳 $2,500。
   ⑤ 折舊──設備 $2,000。

答:

1. 借：應收帳款 $400,000

    貸：營業收入 $400,000

2. 借：薪資費用 $150,000

    貸：現金 $150,000

3. 借：設備 $60,000

    貸：應付憑單 $60,000

4. 借：進貨——材料 $55,000

    貸：現金 $55,000

5. 借：預付保險費 $1,200

    貸：現金 $1,200

6. 借：應付債券 $50,000

    貸：現金 $50,000

7. 借：現金 $350,000

    貸：應收帳款 $350,000

8. 借：應付憑單 $80,000

    貸：現金 $80,000

9.

  ①借：薪資費用 $5,000

      貸：應付薪資 $5,000

  ②借：保險費用 $600

      貸：預付保險費 $600

  ③借：存貨——材料 $25,000

      貸：銷貨成本 $25,000

  ④借：壞帳費用 $2,500

      貸：備抵壞帳 $2,500

  ⑤借：折舊費用 $2,000

      貸：累積折舊——設備 $2,000

第二十五章　信託與代理基金會計

一、某市政府接受李大明先生存儲信託設置獎學金。下列會計事項，試為之分錄並編平衡表。

　1.收到現金 $840,000，設置基金，其收益用於核發獎學金。

　2.以溢價 $12,000 購入面值 $800,000 之證券，加付補息 $1,600。

　3.收到支票 $12,000 係兌付六個月的利息。

　4.溢價 $500 已予攤銷。

　5.面值 $4,000 的證券，未攤銷溢價應分配 $56，已售得 $4,020，另加收應計利息 $4。

　6.面值 $8,000 的證券，未攤銷溢價應分配 $112，已售得 $8,200，另加收應計利息 $100。

　7.記載應收利息 $10,400。

　8.溢價 $480 已予攤銷。

　9.截至現在止收益總額記作留本本金基金對留本所入基金之負債。

　10.留本本金基金付給留本所入基金 $10,000。

　11.留本所入基金贈與獎學金 $8,000。

答：

　1.借：現金　　　　　　　　　　　　$840,000
　　　　貸：留本本金基金餘額　　　　　　　　　　$840,000

　2.借：投資　　　　　　　　　　　　$800,000
　　　　未攤銷投資溢價　　　　　　　　12,000
　　　　應收投資利息　　　　　　　　　 1,600
　　　　貸：現金　　　　　　　　　　　　　　　　$813,600

　3.借：現金　　　　　　　　　　　　$12,000
　　　　貸：應收投資利息　　　　　　　　　　　　$ 1,600
　　　　　　利息收入　　　　　　　　　　　　　　 10,400

　4.借：利息收入　　　　　　　　　　$500
　　　　貸：未攤銷投資溢價　　　　　　　　　　　　　$500

5. 借：現金　　　　　　　　　　　　　$4,024
　　　留本本金基金餘額　　　　　　　　　36
　　　　貸：未攤銷投資溢價　　　　　　　　　　　　$　　56
　　　　　　投資　　　　　　　　　　　　　　　　　4,000
　　　　　　利息收入　　　　　　　　　　　　　　　　　4

6. 借：現金　　　　　　　　　　　　　$8,300
　　　　貸：投資　　　　　　　　　　　　　　　　$8,000
　　　　　　未攤銷投資溢價　　　　　　　　　　　　　112
　　　　　　留本本金基金餘額　　　　　　　　　　　　　88
　　　　　　利息收入　　　　　　　　　　　　　　　　100

7. 借：應收投資利息　　　　　　　　$10,400
　　　　貸：利息收入　　　　　　　　　　　　　　$10,400

8. 借：利息收入　　　　　　　　　　　$480
　　　　貸：未攤銷投資溢價　　　　　　　　　　　$480

9. 借：利息收入　　　　　　　　　　$19,924
　　　　貸：應付留本所入基金款　　　　　　　　$19,924

留本所入基金帳：
　　借：應收留本本金基金款　　　　　$19,924
　　　　貸：收入　　　　　　　　　　　　　　　$19,924

10. 借：應付留本所入基金款　　　　　$10,000
　　　　貸：現金　　　　　　　　　　　　　　　$10,000

留本所入基金帳：
　　借：現金　　　　　　　　　　　　$10,000
　　　　貸：應收留本本金基金款　　　　　　　　$10,000

11. 留本所入基金帳：
　　借：獎學金支出　　　　　　　　　$8,000
　　　　貸：現金　　　　　　　　　　　　　　　$8,000

結帳分錄：
　　借：收入　　　　　　　　　　　　$19,924
　　　　貸：獎學金支出　　　　　　　　　　　　$　8,000
　　　　　　留本所入基金餘額　　　　　　　　　　11,924

某市政府留本基金
平衡表
××年××月××日

	留本本金基金	留本所入基金
資　產		
現金	$ 40,724	$ 2,000
應收留本本金基金款		9,924
投資	788,000	
未攤銷投資溢價	10,852	
應收投資利息	10,400	
合　計	$849,976	$11,924
負債、準備與基金餘額		
應付留本所入基金款	$ 9,924	
基金餘額	840,052	$11,924
合　計	$849,976	$11,924

二、下列是某市政府之貸款基金收支事項，試作分錄並編平衡表。

1. 收到為設置貸款基金目的之現金捐贈 $200,000。

2. 放出貸款 $60,000。

3. 收回貸款 $1,000 與利息 $40。

4. 結束收益帳戶。

答：

1. 借：現金	$200,000		
貸：貸款基金餘額		$200,000	
2. 借：應收貸款	$60,000		
貸：現金		$60,000	
3. 借：現金	$1,040		
貸：應收貸款		$1,000	
收益		40	
4. 借：收益	$40		
貸：貸款基金餘額		$40	

某市政府貸款基金
平衡表
××年××月××日

資　產		負債、準備及基金餘額	
現金	$141,040	貸款基金餘額	$200,040
應收貸款	59,000		
合　計	$200,040	合　計	$200,040

三、在 20×8 年 12 月 31 日，某市的警察及消防人員退休基金的試算表如下：

現金	$ 124,533	
普通基金欠款	1,550	
投資（面值）	9,693,020	
未攤銷投資溢價	129,847	
應付養老金		$ 11,185
職員分擔額準備		3,947,760
政府分擔額準備		3,654,321
職員養老金準備		2,306,509
基金餘額		29,175
合　計	$9,948,950	$9,948,950

20×9 年的交易如下：

1. 普通基金欠款共 $2,346,944，其中的 $1,133,462 是職員的薪資扣款，另 $1,213,482 為政府的補助。

2. 普通基金支付欠款 $2,330,904，其中的 $1,133,462 是職員的薪資扣款，另 $1,197,442 為政府的補助。

3. 投資政府國庫券 $1,387,740，及本市的債券，面值 $962,000，溢價 $5,505，另加付補息 $9,363。

4. 職員養老金準備本年增加 $127,674，半數由職員分擔額準備而來，半數由政府分擔準備額而來。

5. 本年應付養老金共 $189,000。

6. 面值 $200,000 的投資，（其溢價都已攤完）被收回。

7. 經予支付應付養老金 $191,085（$191,085 中包括去年的年底餘額）。

8. 退還職員分擔額 $61,119 給辭職的職員。

9. 未兌現的支票 $1,058 重新存入，貸記應付年金。

10. 投資的現金收入共 $260,082，其中包括應收補息。20×9 年的應收收益為 $62,077。

11. 20×9 年的溢價攤銷為 $6,185。

試問：

1. 作 20×9 年交易的分錄，科目名稱要與試算表所列者相同。

2. 作 20×9 年 12 月 31 日的結帳分錄，利息收益分別結到職員分擔額準備 $122,947，政府分擔額準備 $109,850，職員年金準備 $73,814。

3. 編 20×9 年 12 月 31 日的試算表。

4. 編 20×9 年的現金收支表。

5. 編各項準備及基金餘額的變動分析表。

答：

1.

(1)借：普通基金欠款　　　　　　　　$2,346,944

　　　貸：職員分擔額收入　　　　　　　　　　$1,133,462

　　　　　政府分擔額收入　　　　　　　　　　　1,213,482

(2)借：現金　　　　　　　　　　　　$2,330,904

　　　貸：普通基金欠款　　　　　　　　　　　$2,330,904

　借：職員分擔額收入　　　　　　　$1,133,462

　　　政府分擔額收入　　　　　　　　1,213,482

　　　貸：職員分擔額準備　　　　　　　　　　$1,133,462

　　　　　政府分擔額準備　　　　　　　　　　　1,213,482

(3)借：投資　　　　　　　　　　　　$2,349,740

　　　未攤銷投資溢價　　　　　　　　　5,505

　　　應收投資利息　　　　　　　　　　9,363

　　　貸：現金　　　　　　　　　　　　　　　$2,364,608

(4)借：職員分擔額準備　　　　　　　$63,837

　　　政府分擔額準備　　　　　　　　63,837

　　　貸：職員養老金準備　　　　　　　　　　$127,674

⑸借：支出　　　　　　　　　　$189,000

　　　貸：應付養老金　　　　　　　　　　　　　$189,000

⑹借：現金　　　　　　　　　　$200,000

　　　貸：投資　　　　　　　　　　　　　　　　$200,000

⑺借：應付養老金　　　　　　　$191,085

　　　貸：現金　　　　　　　　　　　　　　　　$191,085

⑻借：職員分攤額準備　　　　　$61,119

　　　貸：現金　　　　　　　　　　　　　　　　$61,119

⑼借：現金　　　　　　　　　　$1,058

　　　貸：應付年金　　　　　　　　　　　　　　$1,058

⑽借：現金　　　　　　　　　　$260,082

　　　貸：應收投資利息　　　　　　　　　$　9,363

　　　　　利息收益　　　　　　　　　　　　250,719

　　借：應收投資利息　　　　　$62,077

　　　貸：利息收益　　　　　　　　　　　　　　$62,077

⑾借：利息收益　　　　　　　　$6,185

　　　貸：未攤銷投資溢價　　　　　　　　　　　$6,185

2.借：利息收益　　　　　　　　$306,611

　　　貸：職員分攤額準備　　　　　　　　　　$122,947

　　　　　政府分攤額準備　　　　　　　　　　109,850

　　　　　職員年金準備　　　　　　　　　　　73,814

　　借：職員養老金準備　　　　$189,000

　　　貸：支出　　　　　　　　　　　　　　　　$189,000

3.

某市警察及消防人員退休基金
試算表
20×9 年 12 月 31 日

	借	貸
現金	$ 299,765	
普通基金欠款	17,590	
投資	11,842,760	
未攤銷投資溢價	129,167	
應收投資利息	62,077	
應付養老金		$ 9,100
應付年金		1,058
職員分擔額準備		5,079,213
政府分擔額準備		4,913,816
職員養老金準備		2,245,183
職員年金準備		73,814
基金餘額		29,175
合　計	$12,351,359	$12,351,359

4.

某市警察及消防人員退休基金
現金收支表
20×9 年全年

期初餘額		$ 124,533
收項：		
職員分擔額	$1,133,462	
政府分擔額	1,197,442	
暫收回未兌支票	1,058	
利息收益	260,082	2,592,044
總　計		$2,716,577
付項：		
投資	$2,364,608	
減：收回	200,000	$2,164,608
支付養老金		191,085
退還職員分擔額		61,119
合　計		$2,416,812
期末餘額		299,765
總　計		$2,716,577

5.

某市警察及消防人員退休基金
各項準備及基金餘額變動分析表
20×9年全年

	職員分攤額	政府分攤額	各項準備		基金餘額
			職員養老金	職員年金	
餘額：20×9年1月1日	$3,947,760	$3,654,321	$2,306,509	$　　0	$29,175
加項：職員分攤	1,133,462				
政府分攤		1,213,482			
利息收益	122,947	109,850		73,814	
合　計	$5,204,169	$4,977,653	$2,306,509	$73,814	$29,175
移轉：職員養老金	(63,837)	(63,837)	127,674		
移轉後餘額	$5,140,332	$4,913,816	$2,434,183	$73,814	$29,175
減項：支出養老金			(189,000)		
退還──辭職	(61,119)				
餘額：20×9年12月31日	$5,079,213	$4,913,816	$2,245,183	$73,814	$29,175

四、甲市有職員退休基金已許多年了，基金分擔額全部由本市的普通基金提供，職員不必分擔，本基金由普通基金的職員管理，因此不必負擔任何管理費用。本基金的年初平衡表如下：

甲市職員退休基金
平衡表
20××年7月1日

資　產			負債、準備及基金餘額	
現金		$　6,360	應付養老金	$　6,000
應收投資利息		15,000	政府分擔額準備	550,000
投資（面值）	$750,000		職員養老金準備	204,600
未攤銷投資溢價	840	750,840	精算假設差異準備	3,600
			未分配利息收益準備	2,200
			基金餘額	5,800
合　計		$772,200	合　計	$772,200

　1.試為以下事項做成分錄。

㈠年初的應收投資利息已收取。

㈡應付養老金增加 $75,000。

㈢收到普通基金分擔額 $49,980。

㈣收到利息收益 $30,000，另有應計利息收益 $16,000 期初的未攤銷溢價攤銷十二分之一。

㈤支付應付養老金 $78,000。

㈥收到普通基金分擔額 $54,500。

㈦將分擔額收入轉入適當的準備科目。

㈧接受精算師建議，將政府分擔額準備 $81,000 轉入職員養老金準備。

㈨利息收入有 $12,800 轉入職員養老金準備，$35,200 轉入政府分擔額準備，餘額轉入未分配利息收益準備。

㈩以面值購進投資 $70,000。

㈡做結帳分錄。

　2.編職員退休基金年底的平衡表。

　3.編本年度的現金收支表。

　4.編本年度各項準備及基金餘額的變動分析表。

答：

1.

(一)借：現金 $15,000

　　貸：應收投資利息 $15,000

(二)借：支出 $75,000

　　貸：應付養老金 $75,000

(三)借：現金 $49,980

　　貸：政府分擔額收入 $49,980

(四)借：現金 $30,000

　　貸：利息收益 $30,000

　借：應收投資利息 $16,000

　　貸：未攤銷投資溢價 $　　70

　　　利息收益 15,930

(五)借：應付養老金 $78,000

　　貸：現金 $78,000

(六)借：現金 $54,500

　　貸：政府分擔額收入 $54,500

(七)借：政府分擔額收入 $104,480

　　貸：政府分擔額準備 $104,480

(八)借：政府分擔額準備 $81,000

　　貸：職員養老金準備 $81,000

(九)借：利息收益 $45,930

　　未分配利息收益準備 2,070

　　貸：職員養老金準備 $12,800

　　　政府分擔額準備 35,200

(十)借：投資 $70,000

　　貸：現金 $70,000

(十一)借：職員養老金準備 $75,000

　　貸：支出 $75,000

2.

甲市職員退休基金
平衡表
20××年底

資　產		負債、準備及基金餘額	
現金	$ 7,840	應付養老金	$ 3,000
應收投資利息	16,000	政府分擔額準備	608,680
投資（面值）　$820,000		職員養老金準備	223,400
未攤銷投資溢價　　700	820,770	精算假設差異準備	3,600
		未分配利息收益準備	130
		基金餘額	5,800
合　計	$844,610	合　計	$844,610

3.

甲市職員退休基金
現金收支表
20××年全年度

期初餘額		$ 6,360
收項: 政府分擔額	$104,480	
利息收益	45,000	149,480
總　計		$155,840
減項: 支出養老金	$ 78,000	
投資	70,000	$148,000
期末餘額		7,840
總　計		$155,840

4.

甲市職員退休基金
各項準備及基金餘額變動分析表
20××年全年度

	政府分攤額	職員養老金	各項準備 精算假設差異	未分配利息收益	基金餘額
餘額：期初	$550,000	$204,600	$3,600	$2,200	$5,800
加項：政府分攤	104,480				
利息收益	35,200	12,800		(2,070)	
合　計	$689,680	$217,400	$3,600	$ 130	$5,800
移轉：職員養老金	(81,000)	81,000			
移轉後餘額	$608,680	$298,400	$3,600	$ 130	$5,800
減項：支出養老金		(75,000)			
餘額：期末	$608,680	$223,400	$3,600	$ 130	$5,800

第二十六章　美國地方政府會計

一、某市 200×年普通基金預算如下：

預計收入	
賦稅	$6,000,000
證照與許可	1,200,000
罰款與沒入	400,000
政府間收入	2,000,000
合　　計	$9,600,000
經費預算	
一般行政	$1,700,000
警務	2,000,000
消防	2,300,000
保健與社福	1,800,000
公共工務	1,900,000
合　　計	$9,700,000

於年度開始，將上項法定預算正式入帳，記日記簿其應過入之總分類帳戶及其明細帳戶。

答：

1.借：預計收入數　　$9,600,000　　⇒ 預計收入明細帳戶　　借

貸：基金餘額　　　　　　$9,600,000

賦稅收入	$6,000,000
證照與許可收入	1,200,000
罰款與沒入收入	400,000
政府間收入	2,000,000

2.借：基金餘額　　$9,700,000

貸：經費預算數　　　　$9,700,000　⇒ 經費預算明細帳戶　　貸

一般行政	$1,700,000
警務	2,000,000
消防	2,300,000
保健與社福	1,800,000
公共工務	1,900,000

二、下列為某市普通基金與其他基金間之交易事項，希就其所涉及之基金分別作普
　　通日記簿之分錄，務必先標明基金名稱，如其涉及市個體之會計，可不作該會
　　計個體之分錄，但須註明是否影響到政府總體之財務報表（非指基金之財務報
　　表）。

　　⑴消防局（屬政府業務）向自來水廠（屬企業組織）購水共計 $100,000。
　　⑵普通基金為長期貸款 $50,000 予內部服務基金。
　　⑶市高爾夫俱樂部（屬營業基金）歸還普通基金 $1,000，由於普通基金代為購
　　　買辦公用品。
　　⑷普通基金提供 $100,000 予債務基金，用以支付普通公債之還本與利息。
　　⑸資本計畫基金所建市府新大廈完工，將其所餘 $4,000 移歸普通基金。

答：

⑴　　　　　　　普通基金　　　　　　　　　　　　　營業基金
　借：經費支出　　$100,000　　　　　借：應收帳款——
　　　貸：應付自來水廠款　$100,000　　　　　普通基金　$100,000
　　　　　　　　　　　　　　　　　　　　　貸：營業收入　　　　$100,000
　（註：不影響政府會計個體之財務報表）

⑵　　　　　　　普通基金　　　　　　　　　　　　內部服務基金
　借：應收內部服務　　　　　　　　　借：現金　　　　$50,000
　　　　基金貸款　$50,000　　　　　　　　貸：應付借款　　　　$50,000
　　　貸：現金　　　　　$50,000
　（註：不影響政府會計個體之財務報表）

⑶　　　　　　　普通基金　　　　　　　　　　　　　營業基金
　代購時：
　借：應收營業　　　　　　　　　　　借：辦公用品費　　$1,000
　　　　基金款　　$1,000　　　　　　　　貸：應付帳款——
　　　貸：現金　　　　　$1,000　　　　　　　普通基金　　　　$1,000
　歸還時：
　借：現金　　$1,000　　　　　　　　借：應付帳款——
　　　貸：應收營業基金款　$1,000　　　　　普通基金　　$1,000
　　　　　　　　　　　　　　　　　　　　貸：現金　　　　　$1,000
　（註：減少政府會計個體之財務報表的淨資產與投資收益）

(4)   普通基金   債務基金

 借：移轉支出　　$100,000   借：現金　　　　$100,000

  貸：現金　　　　　　$100,000   貸：收入數　　　　$100,000

（註：不影響政府會計個體之財務報表）

(5)   普通基金   資本計畫基金

 借：現金　　　　　$4,000   借：基金餘額　　　$4,000

  貸：收入數　　　　　$4,000   貸：現金　　　　　　$4,000

（註：影響政府會計個體之財務報表：增列：房屋；減列：在建工程）

三、下列各題，每題有四個可能選擇，希就其中選取最恰當之答案。

 1. 某政府機關接受一宗資本性資產之捐贈，應該如何記帳？

 ⒜按接受時之估計公平價值。

 ⒝按低於捐贈者之實存金額或其估計之公平價值。

 ⒞只按捐贈帳載之實存價值。

 ⒟僅作備忘記錄而已。

 2. 一般性的資本資產應如何記帳？

 ⒜按其成本。

 ⒝如其成本不能實際決定時，可按估計成本。

 ⒞如此項資本性資產是捐贈的，可按公平市價。

 ⒟無論按⒜或⒝或⒞，認為適當即可。

 3. 州與地方政府所使用之資本性資產，在其會計與財務報告上有一項特點是：

 ⒜對其所使用之資本性資產並不計提折舊。

 ⒝並不期望其對產生收益有所貢獻。

 ⒞只是期望其對產生收益能有直接貢獻時才去購置。

 ⒟不應保持像企業之相同水準，如此，方可使其財務資源可以用於政府之其他服務事項。

 4. 在資本租賃條件下，所獲得之一般資本性資產：

 ⒜應予資本化，就像業權基金，以營業租賃所取得之資本性資產一樣的處理方式。

 ⒝應予資本化，當出租人接受租賃物之現值，或最低之租賃付款或是租賃財產之公平價值。

 ⒞絕對不可予以資本化。

　　　(d)應予資本化，採成本或市價之較低價。

　5.一個市的資本計畫基金，是屬於何種型態的基金？

　　　(a)信託代理基金。

　　　(b)政務基金。

　　　(c)內部服務基金。

　　　(d)業權基金。

答：

　　1.(a)　　　2.(a)　　　3.(d)　　　4.(a)　　　5.(b)

四、下列為某縣有關長期負債之交易，其間並不相關連，惟其中有的涉及到政府業
　　務之個體會計，但是尚未予以記錄。

　1.普通基金徵收之稅款中包括 $650,000 應移轉予債務基金，這筆款項中已指定
　　$400,000 用為在外分期公債到期之償還，其餘用於利息費用之支出。

　2.擬發行 $5,000,000 分期公債，用供資本計畫之財源，其售價為 $102，外加應
　　計利息 $50,000，上項應計利息在債務基金已登記為收入，溢價並已登記為其
　　他財務來源，已售公債之應計利息必須用供利息支出，公債溢價依法須供公
　　債還本之應用。

　3.據債務基金年度業務收支表顯示有投資利息收入 $180,000，這項收入將用為
　　長期負債之利息支出。

　4.分期公債 $2,800,000 按面額現金發售，並允許全數用供定期公債之償還，該
　　定期公債共 $3,500,000 是按面額發行，除上項現金可用外，尚差 $700,000，
　　惟債務基金在以前年度已為累積。

試作：

　1.政府個體會計之必要分錄。

　2.適當基金會計之普通分錄。

上項分錄必須註明基金名稱與帳戶名稱，摘要說明則可以省略。

答：

1.

普通基金		債務基金	
借：移轉支出	$650,000	借：應收普通基金款	$650,000
貸：應付債務基金款	$650,000	貸：收入數	$650,000

　　　　　　　政府個體會計

　　　　　　　　　無

2.

	資本計畫基金			政府個體會計	
借：現金	$5,150,000		借：現金	$5,150,000	
貸：公債收入	$5,000,000		貸：應付公債		
應付補息	50,000		（分期）	$5,000,000	
債券溢價	100,000		應付補息	50,000	
			債券溢價收入	100,000	

3.

	債務基金		政府個體會計	
借：現金	$180,000	借：現金	$180,000	
貸：收入數（利息）	$180,000	貸：投資收益──		
		限用於債務	$180,000	

4.

	債務基金		政府個體會計	
借：現金	$2,800,000	借：現金	$2,800,000	
貸：公債收入	$2,800,000	貸：應付公債		
借：公債還本支出	$3,500,000	（分期）	$2,800,000	
貸：現金	$3,500,000	借：應付公債（定期）	$3,500,000	
		貸：現金	$3,500,000	

第二十八章　非營利機構會計

一、某市地方人士成立社區活動俱樂部，乃非營利組織，發起會員一百人，每人繳 1,000 元為資本，此外，每一參加者須付年費 200 元，供作活動經費，3 月底年度終了，已全部收起，其 20×A 年 4 月 1 日之試算表如下：

	借	貸
現金	$ 9,000	
投資（按市價，等於成本）	58,000	
盤存	5,000	
土地	10,000	
建築物	164,000	
累計折舊——建物		$130,000
設備	54,000	
累計折舊——設備		46,000
應付帳款		12,000
資本（100 人每人 $1,000）		100,000
累計餘絀		12,000
	$300,000	$300,000

其於 20×B 年 3 月底止所發生之財務事項如下：

1. 收參加人會費	$20,000
2. 零食與飲水之出售	28,000
3. 利息與股利收入	6,000
4. 房屋費用憑單	17,000
零食與飲水進貨憑單	26,000
一般管理費用憑單	11,000
5. 憑單欠款總付	55,000
6. 應計資產改良特賦	10,000
7. 收到無限制之遺贈	5,000

調整資料：

1. 投資年終按市價評價　　　　　　　　　　　　　　　$65,000
　（全年無新投資交易發生）
2. 折舊費用──建物　　　　　　　　　　　　　　　　　4,000
　　　　　　──設備　　　　　　　　　　　　　　　　8,000
3. 折舊攤分──房屋費用　　　　　　　　　　　　　　　9,000
　　　　　　──零食飲水部　　　　　　　　　　　　　2,000
　　　　　　──一般管理　　　　　　　　　　　　　　1,000
4. 年底實際盤存（在零食與飲水部）　　　　　　　　　　1,000

要求：

1. 試就上列財務事項與調整事項為之分錄入帳（以職能別分類）。
2. 試編該年度之業務收支表。

答：

1.
　⑴借：現金　　　　　　　　　$20,000
　　　　貸：收入──會費　　　　　　　　　　　　$20,000
　⑵借：現金　　　　　　　　　$28,000
　　　　貸：收入──飲食　　　　　　　　　　　　$28,000
　⑶借：現金　　　　　　　　　　$6,000
　　　　貸：收入──利息與股利　　　　　　　　　　$6,000
　⑷借：業務費用──房屋費　　$17,000
　　　　貸：應付帳款　　　　　　　　　　　　　　$17,000
　　借：成本費用──零食飲水　$26,000
　　　　貸：應付帳款　　　　　　　　　　　　　　$26,000
　　借：管理費用──一般　　　$11,000
　　　　貸：應付帳款　　　　　　　　　　　　　　$11,000
　⑸借：應付帳款　　　　　　　$55,000
　　　　貸：現金　　　　　　　　　　　　　　　　$55,000
　⑹借：特賦費用　　　　　　　$10,000
　　　　貸：應付帳款　　　　　　　　　　　　　　$10,000

⑺借：現金 $5,000

　　　貸：收入——贈款　　　　　　　　　　$5,000

調整事項：

⑴借：投資 $7,000

　　　貸：投資收入——評價增值　　　　　　$7,000

⑵借：折舊費用——建物 $4,000

　　　折舊費用——設備 8,000

　　　貸：累計折舊——建物　　　　　　　　$4,000

　　　　　累計折舊——設備　　　　　　　　 8,000

⑶借：業務費用——房屋費用 $9,000

　　　成本費用——零食飲水 2,000

　　　管理費用——一般 1,000

　　　貸：折舊費用——建物　　　　　　　　$4,000

　　　　　折舊費用——設備　　　　　　　　 8,000

⑷借：成本費用——零食飲水 $4,000

　　　貸：盤存　　　　　　　　　　　　　　$4,000

2. 業務收支表：

社區活動俱樂部

業務收支表

20×A 年 4 月 1 日至 20×B 年 3 月底止

業務收入：

　　會費收入 $ 20,000

　　飲食收入 28,000

　　利息與股利收入 6,000

　　贈款收入 5,000

　　投資收入 7,000

收入合計 $ 66,000

業務費用及成本：

　　房屋費用 $ 26,000

　　一般管理費用 12,000

　　零食飲水成本 32,000

特賦費用	10,000
費用及成本合計	$ 80,000
業務餘絀	$(14,000)

二、非營利機構會計要以基金為基礎，且多採政府會計準則之修正權責制。下舉平衡表顯不符上述要求，希予改編，分別列示各基金與帳類，假定現金與投資按各基金餘額劃分，又假定債務準備全部為還本不含利息。

（單位：百萬）

資　產		負債、基金餘額		
現金	$ 600	應付公債		$1,700
投資	1,800	基金餘額		
社建工程	500	資本計畫準備	$ 600	
固定資產	1,200	債務準備	200	
		無限制	1,600	2,400
	$4,100			$4,100

答：

（單位：百萬）

	基　　金			帳　　組	
	資本計畫準備	債務準備	無限制	固定資產	長期負債
資產：					
現金	$150	$ 50	$ 400		
投資	450	150	1,200		
已備償債數					$1,700
社建工程				$ 500	
固定資產				1,200	
合　計	$600	$200	$1,600	$1,700	$1,700
負債、基金餘額：					
應付公債					$1,700
投資固定資產				$1,700	
基金餘額	$600	$200	$1,600		
合　計	$600	$200	$1,600	$1,700	$1,700

三、某衛生所乃非營利機構，為鄉親市民服務，縣政府將歸還其醫療成本之60%。與醫療有關之成本，自 20×A 三年內共發生 $600,000，亦即縣應歸還之成

本，此外，又發生下列兩事項。

1. 20×A 購置設備 $60,000，該所以三年之期將設備提列折舊，縣以 60% 比率於購入之年償還該所。縣以 60% 比率於購入之年償還該所。

2. 20×A 損失 $10,000，因提早清償債務緣故，為對外列報目的，該所認列全部損失於債務清償之年，縣府歸還（按 60% 比率）該所按債務所剩之年，即兩年。

試編比較表，顯示每年（共三年）該所應列報之費用與應由縣歸還之部分（可分兩欄：列報數與歸還數）。再列三年內每年由縣歸還數之分錄。

答：

1.

比較表

	20×A 年		20×A+1 年		20×A+2 年	
	列報數	歸還數	列報數	歸還數	列報數	歸還數
醫療成本	$80,000	$120,000	$80,000	$120,000	$80,000	$120,000
折舊費用——設備	8,000	12,000	8,000	12,000	8,000	12,000
償債損失	4,000	6,000				
合　計	$92,000	$138,000	$88,000	$132,000	$88,000	$132,000

2.

20×A 年：

借：應收縣歸還款	$138,000		借：現金	$156,000	
貸：醫療成本		$120,000	貸：應收縣歸還款		$138,000
折舊費用		12,000	預收縣歸還款		18,000
償債損失		6,000	($120,000 + $36,000 = $156,000)		

20×A+1 年：

借：應收縣歸還款	$132,000		借：現金	$123,000	
貸：醫療成本		$120,000	預收縣歸還款	9,000	
折舊費用		12,000	貸：應收縣歸還款		$132,000
			($120,000 + $3,000 = $123,000)		

20×A+2 年：

借：應收縣歸還款	$132,000	借：現金	$123,000	
貸：醫療成本	$120,000	預收縣歸還款	9,000	
折舊費用	12,000	貸：應收縣歸還款	$132,000	

第二十九章 大學院校會計

某州立大學於其年度終了日之平衡表如下：

××大學
流動基金平衡表
20×A 年 7 月 31 日

資　產			負債與基金餘額	
無限制者			無限制者	
現金		$200,000	應付帳款	$100,000
應收帳款——學雜費	$385,000		應付他基金款	40,000
減：備抵壞帳	15,000	370,000	遞延收入——學雜費	25,000
預付費用		40,000	基金餘額	445,000
合計——無限制		$610,000	合計——無限制	$610,000
有限制者			有限制者	
現金		10,000	應付帳款	$　5,000
投資		210,000	基金餘額	215,000
合計——有限制		$220,000	合計——有限制	$220,000
合計——流動基金		$830,000	合計——流動基金	$830,000

該校次年度（至 7/31，20×B 年）有下列財務事項：

1. 學生學費共收現金 $3,000,000，其中 $362,000 為上年度之應收款，$2,500,000 是屬本年度的學費，另 $138,000 應歸秋季開始學期的學費。

2. 上年度所列之遞延收入已為本年度應獲之收入。

3. 應收帳款有 $13,000，確收不到，應而備抵予以註銷，至本年度終了日備抵壞帳估計數 $10,000。

4. 本年度州政府擬給予經費 $60,000，未限制使用，但須至 8 月份方始撥付。

5. 本年度收到校友會捐款現金 $80,000，不限制用途，但該校信託人董事會決定將這筆捐款中之 $30,000 分配為學生貸款基金。

6. 原有投資成本 $25,000 售得 $31,000；又以限制基金投資，購入成本 $40,000；另有投資收益 $18,000 業已收到。

7. 未限制部分發生費用 $2,500,000，業以憑單登帳，至年度終了日，未限制部

分之應付帳款餘額為 $75,000。

8.上年度終了時限制部分之應付帳款餘額業經付清。

9.上年度終了時之應付他基金款計 $40,000，應財產基金之需，予以如數付訖。

10.上年度終了時所預付一季之費用，應歸本年度之費用，且應屬普通教學費用，本年度並未為任何費用之預付。

試問：

1.試將上述財務事項，依次記入本年度帳內，其記法如下：

事項次序	帳戶名稱	無限制 借	無限制 貸	有限制 借	有限制 貸

2.試編 20×B 年度（至 7/31 止）基金餘額變動表。

答：

1.

事項次序	帳戶名稱	無限制 借	無限制 貸	有限制 借	有限制 貸
(1)	現金	$3,000,000			
	遞延收入 ── 學雜費		$ 138,000		
	收入 ── 學雜費		2,500,000		
	應收帳款 ── 學雜費		362,000		
(2)	遞延收入 ── 學雜費	$25,000			
	收入 ── 學雜費		$25,000		
(3)	備抵壞帳	$13,000			
	應收帳款 ── 學雜費		$13,000		
	支出 ── 壞帳	$8,000			
	備抵壞帳		$8,000		
(4)	應收州政府撥款	$60,000			
	基金餘額		$60,000		
(5)	現金	$80,000			
	收入 ── 捐款		$80,000		
	非規定移轉支出 ── 未限制捐款分配他基金	$30,000			
	應付貸款基金		$30,000		

⑹	現金		$31,000	
	投資			$25,000
	收入 —— 投資收益			6,000
	投資		$40,000	
	收入 —— 投資收益			$40,000
	現金		$18,000	
	收入 —— 投資收益			$18,000
⑺	支出	$2,500,000		
	應付帳款		$2,500,000	
	應付帳款	$2,525,000		
	現金		$2,525,000	
⑻	應付帳款		$5,000	
	現金			$5,000
⑼	應付他基金款	$40,000		
	現金		$40,000	
⑽	支出	$40,000		
	預付費用		$40,000	

2.

××大學

基金餘額變動表

20×B 年至 7 月 31 日止

摘　要	流動基金		貸款基金
	無限制	有限制	
收入與其他加項：			
學雜費收入 —— 無限制	$2,525,000		
捐贈收入 —— 無限制	80,000		
投資收益 —— 有限制		$ 64,000	
政府撥款 —— 無限制	60,000		
合　計	$2,665,000	$ 64,000	$　　　0
支出與其他減項：			
壞帳費用 —— 無限制	$　　8,000		
教學費用 —— 無限制	2,540,000		
合　計	$2,548,000	$　　　0	$　　　0
基金間之移轉			
未規定移轉 —— 未限制捐款分配	$　(30,000)		$30,000
合　計	$　(30,000)	$　　　0	$30,000
本年淨增（減）	$　87,000	$ 64,000	$30,000
期初基金餘額	445,000	215,000	0
期末基金餘額	$　532,000	$279,000	$30,000

附　錄　國家考試政府會計試題及參考答案

八十年高考政府會計參考答案

一、是非題：20%

　　(一)✗　　(二)✗　　(三)○　　(四)○　　(五)✗

　　(六)○　　(七)○　　(八)○　　(九)○　　(十)✗

二、選擇題：20%

　　(一) D　　(二) C　　(三) B　　(四) C　　(五) D

　　(六) D　　(七) B　　(八) D　　(九) A　　(十) D

三、20%

　　(一)現金 =$180,000+$440,000+$250,000+$1,000,000−$100,000−$739,200−$612,000

　　　　+$54,800=$473,600

　　(二)應收稅款 =$468,938+$270,000−$440,000−$250,000=$48,938

　　(三)應付借入款 =$347,246+$1,000,000−$100,000=$1,247,246

　　(四)基金餘額 =$276,038+($270,000×95%)−$840,000−$612,000+$54,800=

　　　　$−864,662

　　(五)支出保留數準備 =$0

四、20%

　　(一)應收特賦款項 – 遞延 =$(13,500,000×$\frac{19}{20}$)=$12,825,000

　　(二)現金 =$1,350,000+$67,500−$400,000−$24,300=$993,200

　　(三)應付利息 =$12,000

　　(四)基金餘額 =$13,500,000−($400,000+24,300+12,000)−$870,000=$12,193,700

　　(五)支出保留數準備 =$1,270,000−$400,000=$870,000

五、20%

	普通基金會計		營業基金會計	
1.借：	收入預算數	$5,000,000		
	貸：支出預算數	$4,000,000	不作分錄	
	基金餘額	1,000,000		
2.借：	經費支出	$1,000,000	借：薪資費用	$1,000,000
	貸：現金	$1,000,000	貸：現金	$1,000,000
3.借：	保留數	$2,000,000		
	貸：保留數準備	$2,000,000	不作分錄	
4.借：	保留數準備	$2,000,000	借：交通設備	$2,000,000
	貸：保留數	$2,000,000	貸：現金	$2,000,000
借：	經費支出	$2,000,000		
	貸：現金	$2,000,000		
5.借：	現金	$3,000,000	借：現金	$3,000,000
	貸：收入	$3,000,000	貸：應付債券	$3,000,000

八十年普考政府會計概要參考答案

一、是非題：20%

　　㈠× 　　㈡○ 　　㈢× 　　㈣○ 　　㈤×

　　㈥× 　　㈦○ 　　㈧○ 　　㈨○ 　　㈩○

二、選擇題：20%

　　㈠B 　　㈡C 　　㈢B 　　㈣C 　　㈤C

　　㈥D 　　㈦C 　　㈧C 　　㈨A 　　㈩C

三、20%

　　㈠結帳前歲計餘絀數 =$154,000+$22,000−$1,920,000+$34,000+$1,800,000+
　　　$66,000−$34,000−$34,000=$88,000

　　㈡年底累計餘絀數 =$88,000+$1,920,000−$1,800,000−$34,000=$174,000（結入歲
　　　計餘絀後餘額）

　　㈢結帳後歲計餘絀數 =$0（已結入累計餘絀數後）
　　　結帳後歲計餘絀數 =$174,000（未結入累計餘絀數前）

四、20%

　　$480,000+$1,500,000−$900,000−$10,000=$1,070,000

五、20%

　　⑴可支庫款 =$1,000,000−$100,000−$400,000+$500,000+$100,000+50,000−
　　　$50,000−$60,000−$1,000+$5,000−$1,000=$1,043,000

　　⑵歲出分配數 =$1,000,000+$500,000+$100,000+$50,000=$1,650,000

　　⑶預計支用數 =$10,000,000−$1,000,000+$500,000−$500,000−$100,000+$50,000−
　　　$50,000=$8,900,000

　　⑷經費支出 =$100,000+$400,000+$50,000+$60,000−$5,000=$605,000

　　⑸歲出預算數 = 預計支用數 =$8,900,000

八十二年薦任升等政府會計參考答案

一、是非題：20%

　　1.✕　　2.○　　3.○　　4.○　　5.✕

　　6.✕　　7.✕　　8.○　　9.✕　　10.○

二、30%

　　(1) $316,800+$120,000=\underline{$436,800}$（年終投資淨額）

　　(2) $329,200+$88,000-$1,400=\underline{$415,800}$（年終基金餘額）

　　(3) ($12,400+$140,000-$122,400+$9,600-$1,000)+($2,400-$2,000)+$436,800=
　　　　\underline{$475,800}$（年終資產總額）

　　(4) $80,000-$61,000=\underline{$19,000}$（預計支出與實付數之差額）

　　(5) \underline{$7,600}$（利息收入總額）

三、25%

　　(1)借：歲入預算數　　　　　　　　　　$890,000

　　　　　貸：預計納庫數　　　　　　　　　　　　　　　$890,000

　　(2)借：歲入分配數　　　　　　　　　　$100,000

　　　　　貸：歲入預算數　　　　　　　　　　　　　　　$100,000

　　(3)借：歲入納庫數　　　　　　　　　　$28,000

　　　　　貸：歲入實收數　　　　　　　　　　　　　　　$28,000

　　　借：應納庫款　　　　　　　　　　　　$2,000

　　　　　貸：歲入應收款　　　　　　　　　　　　　　　$2,000

　　(4)借：歲入結存　　　　　　　　　　　$3,000

　　　　　貸：歲入實收數　　　　　　　　　　　　　　　$3,000

　　　借：歲入納庫數　　　　　　　　　　　$3,000

　　　　　貸：歲入結存　　　　　　　　　　　　　　　　$3,000

　　(5)借：退還以前年度歲入款　　　　　　$8,000

　　　　　貸：收回以前年度納庫款　　　　　　　　　　　$8,000

　　　借：歲入納庫數　　　　　　　　　　　$6,600

　　　　　貸：歲入實收數　　　　　　　　　　　　　　　$6,600

　　(6)借：歲入預算數　　　　　　　　　　$80,000

　　　　　貸：預計納庫數　　　　　　　　　　　　　　　$80,000

借：歲入分配數　　　　　　　　　　$80,000

　　　貸：歲入預算數　　　　　　　　　　　　　　$80,000

四、問答題：（略）25%

八十二年簡任升等考試政府會計參考答案

一、25%

事項別	單位會計分錄		總會計分錄	
(一)	借：歲入預算數	$10,000,000	借：歲入預算數	$10,000,000
	貸：預計納庫數	$10,000,000	貸：歲計餘絀	$10,000,000
(二)	借：歲入結存	$20,000	借：各機關結存	$20,000
	貸：歲入應收款	$20,000	貸：歲入應收款	$20,000
(三)	借：歲入納庫數	$100,000	借：國庫結存	$100,000
	貸：歲入實收數	$100,000	貸：歲入收入數	$100,000
(四)	借：應納庫款	$20,000	借：國庫結存	$20,000
	貸：歲入結存	$20,000	貸：各機關結存	$20,000
(五)	借：歲出預算數	$100,000	借：歲出預算數	$100,000
	貸：歲出分配數	$100,000	貸：歲出分配數	$100,000
	借：可支庫款	$100,000		
	貸：預計支用數	$100,000		
	借：經費支出	$100,000	借：經費支出數	$100,000
	貸：可支庫款	$100,000	貸：國庫結存	$100,000
(六)	借：預計支用數	$1,000,000	借：歲出預算數	$1,000,000
	貸：歲出預算數	$1,000,000	貸：歲出分配數	$1,000,000
	借：歲出預算數	$1,000,000		
	貸：歲出分配數	$1,000,000		
	借：可支庫款	$1,000,000		
	貸：預計支用數	$1,000,000		
	借：經費支出	$1,000,000	借：經費支出數	$1,000,000
	貸：可支庫款	$1,000,000	貸：國庫結存	$1,000,000
(七)	借：零用金	$50,000	借：各機關結存	$50,000
	貸：可支庫款	$50,000	貸：國庫結存	$50,000
(八)	借：經費支出	$30,000	借：經費支出數	$30,000
	貸：可支庫款	$30,000	貸：國庫結存	$30,000
(九)	借：經費支出	$200,000	借：經費支出數	$200,000
	貸：可支庫款	$200,000	貸：國庫結存	$200,000
(十)	借：經費支出	$60,000	借：經費支出數	$60,000
	貸：暫付款	$60,000	貸：暫付款	$60,000

二、25%

　　(一)

中央政府總會計
收支餘絀表

83 年度　　　　　　　　　　單位：億元

歲入：
　經常收入　　　　　　　　　　　　　　$ 8,000
　資本收入
　　債務收入　　　　　　$1,500
　　其他資本收入　　　　　500　　2,000
合　計　　　　　　　　　　　　　　$10,000
歲出：
　經常支出　　　　　　　　$7,000
　資本支出
　　償債支出　　　　$ 500
　　其他資本支出　　2,500　　3,000
合　計　　　　　　　　　　　　　　$10,000
餘（絀）　　　　　　　　　　　　$　　0

中央政府總會計
平衡表

×年×月×日　　　　　　單位：億元

資　產		負債及餘絀	
現金	$1,000	保留數準備	$1,000
合　計	$1,000	合　計	$1,000

㈡

中央政府總會計
收支餘絀表

83 年度　　　　　　　　　　　　　　　　　單位：億元

歲入：

經常收入		$ 8,000
其他資本收入		500
合　計		$ 8,500

歲出：

經常支出	$7,000	
其他資本支出	2,500	
合　計		$ 9,500
餘（絀）		$(1,000)

中央政府總會計
平衡表

×年×月×日　　　　　　　　　　　　　　　　單位：億元

資　產		負債及餘絀	
現　金	$1,000	應付債務	$ 1,000
		保留數準備	1,000
		累計餘絀	(1,000)
合　計	$1,000	合　計	$ 1,000

㈢問答題：（略）

三、25%

㈠ 100 億元 ×A⁵⌉ 0.1=100×6.105100=610.51 億元

610.51 億元 ×A⁴⌉ 0.1=610.51×1.464100=893.85 億元

（第一年）1 億元 ×50 元 =50 億元　　50−20=30 億元

（第二年）1 億元 ×50×1.1=55 億元　　55−20=35 億元

（第三年）1×50×1.2=60 億元　　　60−20=40 億元

（第四年）1×50×1.3=65 億元　　　65−20=45 億元

（第五年）1×50×1.4=70 億元　　　70−20=50 億元

（第六年）1×50×1.5=75 億元　　　75−20=55 億元

（第七年）1×50×1.6=80 億元　　　80−20=60 億元

（第八年）1×50×1.7=85 億元　　　85−20=65 億元

（第九年）1×50×1.8=90 億元　　　90−20=70 億元

（第十年）1×50×1.9=95 億元　　　95−20=75 億元

$30×(1.1)^9+35×(1.1)^8+40×(1.1)^7+45×(1.1)^6+50×(1.1)^5+55×(1.1)^4+60×(1.1)^3$
$+65×(1.1)^2+70×(1.1)^1+75×1=30×2.357948+35×2.143589+40×1.948717+45×$
$1.771561+50×1.61051+55×1.4641+60×1.331+65×1.21+70×1.1+75×1=774.994$

1. 自償率 =774.994÷893.85=86.703%

2. 可償借款本息占總貸款本息比例 =86.703%

（二）

$30×(2.357948+2.143589+1.948717+1.771561+1.61051+1.4641+1.331+1.21+1.1)$
$+30=30×14.937425+30=478.123$

478.123÷893.85=53.49%

1. 自償率將降低 33.213%（=86.703%−53.49%）

2. 國庫負擔比率將增加 33.213%

四、25%

（一）

⑴借：歲入預算數	$10,000,000		
貸：歲出預算數		$10,000,000	
⑵借：應收稅款	$600,000		
貸：歲入收入數		$600,000	
⑶借：現金	$500,000		
貸：應收稅款		$500,000	
⑷借：經費支出數	$500,000		
貸：代收款		$ 30,000	
現金		470,000	
⑸借：保留數	$200,000		
貸：保留數準備		$200,000	
⑹借：保留數準備	$100,000		
貸：保留數		$100,000	
借：經費支出數	$100,000		
貸：現金		$100,000	

(7)借：現金　　　　　　　　　　　　　　$100,000

　　　貸：應付借款　　　　　　　　　　　　　　　$100,000

(8)借：經費支出數　　　　　　　　　　　$10,000

　　　貸：現金　　　　　　　　　　　　　　　　　$10,000

(二)

某市政府普通基金

試算表

82年度7月底

	借	貸
現金	$　　20,000	
應收稅款	100,000	
經費支出數	610,000	
保留數	100,000	
歲入預算數	10,000,000	
應付借款		$　　100,000
代收款		30,000
歲入收入數		600,000
歲出預算數		10,000,000
保留數準備		100,000
合　計	$10,830,000	$10,830,000

八十三年簡任升等考試政府會計參考答案

一、問答題：（略）25%

二、問答題：（略）25%

三、25%

⑴ 　　　　資本計畫基金　　　　　　　　　　　普通基金

借：應收普通基金款　　×××　　　借：經費支出　　　　　×××
　　貸：收入　　　　　　　×××　　　　　貸：歲出應付款　　　×××

⑵借：現金　　　　　　　×××　　　借：歲出應付款　　　　×××
　　貸：應收普通基金款　×××　　　　　貸：現金　　　　　　×××

⑶借：現金　　　　　　　×××　　　　　　長期性負債帳類
　　未攤銷債券折價　　　×××　　　借：償付定期公債應備款額　×××
　　貸：收入　　　　　　×××　　　　　貸：應付定期公債　　×××

　借：收入　　　　　　　×××
　　貸：未攤銷債券折價　×××

⑷借：現金　　　　　　　×××　　　　　　長期性負債帳類
　　貸：未攤銷債券溢價　×××　　　借：償付定期公債應備款額　×××
　　　　應付補息　　　　×××　　　　　貸：應付定期公債　　×××
　　　　收入　　　　　　×××

⑸借：未攤銷債券溢價　　×××　　　　　　債務基金
　　應付補息　　　　　　×××　　　借：現金　　　　　　　×××
　　貸：現金　　　　　　×××　　　　　貸：收入　　　　　　×××

⑹借：保留數　　　　　　×××
　　貸：保留數準備　　　×××

⑺借：保留數準備　　　　×××
　　貸：保留數　　　　　×××

　借：經費支出　　　　　×××
　　貸：約定應付款　　　×××

⑻借：約定應付款　　　　×××
　　貸：現金　　　　　　×××

⑼由債務基金處理

　　　　債務基金　　　　　　　　　　　長期性負債帳類

借：經費支出　　　　　×××　　　借：應付定期公債　　　×××
　　貸：現金　　　　　×××　　　　　貸：債務基金已備償付
　　　　　　　　　　　　　　　　　　　　定期公債款額　　×××

(10)借：收入　　　　　　　×××
　　　貸：經費支出　　　　　×××
　　　　　保留數　　　　　　×××
　　　　　基金餘額　　　　　×××

四、25%

(1)　　　　營業基金會計　　　　　　　　普通基金會計
　　　　　　無分錄　　　　　　借：歲入預算數　　×××
　　　　　　　　　　　　　　　　貸：歲出預算數　　　　×××
　　　　　　　　　　　　　　　　　　基金餘額　　　　　×××

(2)借：薪津費用　　×××　　借：經費支出　　×××
　　　貸：現金　　　　　×××　　　貸：現金　　　　　×××

(3)　　　　　　無分錄　　　　借：保留數　　　　×××
　　　　　　　　　　　　　　　　貸：保留數準備　　　　×××

(4)借：交通設備　　×××　　借：經費支出　　×××
　　　貸：現金　　　　　×××　　　貸：現金　　　　　×××
　　　　　　　　　　　　　　　借：保留數準備　　×××
　　　　　　　　　　　　　　　　貸：保留數　　　　×××

(5)借：現金　　　　×××　　借：現金　　　　×××
　　　貸：應付債券　　　×××　　　貸：歲入收入數　　　×××

八十四年薦任升等政府會計參考答案

一、25%

(一)經費類會計:

(1)經費支出總額 =$55,000+$1,000,000+$450,000−$7,000+$75,980−$30+$330,000

　　=$1,903,950

(2)可支庫款增減淨額 =$4,800,000−$1,507,000+$7,500+$2,650−$330,000

　　=$2,973,150

(3)專戶存款增減淨額 =$1,600+$30,000=$31,600

(二)歲入類會計: 歲入實收數總額 =$9,000+$12,000+$57,000+$6,600=$84,600

(三)財產統制帳類: 現存財產權利增減淨額 =$1,000,000+$450,000+$75,980−

$460,000+$330,000=$1,395,980

二、25%

(一)

(1)結帳前歲計餘絀帳戶餘額:

$70,000+$3,500−($72,000+$1,500)=$0

(2)結帳前累計餘絀帳戶餘額:

借　方	貸　方
$ 55,250	$ 90,000
500	1,500
150	150
500	1,000
3,000	3,000
3,000	250
70,000	72,000
61,500	
$193,900	$167,900

$193,900−$167,900=$26,000

(二)

中央政府總會計
平衡表
中華民國 83 年 6 月 30 日

資　　產		負債及餘絀	
國庫結存	$55,250	保管款	$　　150
各機關結存	3,000	預收款	1,000
歲入應收款	150	歲出應付款	250
押金	500	歲出保留數準備	3,000
		歲計餘絀	28,500
		累計餘絀	26,000
合　計	$58,900	合　計	$58,900

三、25%

(一)國庫收入 =$200,000+$40,000+$10,000+$6,000−$8,000+$4,000=<u>$252,000</u>

(二)國庫存款 =$200,000+$40,000+$10,000−$130,000−$8,000+$6,000+$4,000+$200,000=<u>$322,000</u>

(三)支付費款 =$140,000+$16,000+$10,000−$12,000−$6,000−$4,000=<u>$144,000</u>

(四)簽發國庫支票 =$140,000+$16,000+$10,000−$12,000=<u>$154,000</u>

(五)未兌國庫支票 =$140,000+$16,000+$10,000−$12,000−$130,000+$100,000=<u>$124,000</u>

四、25%

會計事項	普通基金	償債基金	資本計畫基金	長期負債帳類
(一)	不作分錄	借：預計需增額 $75,000 　　預計收益額　21,000 貸：預計支出額 $54,000 　　基金餘額　　42,000	借：未發額定債券 $900,000 　　應收普通基金款　300,000 貸：核定經費　$1,200,000	不作分錄
(二)	不作分錄	不作分錄	借：現金　$918,000 貸：未發額定債券 $900,000 　　未攤銷債券溢價　15,000 　　應付補息　　　　3,000	借：償付定期公債 　　應備款額　$900,000 貸：應付定期公債 $900,000
(三)	借：經費支出 $ 75,000 貸：現金　　$75,000 借：經費支出 $300,000 貸：現金　$300,000	借：現金　$75,000 貸：收入　$75,000	借：現金　$300,000 貸：應收普通基金款 $300,000	不作分錄
(四)	不作分錄	借：經費支出 $54,000 貸：現金　$54,000	不作分錄	不作分錄
(五)	不作分錄	借：現金　$18,000 貸：收入　$18,000	借：未攤銷債券溢價 $15,000 　　應付補息　　　　3,000 貸：現金　　$18,000	不作分錄

八十四年簡任升等政府會計參考答案

一、問答題：（略）20%

二、問答題：（略）20%

三、30%

　　㈠(1)借：應收稅款 —— 本年度　　　　　×××
　　　　　　貸：備抵本年度稅收壞帳　　　　　　　　　×××
　　　　　　　　未收稅課收入準備　　　　　　　　　　×××
　　　　(2)借：現金　　　　　　　　　　　×××
　　　　　　貸：應收稅款 —— 本年度　　　　　　　　×××
　　　　　借：未收稅課收入準備　　　　　×××
　　　　　　貸：歲入收入數　　　　　　　　　　　　　×××
　　㈡(1)借：應收稅款 —— 本年度　　　$5,000,000
　　　　　　貸：備抵稅收折扣　　　　　　　　$　100,000
　　　　　　　　歲入收入數　　　　　　　　　4,900,000
　　　　(2)借：現金　　　　　　　　　$4,900,000
　　　　　　　備抵稅收折扣　　　　　　100,000
　　　　　　貸：應收稅款 —— 本年度　　　　　　$5,000,000
　　㈢(1)借：應收欠稅　　　　　　　$10,000,000
　　　　　　貸：應收稅款 —— 本年度　　　　　　$10,000,000
　　　　　借：備抵本年度稅收壞帳　　$10,000
　　　　　　貸：備抵欠稅壞帳　　　　　　　　　　$10,000
　　　　(2)借：備抵欠稅壞帳　　　　　$10,000
　　　　　　貸：應收欠稅　　　　　　　　　　　　$10,000
　　㈣(1)借：用品盤存　　　　　　　$120,000
　　　　　　貸：經費支出　　　　　　　　　　　　$120,000
　　　　　借：基金餘額　　　　　　　$120,000
　　　　　　貸：用品盤存準備　　　　　　　　　　$120,000

⑵購入時:

借: 經費支出　　　　　　　　×××

　　貸: 現金　　　　　　　　　　　　　　×××

期末盤存:

借: 用品盤存　　　　　　　$120,000

　　貸: 基金餘額　　　　　　　　　　$120,000

借: 基金餘額　　　　　　　$120,000

　　貸: 用品盤存準備　　　　　　　　$120,000

㈤⑴借: 間接費用　　　　　　　　×××

　　貸: 累計折舊　　　　　　　　　　×××

借: 投入資本　　　　　　　　×××

　　貸: 財務資源　　　　　　　　　　×××

⑵借: 業務成果　　　　　　　　×××

　　貸: (各項) 費用　　　　　　　　×××

借: 已用經費 (有預算)　　　×××

　　財務資源 (折舊)　　　　×××

　　貸: 業務成果　　　　　　　　　×××

四、30%

㈠借: 歲入預算數　　　　　　$358,600

　　基金餘額　　　　　　　　31,400

　　貸: 歲出預算數　　　　　　　　$390,000

㈡借: 歲出實付數　　　　　　$300,000

　　貸: 現金　　　　　　　　　　　$300,000

㈢借: 應收稅款 —— 當期　　　$260,000

　　貸: 備抵稅款壞帳 —— 當期　　$　8,000

　　　　歲入實收數　　　　　　　252,000

㈣借: 現金　　　　　　　　　$196,000

　　貸: 應收稅款 —— 當期　　　　$120,000

　　　　應收利息　　　　　　　　26,750

　　　　歲入實收數　　　　　　　49,250

(五)借：投資　　　　　　　　　　　$106,000

　　貸：現金　　　　　　　　　　　　　　　　　$106,000

(六)借：歲出實付數　　　　　　　　　$90,000

　　貸：現金　　　　　　　　　　　　　　　　　$90,000

(七)借：應收利息　　　　　　　　　　$2,500

　　貸：歲入實收數　　　　　　　　　　　　　　$2,500

(八)借：歲出預算數　　　　　　　　　$390,000

　　貸：歲出實付數　　　　　　　　　　　　　　$390,000

　借：歲入實收數　　　　　　　　　　$303,750

　　基金餘額　　　　　　　　　　　　54,850

　　貸：歲入預算數　　　　　　　　　　　　　　$358,600

　借：應收稅款──過期　　　　　　　$140,000

　　備抵稅款壞帳──當期　　　　　　8,000

　　貸：應收稅款──當期　　　　　　　　　　　$140,000

　　　備抵稅款壞帳──過期　　　　　　　　　　8,000

(九)

某市政府債務基金
平衡表
19Y1 年 12 月 31 日

資　產			負債及基金餘額	
投資		$　936,625	基金餘額	$1,071,125
應收稅款──過期	$140,000			
減：備抵稅款壞帳──過期	(8,000)	132,000		
應收利息		2,500		
合　計		$1,071,125	合　計	$1,071,125

八十五年高考二級政府會計參考答案

一、20%

　　(一)

會計事項	會計分錄	所屬會計個體名稱
(甲)中央政府		
(1)	借：歲入預算數　　$1,000,000 　貸：歲計餘絀　　　$1,000,000	總會計
(2)	借：預定舉債數　　$200,000 　貸：歲入預算數　　$200,000	總會計
(3)	借：國庫結存　　　$200,000 　貸：公債收入　　　$200,000 借：公債收入　　　$200,000 　貸：預定舉債數　　$200,000	總會計
(4)	借：待籌償債數　　$200,000 　貸：應付內債　　　$200,000	長期負債類帳
(5)	借：歲計餘絀　　　$200,000 　貸：應付債款 　　——內債　　　$200,000	總會計
(乙)臺灣省政府		
(1)	借：歲入預算數　　$1,000,000 　貸：歲計餘絀　　　$1,000,000	總會計
(2)	借：公庫結存　　　$200,000 　貸：經建借款收入　$200,000	總會計
(3)	借：虧絀之彌補　　$200,000 　貸：應付債款　　　$200,000	總會計
(4)	無分錄	長期負債類帳
(5)	無分錄	總會計
(丙)臺北市政府		
(1)	借：歲入預算數　　$1,000,000 　貸：歲計餘絀　　　$1,000,000	總會計
(2)	借：預定舉債數　　$200,000 　貸：歲入預算數　　$200,000	總會計
(3)	借：市庫結存　　　$200,000 　貸：公債收入　　　$200,000	總會計

	借：公債收入	$200,000		
	貸：預定舉債數	$200,000		
(4)	無分錄		長期負債類帳	
(5)	借：歲計餘絀	$200,000	總會計	
	貸：應付債款	$200,000		

(二)平衡表之表達方式：

(1)中央政府：

因餘絀科目已沖減長期負債結欠額 $200,000，故平衡表列示應付債款──內債 $200,000，而餘絀科目以扣除結欠額列示，並以附註方式說明此一事實，以表示國庫可用財源之實況，復仍編製公債目錄為總會計年報附屬表。

(2)臺灣省政府：

因省總會計正式列記應付債款負債科目，故長期負債列入平衡表，並編製「應付債款明細表」為年報附屬表。本例省總會計平衡表中資產科目之最後一項列示虧絀之彌補 $200,000，負債科目列示應付債款 $200,000，而餘絀科目以不扣除負債結欠額列示。

有關「虧絀之彌補」係經建借款舉辦之工程或購置設備所發行之債券或長期債款，其與貸方應付債款科目在平衡表的表達方式，乃用以說明應由未來收入清償長期債款之事實。

(3)臺北市政府：

因餘絀科目已沖減長期負債結欠額 $200,000。故總會計平衡表列示餘絀科目以扣除結欠額列示，以表達市庫實際可動用之款；而負債科目包括應付債款 $200,000 以顯示歷年歲入預算之公債及賒借收入，將於往後年度編列預算償還。此外，並以應付債款明細表作為平衡表之附表。

二、問答題：（略）20%

三、20%

(一)

1.借：現金　　　　　　　　　　　　　　$19,000

　　貸：欠付普通基金款　　　　　　　　　　　　　$19,000

2.借：應收州政府補助款　　　　　　　　$190,000

　　貸：收入　　　　　　　　　　　　　　　　　$190,000

3. 借： 經費支出 $12,016

　　貸： 現金 $12,016

4. 借： 現金 $383,800

　　貸： 未攤銷債券溢價 $ 3,800

　　　　收入 380,000

　借： 未攤銷債券溢價 $3,800

　　貸： 現金 $3,800

5. 借： 保留數 $456,000

　　貸： 保留數準備 $456,000

6. 借： 保留數 $2,090

　　貸： 保留數準備 $2,090

7. 借： 保留數準備 $2,090

　　貸： 保留數 $2,090

　借： 經費支出 $1,938

　　貸： 現金 $1,938

8. 借： 保留數準備 $76,000

　　貸： 保留數 $76,000

　借： 經費支出 $76,000

　　貸： 現金 $71,440

　　　　約定應付款——保留成數 4,560

9. 借： 欠付普通基金款 $19,000

　　貸： 現金 $19,000

結帳：

　借： 收入 $570,000

　　貸： 經費支出 $ 89,954

　　　　保留數 380,000

　　　　基金餘額 100,046

㈡

市政中心建設基金
平衡表
1998 年 6 月 30 日

資　產		負債及基金餘額	
現金	$294,606	約定應付款——保留成數	$　4,560
應收州政府補助款	190,000	保留數準備	380,000
		基金餘額	100,046
合　計	$484,606	合　計	$484,606

四、問答題：（略）20%

五、20%

借：歲出保留數　　　　　　　　200 億元

　　貸：歲出保留數準備　　　　　　　　　200 億元

　　（問答部分（略））

八十五年高考三級政府會計參考答案

一、問答題：（略）25%

二、25%

某市政府

普通基金平衡表

××年××月××日

資　產			負債及基金餘額		
現金		$ 223,370	應付憑單		$ 92,800
零用金		3,500	預收稅款		1,400
有價證券		84,000	代收款		4,670
應收賦稅	$ 373,500		核定經費	$ 4,873,000	
減：備抵壞稅	(6,130)	367,370	減：經費支出	(4,629,353)	
用品盤存		5,317	減：保留數	(165,000)	78,647
預計所入	$ 4,873,000		保留數準備		165,000
減：所入	(5,206,284)	(333,284)	基金餘額		7,756
合　計		$ 350,273	合　計		$350,273

三、25%

㈠全部工程計畫預算總額：

$850,000 + $5,150,000= $6,000,000

㈡應付憑單期初餘額：

$1,277,500 + $4,000,000 + $3,612,500 − $5,150,000 − $3,612,500= $127,500

㈢本年度發行債券收現金額：

$4,000,000 − $2,000,000 − $50,000= $1,950,000

㈣本年度經費支出付現金額：

$1,277,500 + $1,950,000 − $1,209,121= $2,018,379

㈤本年度終了未保留預算餘額：

$5,150,000 − $2,173,424 − $1,810,930= $1,165,646

四、25%

㈠結帳分錄：

借: 經費支出	$415,000		
貸: 歲出應付款		$415,000	
借: 歲出保留數	$63,000		
貸: 歲出保留數準備		$63,000	
借: 歲出保留數準備	$63,000		
貸: 歲出應付款		$63,000	
借: 保留庫款	$478,000		
貸: 可支庫款		$478,000	
借: 歲出分配數	$10,000		
貸: 經費賸餘——待納庫部分		$10,000	
借: 經費賸餘——待納庫部分	$10,000		
貸: 經費賸餘——押金部分		$10,000	
借: 歲出分配數	$19,190,000		
貸: 經費支出		$19,125,500	
歲出保留數		63,000	
經費賸餘——待納庫部分		1,500	
借: 經費賸餘——待納庫部分	$1,500		
貸: 可支庫款		$1,500	

(二)

某機關經費單位會計
平衡表
××年 6 月 30 日

資產及資力		負債及餘絀	
保留庫款	$478,000	歲出應付款	$478,000
押金	20,000	經費賸餘——押金部分	20,000
合　計	$498,000	合　計	$498,000

八十五年普考政府會計概要參考答案

一、20%

　　㈠公債本息到期

　　　借：經費支出　　　　　　　　　×××

　　　　貸：應付利息　　　　　　　　　　　　×××

　　　　　　應付到期債券　　　　　　　　　　×××

　　㈡支付到期本息

　　　借：應付利息　　　　　　　　　×××

　　　　　應付到期債券　　　　　　　×××

　　　　貸：現金　　　　　　　　　　　　　　×××

二、分錄題：25%

　　1.借：歲入結存　　　　　　　$420,000

　　　　　歲入應收款　　　　　　　480,000

　　　　貸：暫收款　　　　　　　　　　　$100,000

　　　　　　保證金　　　　　　　　　　　　320,000

　　　　　　應納庫款　　　　　　　　　　　480,000

　　2.借：歲入預算數　　　　　$12,000,000

　　　　貸：預計納庫數　　　　　　　　$12,000,000

　　3.借：歲入分配數　　　　　$1,000,000

　　　　貸：歲入預算數　　　　　　　　$1,000,000

　　4.借：歲入結存　　　　　　　$50,000

　　　　貸：歲入實收數　　　　　　　　　$50,000

　　5.借：歲入納庫數　　　　　　$50,000

　　　　貸：歲入結存　　　　　　　　　　$50,000

　　6.借：歲入納庫數　　　　　$860,000

　　　　貸：歲入實收數　　　　　　　　　$860,000

　　7.借：歲入結存　　　　　　　$40,000

　　　　貸：暫收款　　　　　　　　　　　$40,000

8. 借：保證金　　　　　　　　　　$280,000

　　　貸：歲入結存　　　　　　　　　　　　　　$280,000

9. 借：歲入結存　　　　　　　　　　$120,000

　　　貸：預收款　　　　　　　　　　　　　　　$120,000

10. 借：退還以前年度歲入款　　　　$56,000

　　　貸：收回以前年度納庫款　　　　　　　　　$56,000

11. 借：應納庫款　　　　　　　　　　$42,000

　　　貸：歲入應收款　　　　　　　　　　　　　$42,000

三、計算題：25%

累計餘絀

$　916,000	(4)	$1,452,000
(2)　　320,000	(1)	560,000
$1,236,000	(3)	1,284,000
2,060,000		$3,296,000
$3,296,000		
賸餘　$2,060,000		

四、配對題：30%

㈠ E	㈡ C	㈢ D	㈣ A	㈤ B
㈥ B	㈦ C	㈧ A	㈨ E	㈩ C
㈠ D	㈡ C	㈢ C	㈣ B	㈤ A

八十五年薦任升等考試政府會計參考答案

一、25%

　　㈠資本計畫基金「現金」科目變動總額：

　　　$500,000 + $10,000 = $510,000 （增加）

　　㈡長期資產帳「長期資產投資」科目變動總額：

　　　$40,000 − $140,000 + $200,000 = $100,000 （增加）

　　㈢普通基金「經費支出」科目變動總額：

　　　−$60,000 + $80,000 = $20,000 （增加）

　　㈣普通基金「現金」科目變動總額：

　　　$60,000 − $80,000 − $510,000 + $400,000 = −$130,000 （減少）

　　㈤長期負債帳「償付定期公債應備款項」科目變動總額：

　　　$500,000 − $400,000 = $100,000 （增加）

二、問答題：（略）25%

三、25%

　　1.借：基金餘額　　　　　　　　　$8,000,000
　　　　貸：歲出預算數　　　　　　　　　　　　$8,000,000

　　2.借：經費支出數　　　　　　　　$600,000
　　　　貸：現金　　　　　　　　　　　　　　　$600,000

　　3.借：歲出預算數（流出）　　　　$500,000
　　　　貸：歲出預算數（流入）　　　　　　　　$500,000

　　4.借：現金　　　　　　　　　　　$300,000
　　　　貸：歲入收入數　　　　　　　　　　　　$300,000

四、25%

　　㈠歲出分配數 = $90,000 + $20,000 = $110,000

　　㈡預計支用數 = $1,050,000 − $90,000 + $40,000 − $20,000 = $980,000

　　㈢經費支出數 = $65,000 + $20,000 − $4,500 = $80,500

　　㈣可支庫款 = $90,000 + $20,000 − $65,000 − $10,000 − $20,000 − $3,000 + $4,500 = $16,500

八十六年高考三級政府會計參考答案

一、25%

1.
債務基金		普通基金	
借：現金	$100,000	借：應收債務基金款	$100,000
貸：應付普通基金款	$100,000	貸：現金	$100,000

2.
特賦基金		普通基金	
借：應收普通基金款	$200,000	借：經費支出數	$200,000
貸：基金餘額		貸：現金	$200,000
──工程	$200,000		
借：工程現金	$200,000		
貸：應收普通基金款	$200,000		

3.
營業基金		普通基金	
借：現金	$3,000,000	借：經費支出數	$3,000,000
貸：普通股股本	$3,000,000	貸：現金	$3,000,000

4.
營業基金		普通基金	
借：保留盈餘	$40,000	借：應收營業基金款	
貸：應付現金股利	$40,000	──股利	$40,000
		貸：歲入收入款	$40,000

5.
普通基金		長期性資產帳類	
借：現金	$12,000	借：長期資產投資	
貸：歲入收入款	$12,000	──普通基金	$500,000
		貸：交通及運輸設備	$500,000
		借：交通及運輸設備	$30,000
		貸：長期資產投資	
		──普通基金	$30,000

6.
普通基金		長期性資產帳類	
借：經費支出數	$60,000	借：長期資產投資	
貸：現金	$60,000	──普通基金	$24,930,000
借：現金	$84,000	貸：房屋建築	$24,930,000
貸：歲入收入款	$84,000	（建築與改良物）	

7.
債務基金		長期性負債帳類	
借：經費支出數	$700,000	借：應付分期償付債券	$700,000
貸：應付分期償付債券	$700,000	貸：償付分期債券	
		應備款額	$700,000

借：應付分期償付債券　　$700,000

　　經費支出數　　　　　　70,000

　　貸：現金　　　　　　　$770,000

8.　　　　長期性資產帳類

借：土地　　　　　$80,000,000

　　貸：長期資產投資

　　　　——贈與　$80,000,000

9.　　　　特賦基金

借：現金　　　　　$9,270,000

　　貸：應付分期償付

　　　　債券　　　$9,000,000

　　　　未攤銷債券溢價　270,000

10.　　　政府內部服務基金　　　　　　　　　　　　普通基金

借：應收普通基金款　$10,000　　　借：經費支出數　　　　　　$10,000

　　貸：服務收入　　$10,000　　　　　貸：應付政府內部服務

　　　　　　　　　　　　　　　　　　　　　基金款　　　　$10,000

二、25%

　　(一)結帳分錄：

　　借：歲入收入數　　　　　　　$101,260

　　　　貸：歲入分配數　　　　　　　　　　$101,260

　　借：歲出分配數　　　　　　　$100,450

　　　　貸：經費支出數　　　　　　　　　　$98,950

　　　　　　歲出保留數　　　　　　　　　　　1,500

　　借：歲計餘絀　　　　　　　　$25,000

　　　　貸：歲入預算數　　　　　　　　　　$25,000

　　借：歲入分配數　　　　　　　$43,370

　　　　貸：歲計餘絀　　　　　　　　　　　$43,370

　　借：歲出預算數　　　　　　　$20,000

　　　　貸：歲計餘絀　　　　　　　　　　　$20,000

　　借：歲出分配數　　　　　　　$5,350

　　　　貸：歲計餘絀　　　　　　　　　　　$5,350

借：歲計餘絀 $30,000

　　貸：預定舉債數 $30,000

借：歲計餘絀 $14,570

　　貸：累計餘絀 $14,570

㈡累計餘絀結帳後餘額：

1. $6,650+$7,700−$380+$1,000+$25,000+$30,000+$57,890−$101,260−$850+ $6,000−$1,400−$500−$20,000−$105,800+$98,950+$1,500−$1,500=$3,000（結帳前餘額）

2. $3,000（結帳前餘額）+$14,570=$17,570（結帳後餘額）（貸餘）

三、問答題：（略）25%

四、分錄題：25%

㈠採購基礎，無盤存記錄：

1.借：經費支出數 $150,000

　　貸：應付憑單（或現金） $150,000

2. 3.無分錄

㈡採購基礎，有盤存記錄：

1.借：經費支出數 $150,000

　　貸：應付憑單（或現金） $150,000

2.無分錄

3.借：材料用品盤存 $2,500

　　貸：基金餘額 $2,500

借：基金餘額 $2,500

　　貸：材料用品盤存準備 $2,500

㈢耗用基礎，定期盤存制：

1.借：經費支出數 $150,000

　　貸：應付憑單（或現金） $150,000

2.無分錄

3.借：材料用品盤存 $2,500

　　貸：經費支出數 $2,500

借：基金餘額 $2,500

　　貸：材料用品盤存準備 $2,500

㈣耗用基礎，永續盤存制：

  1.借：材料用品盤存　　　　　　$150,000

      貸：應付憑單（或現金）　　　　　　　　$150,000

  2.借：經費支出數　　　　　　　$147,500

      貸：材料用品盤存　　　　　　　　　　$147,500

  3.借：基金餘額　　　　　　　　$2,500

      貸：材料用品盤存準備　　　　　　　　$2,500

八十六年普考政府會計概要參考答案

一、問答題：（略）25%

二、25%

1. 借：應提增加額 $217,000
   應提收益   13,017
       貸：基金餘額 $230,017

2. 借：應收賦稅──當期 $218,550
       貸：備抵當期壞稅 $ 4,371
           所入   214,179

3. 借：現金 $211,660
       貸：應收賦稅──當期 $211,660

4. 借：投資 $100,000
   應收利息   750
   未攤銷投資溢價   6,200
       貸：現金 $106,950

5. 借：現金 $8,500
       貸：未攤銷投資溢價 $1,500
           應收利息   750
           收益   6,250

6. 借：現金 $13,255
   未攤銷投資折價   265
       貸：投資 $13,200
           收益   320

7. 借：投資 $120,000
       貸：現金 $119,320
           未攤銷投資折價   680

8. 借：現金 $54,100
       貸：投資 $50,000
           未攤銷投資溢價   2,350
           收益   1,750

9. 借：應收利息　　　　　　　　　　$7,400

　　　未攤銷投資折價　　　　　　　　340

　　　　貸：未攤銷投資溢價　　　　　　　　　　$1,200

　　　　　　收益　　　　　　　　　　　　　　　6,540

10. 借：所入　　　　　　　　　　　$214,179

　　　收益　　　　　　　　　　　　14,860

　　　基金餘額　　　　　　　　　　　978

　　　　貸：應提增加額　　　　　　　　　　$217,000

　　　　　　應提收益　　　　　　　　　　　13,017

三、25%

調整分錄		結帳分錄	
(一)借：歲入納庫數　$4,000		(一)借：歲入實收數　$597,200	
貸：歲入實收數　　$4,000		貸：歲入納庫數　　　$548,000	
		應納庫款　　　　49,200	
(二)借：暫收款　　　$200		(二)借：預計納庫數　$600,000	
貸：歲入實收數　　$200		貸：歲入分配數　　$600,000	
借：歲入納庫數　　$200			
貸：所屬機關歲入結存　$200			
(三)借：歲入應收款　$1,200		(三)借：收回以前年度納庫款　$240	
貸：應納庫款　　$1,200		貸：退還以前年度歲入款　$240	

×× 機關

歲入類平衡表

×× 年 6 月 30 日

資　產		負　債	
歲入結存	$　　400	保管款	$ 1,220
所屬機關歲入結存	520	預收款	160
有價證券	540	暫收款	80
歲入應收款	50,400	應納庫款	50,400
合　計	$51,860	合　計	$51,860

四、25%

（一）$300,223+$1,498,959+$1,032,185+$1,348+$32,340+$347,655-$1,232,424-
$323,400-$28,837-$15,901-$59,290-$32,340-$1,486,562=\underline{$33,956}$

（二）

玉山市政府普通基金

期中平衡表

×× 年 9 月 30 日

資產與資力			負債、負擔與基金餘額		
現金		$　300,223	應付其他基金款		$ 15,901
零用金		1,348	應付繳稅單借款		323,400
應收稅款──本年度	$ 1,032,185		應付帳款		28,837
減：備抵本年度稅收壞帳	(59,290)	972,895	經費預算數	$1,486,562	
收入預算數	$ 1,498,959		減：經費支出數	(347,655)	
減：歲入收入數	(1,232,424)	266,535	經費保留數	(32,340)	1,106,567
			保留數準備		32,340
			基金餘額		33,956
合　計		$1,541,001	合　計		$1,541,001

八十六年薦任升等考試政府會計參考答案

一、問答題：（略）25%

二、25%

  ㈠普通基會計：

   借：歲入預算數　　　　　　　　×××

    貸：歲出預算數　　　　　　　　　　　×××

     基金餘額　　　　　　　　　　　　　×××

  ㈡普通公務單位會計歲入類：

   借：歲入預算數　　　　　　　　×××

    貸：預計納庫數　　　　　　　　　　　×××

  ㈢普通公務單位會計經費類：

   借：預計支用數（或：預計領用數）×××

    貸：歲出預算數　　　　　　　　　　　×××

  ㈣中央總會計：

   借：歲入預算數　　　　　　　　×××

    貸：歲出預算數　　　　　　　　　　　×××

     歲計餘絀　　　　　　　　　　　　　×××

  ㈤中央公債會計：

   借：核定公債發行數　　　　　　×××

    貸：預計公債納庫數　　　　　　　　　×××

  ㈥定期公債債務基金會計：

   借：應提增加額　　　　　　　　×××

    應提收益　　　　　　　　　×××

    貸：核定經費（或：預計支用數）　　　×××

     基金餘額　　　　　　　　　　　　　×××

  ㈦資本計畫基金會計：

   備忘分錄（借：收入預算數　×××

       貸：支出預算數　×××）

三、25%

　　(a)預計支用數：

　　　$5,000,000–$400,000=$4,600,000（借方）

　　(b)可支庫款：

　　　$400,000–$200,000–$100,000=$100,000（借方）

　　(c)經費支出：

　　　$200,000–$150,000=$50,000（借方）

　　(d)專戶存款：

　　　$80,000+$300,000+$50,000+$150,000=$580,000（借方）

　　(e)預領經費：

　　　$400,000–$400,000=$0

四、25%

　　1.借：分庫撥帳　　　　　　　　　$7,500,000

　　　　貸：國庫收入　　　　　　　　　　　　　$7,500,000

　　2.借：國庫兌付　　　　　　　　　$2,250,000

　　　　貸：分庫撥帳　　　　　　　　　　　　　$2,250,000

　　3.借：存放代庫銀行　　　　　　　$3,450,000

　　　　貸：機關專戶存款　　　　　　　　　　　$3,450,000

　　4.借：存放代庫銀行　　　　　　　$7,500,000

　　　　貸：經理國庫存款　　　　　　　　　　　$7,500,000

　　5.借：經理國庫存款　　　　　　　$2,250,000

　　　　貸：存放代庫銀行　　　　　　　　　　　$2,250,000

　　6.借：機關專戶存款　　　　　　　　$450,000

　　　　貸：存放代庫銀行　　　　　　　　　　　　$450,000

　　7.借：國庫收入　　　　　　　　　$7,500,000

　　　　貸：國庫兌付　　　　　　　　　　　　　$2,250,000

　　　　　　分庫撥帳　　　　　　　　　　　　　　5,250,000

八十六年簡任升等考試政府會計參考答案

一、20%

　　(一)

　　　　1.

中央政府總會計		
區別　　分錄 會計事項	制度規定	實務作法
1.預算公布時：	借：　歲入預算數　　$200,000,000,000 　　貸：歲計餘絀　　$200,000,000,000	分錄同左
2.歲入預算列有公債部分：	借：　預定舉債數　　$20,000,000,000 　　貸：歲入預算數　　$20,000,000,000	分錄同左
3.悉公庫收到公債收入時：	借：　國庫結存　　　$15,000,000,000 　　貸：公債收入　　$15,000,000,000 借：　公債收入　　　$15,000,000,000 　　貸：預定舉債數　$15,000,000,000	分錄同左
4.悉年度公債本金結欠淨增數時：	不作分錄	借：　歲計餘絀　　$10,000,000,000 　　貸：應付債款 　　　　──內債　$10,000,000,000

　　　　2.

省政府總會計		
區別　　分錄 會計事項	制度規定	實務作法
1.預算公布時： 2.歲入預算列有公債部分：	借：　歲入預算數　　$200,000,000,000 　　貸：歲計餘絀　　　$200,000,000,000	分錄同左
3.悉公庫收到公債收入時：	借：　公庫結存　　　$15,000,000,000 　　貸：經建借款收入　$15,000,000,000 借：　虧絀之彌補　　$15,000,000,000 　　貸：應付債款　　　$15,000,000,000	分錄同左
4.悉年度公債本金結欠淨增數時：	不作分錄	不作分錄

3.

臺北市政府總會計		
分錄 ＼ 區別＼會計事項	制度規定	實務作法
1. 預算公布時：	借：歲入預算數　$200,000,000,000　　貸：歲計餘絀　　$200,000,000,000	分錄同左
2. 歲入預算列有公債部分：	借：預定舉債數　　$20,000,000,000　　貸：歲入預算數　$20,000,000,000	分錄同左
3. 悉公庫收到公債收入時：	借：市庫結存　　$15,000,000,000　　貸：公債收入　　$15,000,000,000借：公債收入　　$15,000,000,000　　貸：預定舉債數　$15,000,000,000	分錄同左
4. 悉年度公債本金結欠淨增數時：	借：待籌償債數　　$10,000,000,000　　貸：應付內債　　$10,000,000,000	借：歲計餘絀　　$10,000,000,000　　貸：應付債款　$10,000,000,000

㈡總會計平衡表之表達方式：

　　1.中央政府：

制度規定	實務作法
凡非為彌補預算虧絀之國內外固定負債，均按其公債名稱、幣別、舉借（償還）日期、償還（結欠）額等資料，編製內外債款目錄。　　累積公債本金結欠數，不列長期負債科目。	因餘絀科目已沖減長期負債結欠額，累積公債本金結欠數$190,000,000,000，列為應付債款──內債，並以附註方式說明此一事實，以表示國庫可用財源之實況，復仍編製公債目錄為總會計年報附屬表。

　　2.省政府：

制度規定	實務作法
因省總會計正式列記應付債款負債科目，故長期負債列入平衡表，並編製「應付債款明細表」為年報附屬表。累積公債本金結欠數$190,000,000,000 應列示虧絀之彌補	與左列表達方式相同。

$190,000,000,000，且在負債科目列示應付債款 $190,000,000,000。

　　有關「虧絀之彌補」係經建借款舉辦之工程或購置設備所發行之債券或長期債款，其與貸方應付債款科目在平衡表的表達方式，乃用以說明應由未來收入清償長期債款之事實。

3.臺北市政府：

制度規定	實務作法
因總會計平衡表係按各科目餘額編製，累積公債本金結欠數 $190,000,000,000，列示待籌償債數 $190,000,000,000，負債科目列示應付債款 $190,000,000,000；此外並編製應付債款明細表，用以顯示年度終了時市府歷年預算所列公債之發行、償還及結欠情形。	因餘絀科目已沖減長期負債結欠額，故總會計平衡表列示餘絀科目應扣 $190,000,000,000，以表達市庫實際可動用之款；而負債科目列示應付債款 $190,000,000,000 以顯示歷年歲入預算之公債及賒借收入，將於往後年度編列預算償還。此外，並以應付債款明細表做為平衡表之附表。

二、問答題：（略）20%

三、20%

　　㈠借：保留數準備　　　　　　$100,000,000

　　　　貸：保留數　　　　　　　　　　　　$100,000,000

　　　借：經費支出　　　　　　　$100,000,000

　　　　貸：現金　　　　　　　　　　　　　$100,000,000

　　　（三年分錄均同）

　　㈡借：交通運輸設備　　　　　$300,000,000

　　　　貸：現存財產權利總額　　　　　　$300,000,000

四、問答題：（略）20%

五、問答題：（略）20%

八十六年第一次檢覈考試政府會計參考答案

一、25%

1. 借：應收上級政府補助 $2,000,000
　　　應收縣政府補助 2,000,000
　　　貸：收入 $4,000,000

2. 借：現金 $2,000,000
　　　貸：應收上級政府補助 $2,000,000

3. 借：支出保留數 $3,600,000
　　　貸：支出保留數準備 $3,600,000

4. 借：支出保留數 $850,000
　　　貸：支出保留數準備 $850,000

5. 借：現金 $3,605,000
　　　貸：未攤銷債券溢價 $ 105,000
　　　　　收入 3,500,000

6. 借：經費支出 $210,250
　　　貸：現金 $210,250

7. 借：支出保留數準備 $850,000
　　　貸：支出保留數 $850,000
　借：經費支出 $852,610
　　　貸：現金 $852,610

8. 借：未攤銷債券溢價 $105,000
　　　貸：現金 $105,000

9. 借：經費支出 $400,000
　　　貸：約定應付款 $400,000
　借：支出保留數準備 $400,000
　　　貸：支出保留數 $400,000

10. 借：收入 $7,500,000
　　　貸：經費支出 $1,462,860
　　　　　支出保留數 3,200,000
　　　　　基金餘額 2,837,140

二、問答題：（略）25%

三、25%

　1.借：歲入預算數　　　　　　　　$450,000

　　　貸：歲出預算數　　　　　　　　　　　　　$450,000

　　借：預定舉債數　　　　　　　　$50,000

　　　貸：歲入預算數　　　　　　　　　　　　　$50,000

　2.借：歲入分配數　　　　　　　　$50,000

　　　貸：歲入預算數　　　　　　　　　　　　　$50,000

　　借：歲出預算數　　　　　　　　$45,000

　　　貸：歲出分配數　　　　　　　　　　　　　$45,000

　3.借：歲入應收款　　　　　　　　$40,000

　　　貸：備抵壞帳　　　　　　　　　　　　　　$ 2,000

　　　　　歲入收入數　　　　　　　　　　　　　38,000

　4.借：公庫結存　　　　　　　　　$35,000

　　　貸：公債收入　　　　　　　　　　　　　　$35,000

　　借：公債收入　　　　　　　　　$35,000

　　　貸：預定舉債數　　　　　　　　　　　　　$35,000

　5.借：公庫結存　　　　　　　　　$60,000

　　　貸：歲入應收款　　　　　　　　　　　　　$60,000

　　借：歲入應收款　　　　　　　　$4,000

　　　貸：備抵壞帳　　　　　　　　　　　　　　$4,000

　6.借：公庫結存　　　　　　　　　$7,000

　　　貸：歲入收入數　　　　　　　　　　　　　$7,000

　7.借：歲出保留數　　　　　　　　$10,000

　　　貸：歲出保留數準備　　　　　　　　　　　$10,000

　8.借：經費支出數　　　　　　　　$30,000

　　　貸：公庫結存　　　　　　　　　　　　　　$30,000

　9.借：公庫結存　　　　　　　　　$1,300

　　　貸：經費支出數　　　　　　　　　　　　　$500

　　　　　歲入收入數　　　　　　　　　　　　　800

　10.借：歲出應付款　　　　　　　　$6,000

　　　貸：累計餘絀　　　　　　　　　　　　　　$6,000

11.借：歲出保留數準備　　　　　　　　$6,000

　　　貸：歲出保留數　　　　　　　　　　　　　　　$6,000

　　借：經費支出　　　　　　　　　　　$5,500

　　　貸：公庫結存　　　　　　　　　　　　　　　　$3,000

　　　　　歲出應付款　　　　　　　　　　　　　　　2,500

12.借：公庫結存　　　　　　　　　　　$600

　　　貸：歲入收入數　　　　　　　　　　　　　　　$600

四、問答題：（略）25%

八十六年第二次檢覈考試政府會計參考答案

一、問答題：（略）25%

二、25%

    ㈠現金帳戶餘額 $=\$400,000-\$21,000=\$379,000$

    ㈡結帳前歲出預算數額 $=\$10,000+\$90,000-\$7,000+\$40,000=\$133,000$

    ㈢備抵稅收壞帳餘額 $=\$15,000+\$4,000-\$5,600-\$5,600=\$7,800$

    ㈣結帳前基金餘額 $=\$360,000-\$90,000+\$10,000-\$50,000=\$230,000$

    ㈤未支用未保留之預算數額 $=\$980,000-(\$980,000-\$50,000)-\$40,000=\$10,000$

三、25%

    1.⑴借：歲入應收款（預收款、暫收款、各機關結存）

            貸：以前年度累計餘絀

      ⑵借：歲出應付款（押金、暫付款、各機關結存）

            貸：以前年度累計餘絀

    2.⑴借：預收款（暫收款）

            貸：歲入應收款

       借：應納庫款

            貸：歲入結存

      ⑵借：暫付款

            貸：歲出應付款

    3.⑴借：應收剔除經費

            貸：經費賸餘 —— 待納庫部分

       借：歲出分配數

            貸：經費支出

      ⑵借：應收剔除經費

            貸：經費賸餘 —— 待納庫部分

四、25%

借：押金	$10,000	
暫付款	20,000	
各機關結存	20,000	
貸：累計餘絀		$50,000

借：歲入收入數　　　　　　　$3,700,000
　　貸：歲入分配數　　　　　　　　　　　$3,600,000
　　　　歲計餘絀　　　　　　　　　　　　　100,000
借：歲出分配數　　　　　　　$3,550,000
　　歲出預算數　　　　　　　　　50,000
　　貸：經費支出數　　　　　　　　　　　$3,500,000
　　　　歲出保留數　　　　　　　　　　　　20,000
　　　　歲計餘絀　　　　　　　　　　　　　80,000
借：歲計餘絀　　　　　　　　　$180,000
　　貸：累計餘絀　　　　　　　　　　　　$180,000

某政府總會計
平衡表
81 年 6 月 30 日

資產及資力		負債、負擔及餘絀	
公庫結存	$1,200,000	應付借款	$ 200,000
各機關結存	320,000	歲出應付款	450,000
歲入應收款	50,000	歲出保留數準備	20,000
押金	110,000	累計餘絀	1,030,000
暫付款	20,000		
合　計	$1,700,000	合　計	$1,700,000

八十七年高考三級二試政府會計參考答案

一、25%

(一)基本方程式:

基金之設置須有一定之財源,其財源經指定並完成法定程序,即為其歲入預算,亦可謂為基金之資力,故其初步等式應為:

$$資力 = 基金$$

(二)經立法程序後,尚未執行前:

其於基金之運用,亦須經立法程序,即為其歲出預算,亦即基金之負擔,由是其等式,便成為:

$$資力 - 負擔 = 基金餘額$$

$$或資力 = 負擔 + 基金餘額$$

(三)收入支出預算執行產生資產、負債及預算保留之準備:

然後由於歲入歲出預算之執行,而有資產與負債以及為支付責任而須為預算保留之準備,因是,其等式又可如下列:

$$資力 + 資產 = 負擔 + 負債 + 基金餘額$$

$$或簡化為: 資產 = 負債 + 準備 + 基金餘額$$

(四)歲入歲出納入並產生餘額:

基金餘額於特定年度內,因歲入而增加,又因歲出而減少,歲入歲出數額每分別記錄於個別之帳戶,以供統計編報之應用,然後於財政年度終了時結入基金餘額戶,一如私營企業會計之損益帳戶,上列等式隨歲入歲出之納入可予變通修正如下:

$$資產 = 負債 + 基金餘額 + 歲入 - 歲出$$

$$或資產 + 歲出 = 負債 + 歲入 + 基金餘額$$

二、25%

本月底各帳戶之餘額:

(一)可支庫款 =$3,900+$36,000+$3,000-$31,500-$2,100=$9,300

(二)預計支用數 =$360,000-$36,000=$324,000

(三)未支用之預算總額 =$360,000+$30,000-$25,500-$31,500+$3,000=$336,000

(四)已支用及已保留經費總額 =$25,500+$31,500-$3,000+$3,000=$57,000

三、25%

(一)問答題: (略)

(二)政事基金中長期固定資產可自下列基金取得及相關分錄：

項目（國外情形）	普通基金（特別收入）	資金計畫基金	特賦基金	普通固定資產帳
1. 購買固定資產 (1)一般性設備、土地等資產	經費支出 　現金	經費支出 　現金	經費支出 　現金	土地 設備 　·普通基金所入固定資產投資 　·資本計畫基金所入固定資產投資 　·特賦固定資產投資
(2)興建（重大）建築改良物 【發包】	保留數 　保留數準備	保留數 　保留數準備	保留數 　保留數準備	未完工程 （未完成年度）·普通基金所入固定資產投資 ·資本計畫基金所入固定資產投資 ①③特賦固定資產投資 ②③政府分攤特賦建築及改良物投資 （通常普通基金以一年內完成為原則。）
【請款】	保留數準備 　保留數	保留數準備 　保留數	保留數準備 　保留數	
【付款】	經費支出 　現金	經費支出 　現金	經費支出 　現金	
【年終結帳】 （計畫未完成）	核定經費 　經費支出	核定經費 　經費支出	核定經費 　經費支出	
【計畫完成後，記載結帳分錄】 ①全部資本化 ②普通基金繳納部分資本化 ③全部資本化：普通基金與民間分攤比例	核定經費 　經費支出	核定經費 　經費支出 　基金餘額	核定經費 　經費支出 　基金餘額	建築與改良物 　·未完工程 （完成年度）·普通基金所入固定資產投資 ·資本計畫基金所入固定資產投資 ①③特賦固定資產投資 ②③政府分攤特賦建築改良物投資
2. 受贈資產 (1)流動資產	×××（資產） 　收入	×××（資產） 　收入（基金餘額）	×××（資產） 　收入	不作分錄
(2)固定資產	備忘分錄	備忘分錄	備忘分錄	土地 設備 建築與改良物 贈與固定資產投資

四、問答題（略）25%

八十七年普考二試政府會計概要參考答案

一、問答題：（略）25%

二、20%

　㈠全部工程計畫預算總額 =$3,000,000+$7,000,000=$10,000,000

　㈡以前年度經費支出數 =$10,000,000–$8,919,862=$1,080,138

　㈢本年度債券發行數 =$7,000,000–$3,500,000=$3,500,000

　㈣本年度經費支出付現數 =$8,919,862–$5,681,137–$1,079,849+$463,946

　　=$2,622,822

　㈤本年度終了未保留預算餘額 =$5,681,137–$2,842,500=$2,838,637

三、25%

　1.借：歲入預算數　　　　　　　　　$1,000,000

　　　貸：預計納庫數　　　　　　　　　　　　$1,000,000

　2.借：預計支用數　　　　　　　　$12,000,000

　　　貸：歲出預算數　　　　　　　　　　　$12,000,000

　3.借：零用金　　　　　　　　　　　$10,000

　　　貸：可支庫款　　　　　　　　　　　　　$10,000

　4.借：歲出預算數　　　　　　　　$1,000,000

　　　貸：歲出分配數　　　　　　　　　　　$1,000,000

　　借：可支庫款　　　　　　　　　$1,000,000

　　　貸：預計支用數　　　　　　　　　　　$1,000,000

　5.借：歲入納庫數　　　　　　　　　$200,000

　　　貸：歲入實收數　　　　　　　　　　　　$200,000

四、30%

　1.×　　2.○　　3.○　　4.○　　5.×

　6.○　　7.×　　8.○　　9.○　　10.○

　11.○　12.○　13.○　14.×　　15.○

八十七年監察調查人員一等特考政府會計參考答案

一、10%

(一)　　__資本計畫基金__　　　　　　　　　　　　__長期性負債帳組__

借：現金　　$1,000,000　　　　　　借：償付定期公債應備款額　$1,000,000

　　貸：收入　　$1,000,000　　　　　　　貸：應付定期公債　　　　$1,000,000

(二)　　　　　　　　　　　　　　　　　__長期性資產帳組__

借：經費支出數　$1,000,000　　　　借：房屋　　　　　　　$1,000,000

　　貸：現金　　$1,000,000　　　　　　　貸：長期資產投資——

　　　　　　　　　　　　　　　　　　　　　　資本計畫基金　　$1,000,000

(三)　　　__債務基金__　　　　　　　　　　　__長期性負債帳組__

借：經費支出數　$1,000,000　　　　借：應付定期公債　　　$1,000,000

　　貸：現金　　$1,000,000　　　　　　　貸：債務基金已備償付

　　　　　　　　　　　　　　　　　　　　　定期公債款額　　$1,000,000

二、問答題：（略）10%

三、問答題：（略）20%

四、20%

政務基金	相關帳組	業權基金
(一)借：收入預算數　$95,000 　　貸：支出預算數　$76,000 　　　　基金餘額　　19,000	無分錄	無分錄
(二)借：經費支出數　$19,000 　　貸：現金　　　　　$19,000	無分錄	借：薪津費用　$19,000 貸：現金　　　　　$19,000
(三)借：保留數　　　　$10,000 　　貸：保留數準備　　$10,000	無分錄	無分錄
(四)借：現金　　　　　$30,000 　　貸：收入　　　　　$30,000	借：償付分期公債應備款額　$30,000 貸：應付分期公債　　　　　$30,000	借：現金　　　$30,000 貸：應付公債　　　$30,000
(五)借：保留數準備　　$10,000 　　貸：保留數　　　　$10,000 　借：經費支出數　　$10,000 　　貸：現金　　　　　$10,000	借：交通運輸設備　　　　　$10,000 貸：長期資產投資——政務基金　$10,000	借：交通設備　$10,000 貸：現金　　　　　$10,000

五、問答題：（略）10%

六、30%

(一)會計紀錄：

1.借：歲入預算數　　　　　　　$101,500
　　　貸：歲出預算數　　　　　　　　　　　$101,500
　借：歲出預算數　　　　　　　$93,670
　　　貸：歲出分配數　　　　　　　　　　　$93,670
　借：歲入分配數　　　　　　　$101,500
　　　貸：歲入預算數　　　　　　　　　　　$101,500

2.(1)借：有價證券　　　　　　　$725
　　　　貸：歲入應收款　　　　　　　　　　$725
　(2)借：各機關結存　　　　　　$50,170
　　　　貸：歲入收入數　　　　　　　　　　$50,170
　(3)借：各機關結存　　　　　　$406
　　　　貸：有價證券　　　　　　　　　　　$406
　(4)借：國庫結存　　　　　　　$47,850
　　　　貸：各機關結存　　　　　　　　　　$47,850

3.(1)借：各機關結存　　　　　　$18,560
　　　　貸：國庫結存　　　　　　　　　　　$18,560
　(2)借：經費支出數　　　　　　$15,370
　　　　貸：各機關結存　　　　　　　　　　$15,370
　(3)借：歲出預算數　　　　　　$3,480
　　　　貸：歲出分配數　　　　　　　　　　$3,480
　　借：各機關結存　　　　　　　$3,480
　　　　貸：國庫結存　　　　　　　　　　　$3,480
　　借：經費支出數　　　　　　　$3,480
　　　　貸：各機關結存　　　　　　　　　　$3,480
　(4)借：暫付款　　　　　　　　$2,088
　　　　貸：各機關結存　　　　　　　　　　$2,088

4.(1)借：經費支出數　　　　　　$52,780
　　　　貸：國庫結存　　　　　　　　　　　$52,780

⑵借：歲出保留數　　　　　　　　$7,250

　　　貸：歲出保留數準備　　　　　　　　　　　　$7,250

⑶借：歲出保留數準備　　　　　$2,900

　　　貸：歲出保留數　　　　　　　　　　　　　　$2,900

　借：材料　　　　　　　　　　$2,813

　　　貸：國庫結存　　　　　　　　　　　　　　　$2,813

⑷借：國庫結存　　　　　　　　$1,943

　　　貸：累計餘絀　　　　　　　　　　　　　　　$1,943

⑸借：歲出應付款　　　　　　　$2,494

　　　貸：累計餘絀　　　　　　　　　　　　　　　$2,494

⑹借：暫付款　　　　　　　　　　$870

　　　貸：國庫結存　　　　　　　　　　　　　　　　$870

⑺借：經費支出數　　　　　　　$3,567

　　　貸：材料　　　　　　　　　　　　　　　　　$3,567

5.⑴借：國庫結存　　　　　　　$49,880

　　　貸：歲入收入數　　　　　　　　　　　　　　$49,880

⑵借：各機關結存　　　　　　　$3,770

　　　貸：國庫結存　　　　　　　　　　　　　　　$3,770

⑶借：國庫結存　　　　　　　　$1,160

　　　貸：預收款　　　　　　　　　　　　　　　　$1,160

⑷借：經費支出數　　　　　　　$8,555

　　　貸：國庫結存　　　　　　　　　　　　　　　$8,555

㈡結帳分錄：

　借：歲入收入數　　　　　　　$100,050

　　　歲計餘絀　　　　　　　　　1,450

　　　貸：歲入分配數　　　　　　　　　　　　　$101,500

　借：歲出分配數　　　　　　　$97,150

　　　歲出預算數　　　　　　　　4,350

　　　貸：經費支出數　　　　　　　　　　　　　　$83,752

　　　　歲出保留數　　　　　　　　　　　　　　　4,350

　　　　歲計餘絀　　　　　　　　　　　　　　　　13,398

借：歲計餘絀　　　　　　　　　$11,948

　　貸：累計餘絀　　　　　　　　　　　　$11,948

㈢結帳後平衡表：

中央政府總會計

平衡表

×年×月×日

資產及資力		負債、負擔及餘絀	
國庫結存	$16,385	歲出應付款	$ 4,176
各機關結存	10,295	預收款	1,363
歲入應收款	928	歲出保留數準備	4,350
材料	696	累計餘絀	21,692
有價證券	319		
暫付款	2,958		
合　計	$31,581	合　計	$31,581

八十七年監察調查人員二等特考政府會計參考答案

一、問答題：（略）25%

二、問答題：（略）25%

三、25%

（一）分錄：

1. 借：歲出預算數　　　　　　　　$600,000
　　　貸：歲出分配數　　　　　　　　　　　　$600,000

　　借：可支庫款　　　　　　　　　$600,000
　　　貸：預計支用數　　　　　　　　　　　　$600,000

2. 借：經費支出　　　　　　　　　$100,000
　　　　專戶存款　　　　　　　　　　12,000
　　　貸：可支庫款　　　　　　　　　　　　　$100,000
　　　　　代收款　　　　　　　　　　　　　　　12,000

3. 借：歲出保留數　　　　　　　　　$50,000
　　　貸：歲出保留數準備　　　　　　　　　　　$50,000

4. 借：歲出應付款　　　　　　　　　$56,000
　　　貸：經費賸餘——待納庫部分　　　　　　　$50,000
　　　　　保留庫款　　　　　　　　　　　　　　　6,000

5. 借：歲出應付款　　　　　　　　　$80,000
　　　貸：保留庫款　　　　　　　　　　　　　　$80,000

　　借：歲出應付款　　　　　　　　　$20,000
　　　貸：暫付款　　　　　　　　　　　　　　　$20,000

　　借：歲出應付款　　　　　　　　　$8,000
　　　貸：保留庫款　　　　　　　　　　　　　　　$8,000

6. 借：專戶存款　　　　　　　　　　$1,000
　　　貸：押金　　　　　　　　　　　　　　　　$1,000

　　借：經費賸餘——押金部分　　　　$1,000
　　　貸：經費賸餘——待納庫部分　　　　　　　$1,000

　　借：經費賸餘——待納庫部分　　　$1,000
　　　貸：專戶存款　　　　　　　　　　　　　　$1,000

7.借：可支庫款 $4,000

　　貸：零用金 $4,000

8.借：經費支出 $1,296,000

　　貸：歲出應付款 $1,296,000

　　　　　　　　　　　　　　($50,000+$700,000+$546,000)

　借：歲出保留數準備 $50,000

　　貸：歲出保留數 $50,000

9.借：專戶存款 $50,000

　　貸：暫付款 $50,000

　借：經費賸餘──待納庫部分 $50,000

　　貸：專戶存款 $50,000

(二)結帳分錄：

　借：歲出分配數 $19,073,000

　　貸：經費支出 $18,739,000

　　　　經費賸餘──押金部分 5,000

　　　　經費賸餘──待納庫部分 329,000

　借：歲出預算數 $15,000

　　貸：預計支用數 $15,000

　借：保留庫款 $750,000

　　貸：可支庫款 $750,000

　借：經費賸餘──待納庫部分 $329,000

　　貸：可支庫款 $329,000

(三)結帳後平衡表：

某機關經費類會計
平衡表
86 年 6 月 30 日

資產及資力		負債及負擔	
專戶存款	$ 193,000	保管款	$ 39,000
暫付款	638,000	代收款	154,000
保留庫款	750,000	歲出應付款	1,388,000
押金	5,000	經費賸餘──押金部分	5,000
合　計	$1,586,000	合　計	$1,586,000

四、25%

    ㈠分錄：

        1.借：應收普通基金款　　　　$1,000,000

           貸：收入　　　　　　　　　　　　　　　$1,000,000

        2.借：現金　　　　　　　　　$1,250,000

           貸：未攤銷債券溢價　　　　　　　　　$　200,000

              收入　　　　　　　　　　　　　1,000,000

              應付補息　　　　　　　　　　　　50,000

        3.借：支出保留數　　　　　　$2,950,000

           貸：支出保留數準備　　　　　　　　　$2,950,000

        4.借：經費支出數　　　　　　$590,000

           貸：現金　　　　　　　　　　　　　　$590,000

         借：支出保留數準備　　　　$590,000

           貸：支出保留數　　　　　　　　　　　$590,000

        5.借：現金　　　　　　　　　$1,000,000

           貸：應收普通基金款　　　　　　　　　$1,000,000

        6.借：現金　　　　　　　　　$990,000

           未攤銷債券折價　　　　　10,000

           貸：收入　　　　　　　　　　　　　　$1,000,000

         借：收入　　　　　　　　　$10,000

           貸：未攤銷債券折價　　　　　　　　　$10,000

        7.借：未攤銷債券溢價　　　　$200,000

           應付補息　　　　　　　　50,000

           貸：現金　　　　　　　　　　　　　　$250,000

        8.借：經費支出數　　　　　　$2,390,000

           貸：約定應付款　　　　　　　　　　　$2,390,000

         借：支出保留數準備　　　　$2,360,000

           貸：支出保留數　　　　　　　　　　　$2,360,000

        9.借：約定應付款　　　　　　$2,390,000

           貸：現金　　　　　　　　　　　　　　$2,390,000

㈡結帳後基金餘額 =$1,000,000+$1,000,000-$590,000+$1,000,000-$10,000

　　-$2,390,000=$10,000

　　移轉債務基金總額 =$200,000+$50,000+$10,000=$260,000

八十七年監察調查人員三等特考政府會計參考答案

一、問答題：（略）25%

二、25%

　　㈠簽發省庫支票（支付會計）：

　　　⑵ $41,500– ⑷ $3,000+ ⑸ $2,000=$40,500

　　㈡省庫存款（統制會計）：

　　　⑴ $62,500– ⑶ $32,500–$2,000+ ⑸ $1,000+ ⑹ $1,500=$30,500

　　㈢未兌省庫支票（統制會計）：

　　　⑵ $41,500– ⑶ $32,500– ⑷ $3,000+ ⑸ $2,000=$8,000

　　㈣省庫收入（代庫會計）：

　　　⑴ $62,500– ⑶ $2,000+ ⑸ $1,000+ ⑹ $1,500=$63,000

　　㈤支付費款（支付會計）：

　　　⑵ $41,500– ⑷ $3,000– ⑸ $1,000– ⑹ $1,500=$36,000

三、25%

興中市政府普通基金
收入預算與實收比較表
本年 9 月 30 日

	預算數	實收數	差　額	差額占預算 %
歲入：				
稅課收入(a)	$1,763,307	$1,963,566	$200,259	11.36%
證照與許可收入(b)	46,375	46,993	618	1.33%
政府部門間收入(c)	125,377	129,311	3,934	3.14%
服務費收入(d)	22,050	28,992	6,942	31.48%
罰款及沒入物收入(e)	91,350	99,661	8,311	9.10%
其他收入(f)	1,225	1,601	376	30.69%
合　計	2,049,684	2,270,124	220,440	10.75%

註：(a)＝財產稅＋陳照稅＋欠稅罰金與利息＋執照稅＋娛樂稅
　　(b)＝使用費＋許可收入
　　(c)＝鄉鎮福利攤額＋中央補助金
　　(d)＝服務收入＋法庭手續費
　　(e)＝罰款收入＋違約金＋騷亂罰金
　　(f)＝投資利息

四、25%

(一)

1. 借：核准改良　　　　　　　　　$875,000
　　　貸：核定經費　　　　　　　　　　　　　　$875,000

2. 借：現金　　　　　　　　　　　$450,625
　　　貸：應付債券　　　　　　　　　　　　　　$437,500
　　　　　未攤銷債券溢價　　　　　　　　　　　13,125

3. 借：應收特賦──當期　　　　　$ 87,500
　　　應收特賦──遞延　　　　　787,500
　　　貸：核准改良　　　　　　　　　　　　　　$875,000
　　借：現金　　　　　　　　　　　$77,500
　　　貸：應收特賦──當期　　　　　　　　　　$77,500
　　借：應收特賦──過期　　　　　$10,000
　　　貸：應收特賦──當期　　　　　　　　　　$10,000

4. 借：保留數　　　　　　　　　　$850,000
　　　貸：保留數準備　　　　　　　　　　　　　$850,000

5. 借：經費支出　　　　　　　　　$400,000
　　　貸：現金　　　　　　　　　　　　　　　　$400,000
　　借：保留數準備　　　　　　　　$400,000
　　　貸：保留數　　　　　　　　　　　　　　　$400,000

6. 借：現金　　　　　　　　　　　$20,000
　　　貸：利息收入　　　　　　　　　　　　　　$20,000
　　借：利息費用　　　　　　　　　$15,000
　　　未攤銷債券溢價　　　　　　　150
　　　貸：現金　　　　　　　　　　　　　　　　$15,150

7. 借：應收利息　　　　　　　　　$27,000
　　　貸：利息收入　　　　　　　　　　　　　　$27,000
　　借：利息費用　　　　　　　　　$6,000
　　　未攤銷債券溢價　　　　　　　60
　　　貸：應付利息　　　　　　　　　　　　　　$6,060

(1)核准課徵特賦總額 =$875,000
(2)第一期應徵特賦收現數額 =$77,500

(3)全年度經費支出總額 =$400,000+$15,000+$6,000=$421,000

(二)

某市特賦基金

平衡表

×年×月×日

資　產		負債、準備及基金餘額	
現金	$132,975	應付債券	$437,500
應收特賦 —— 遞延	787,500	未攤銷債券溢價	12,915
應收特賦 —— 過期	10,000	應付利息	6,060
應收利息	27,000	保留數準備	450,000
		基金餘額	51,000
合　計	$957,475	合　計	$957,475

八十七年基層三等特考政府會計參考答案

一、問答題：（略）25%

二、25%

　　㈠備忘分錄

　　㈡借：現金　　　　　　　　　　　　$1,116,500

　　　　　　貸：未攤銷債券溢價　　　　　　　　　$　　11,000

　　　　　　　　應付補息　　　　　　　　　　　　　5,500

　　　　　　　　收入　　　　　　　　　　　　　1,100,000

　　㈢借：償付定期公債應備款額　　　　$1,100,000

　　　　　　貸：應付定期公債　　　　　　　　　　$1,100,000

　　㈣借：未攤銷債券溢價　　　　　　　$11,000

　　　　　應付補息　　　　　　　　　　　5,500

　　　　　　貸：現金　　　　　　　　　　　　　　$16,500

　　㈤借：現金　　　　　　　　　　　　$16,500

　　　　　　貸：收入　　　　　　　　　　　　　　$16,500

三、25%

　　借：歲入應收款　　　　　　　　　　$26,000

　　　　　貸：應納庫款　　　　　　　　　　　　　$26,000

　　借：歲入實收數　　　　　　　　　　$769,500

　　　　　貸：歲入納庫數　　　　　　　　　　　　$762,500

　　　　　　　待納庫款　　　　　　　　　　　　　　7,000

　　借：預計納庫數　　　　　　　　　　$870,000

　　　　　貸：歲入預算數　　　　　　　　　　　　$　20,000

　　　　　　　歲入分配數　　　　　　　　　　　　850,000

　　借：以前年度納庫收回數　　　　　　$4,270

　　　　　貸：以前年度歲入退還數　　　　　　　　$4,270

四、25%

　　㈠月初可支庫款帳戶餘額：

　　　⇒ X+$420,000+$20,000−$20,000+$5,000−$20,000=$427,000

⇒ X=$22,000

㈡月初保留庫款帳戶餘額：

⇒ Y−$20,000−$9,000−$1,000=$20,000

⇒ Y=$50,000

㈢收回以前年度押金尚未繳庫數：

$14,000−$6,000−$6,000=$2,000

㈣尚未支用之預算總額：

$1,080,000+$560,000−A($120,000)=$1,520,000

A：經費支出 = − $427,000 − $19,000 + $560,000 + $6,000 + $12,000 + $20,000 + $6,000 + $1,080,000 − $20,000 + $20,000 − $4,000 − $14,000 − $1,080,000 − $20,000 = $120,000

㈤已分配預算得轉入下月繼續支用數額：

$560,000−$120,000=$440,000

八十七年基層四等特考政府會計概要參考答案

一、問答題：（略）25%

二、25%

1.

普通基金		
借：經費支出數	$300,000	
貸：現金		$300,000

長期性資產帳類		
借：設備	$300,000	
貸：長期資產投資——		
普通基金		$300,000

2.

營業基金		
借：累計折舊——	$200,000	
設備		
捐贈	1,800,000	
（或：保留盈餘）		
貸：發電設備		$2,000,000

借：設備	$400,000	
貸：長期資產投資——		
贈與		$400,000

3.

資本計畫基金		
借：基金餘額	$500,000	
貸：現金		$500,000

債務基金		
借：現金	$50,000	
貸：收入		$50,000

4.

普通基金		
借：經費支出	$600,000	
貸：現金		$600,000

償債基金		
借：現金	$600,000	
貸：應收普通基金款		$600,000

三、25%

（一）

會計事項	已實施集中支付		未實施集中支付	
4.	借：預計支用數　$12,000		借：預計領用數　$12,000	
	貸：歲出預算數　$12,000		貸：歲出預算數　$12,000	
	借：歲出預算數　$12,000		借：歲出預算數　$12,000	
	貸：歲出分配數　$12,000		貸：歲出分配數　$12,000	
	借：可支庫款　$12,000		借：經費結存　$12,000	
	貸：預計支用數　$12,000		貸：預計領用數　$12,000	

5.　　借：歲出保留數準備　$4,000　　　借：歲出保留數準備　$4,000
　　　　貸：歲出保留數　　　$4,000　　　　貸：歲出保留數　　　$4,000
　　　借：經費支出　　　　$4,400　　　借：經費支出　　　　$4,400
　　　　貸：可支庫款　　　$4,400　　　　貸：經費結存　　　$4,400

㈡⑴歲出預算數帳戶餘額 ＝$196,000－$16,000＝$180,000

　⑵經費支出帳戶餘額 ＝$4,400＋$7,600－$400＝$11,600

　⑶經費結存帳戶餘額 ＝$16,000＋$12,000－$4,400－$10,600＋$400＝$13,400

四、問答題：（略）25%

八十七年薦任升等考試政府會計參考答案

一、25%

　　㈠歲出預算數 =$3,800,000−$320,000=$3,480,000

　　㈡經費支出數 =$520,000+$250,000−$25,000+$9,500+$25,000=$779,500

　　㈢歲出保留數 =$20,000+$20,000−$10,000+$100,000−$25,000=$105,000

　　㈣可支庫款 =$400,000+$320,000−$10,000−$250,000+$25,000−$9,500=$475,500

　　㈤押金 =$7,000+$10,000=$17,000

二、25%

　　㈠結帳前歲計餘絀帳戶餘額 =$150,000−$144,000=$6,000

　　㈡結帳前累計餘絀帳戶餘額 =$10,500+$1,000+$1,500+$135,300+$2,550

　　　　+$150,000+$4,950−$144,000−$2,550−$1,000−$148,500−$2,550−$6,000

　　　　=$1,200

　　㈢結帳後歲計餘絀帳戶餘額 =$6,000−$1,500+$6,150=$10,650

　　㈣結帳分錄：

借：歲入實收數	$148,500	
歲計餘絀	1,500	
貸：歲入分配數		$150,000
借：歲出分配數	$144,000	
貸：經費支出		$135,300
保留數		2,550
歲計餘絀		6,150

三、問答題：（略）25%

四、25%

　　㈠備忘分錄

　　㈡借：現金　　　　　　$1,015,000

　　　　貸：未攤銷債券溢價　　　　　$　10,000

　　　　　　應付補息　　　　　　　　　5,000

　　　　　　收入　　　　　　　　　1,000,000

㈢借: 償付定期公債應備款額　　　$1,000,000
　　　貸: 應付定期公債　　　　　　　　　　　　　$1,000,000
㈣借: 未攤銷債券溢價　　　　　　$10,000
　　　應付補息　　　　　　　　　5,000
　　　貸: 現金　　　　　　　　　　　　　　　　　$15,000
㈤借: 現金　　　　　　　　　　　$15,000
　　　貸: 收入　　　　　　　　　　　　　　　　　$15,000

八十八年高考三級政府會計參考答案

一、問答題：（略）30%

二、20%

(一)制度規定：

區分 / 政府別	中央	省	北市	正確作法（合法）
甲、總會計分錄				
1.公庫收到公債收入時：	借：國庫結存　貸：公債收入／借：公債收入　貸：公債收入預算數	借：公庫結存　貸：經建借款收入	借：市庫結存　貸：公債收入／借：公債收入　貸：公債收入預算數	借：國庫結存　貸：公債收入／借：公債收入　貸：公債收入預算數
2.公債未償本金淨增時：	借：收支調度數　貸：應付債款	借：虧絀之彌補　貸：應付債款	不作分錄	不作分錄
乙、長期負債帳類				
3.公債未償本金淨增時：	借：待籌償債數　貸：應付內債	不作分錄	借：待籌償債數　貸：應付內債	借：待籌償債數　貸：應付內債
丙、總會計平衡表：				
4.借方科目：	國庫結存	公庫結存　虧絀之彌補	市庫結存　待籌償債數	公庫結存
5.貸方科目：	應付債款	應付債款　歲計餘絀	應付內債　歲計餘絀	收支調度數
丁、長期負債帳類會計報告：				
6.借方科目：	待籌償債數	無	無	待籌償債數
7.貸方科目：	應付內債	無	無	應付內債

(二)實務作法：

政府別　區分	中　央	省	北　市	正確作法（合法）
甲、總會計分錄				
1.公庫收到公債收入時：	借：國庫結存 　貸：公債收入 　貸：公債收入預算數 借：收支調度數 　貸：應付債款——內債	借：公庫結存 　貸：經建借款收入 　貸：虧絀之彌補 借：虧絀之彌補 　貸：應付債款	借：市庫結存 　貸：公債收入 　貸：公債收入預算數 借：收支調度數 　貸：應付債款	借：公庫結存 　貸：公債收入 　貸：公債收入預算數 不作分錄
2.公債未償本金淨增時：	借：待籌償債數 　貸：應付內債	不作分錄	不作分錄	借：待籌償債數 　貸：應付內債
乙、長期負債帳類				
丙、總會計平衡表				
4.借方科目：	國庫結存	公庫結存 虧絀之彌補	市庫結存	公庫結存
5.貸方科目：	應付債款——內債	應付債款 歲計餘絀	應付債款	收支調度數
丁、長期負債帳類會計報告				
6.借方科目：	待籌償債數	無	無	待籌償債數
7.貸方科目：	應付內債	無	無	應付內債

三、20%

　　㈠租賃開始日，資本計畫基金之分錄：

　　　借：支出——資本支出　　　　　　$12,200,038

　　　　　貸：收入——資本租賃　　　　　　　　　　$12,200,038　（註）

　　㈡租賃開始日，長期性資產帳組應有之分錄：

　　　借：交通及運輸設備　　　　　　　$12,200,038

　　　　　貸：長期性資產投資——租賃資產　　　　　$12,200,038

　　　（註：現值 =$1,805,000+$1,805,000×P乁0.1=$1,805,000+$1,805,000×
　　　　　　　5.759024=$12,200,038

　　　　　公平市價 =$12,274,000，以現值或公平市價兩者孰低者入帳，故以
　　　　　　　$12,200,038 入帳　）

　　㈢租賃開始日後，第一年，終債務基金應有之分錄：

　　　開始日：借：支出——資本租賃本金　　　$1,805,000

　　　　　　　　　貸：現金　　　　　　　　　　　　　$1,805,000

　　　第一年終：借：支出——資本租賃本金　　$　765,496

　　　　　　　　　　　支出——資本租賃利息　　1,039,504

　　　　　　　　　　貸：應付本金　　　　　　　　　　$　765,496

　　　　　　　　　　　　應付利息　　　　　　　　　　1,039,504

　　　（$12,200,038－$1,805,000=$10,395,038
　　　　$10,395,038×10%=$1,039,504（利息）
　　　　$1,805,000－$1,039,504=$765,496（本金）　）

　　㈣租賃開始日及第一年年終長期性負債帳組之分錄：

　　　開始日：借：待籌資本租賃償債數　　　$10,395,038

　　　　　　　　　貸：應付資本租賃負債　　　　　　　$10,395,038

　　　（$12,200,038－$1,805,000=$10,395,038）

　　　第一年年終：借：應付資本租賃負債　　　$765,496

　　　　　　　　　　　貸：待籌資本租賃償債數　　　　　$765,496

四、30%

　　㈠歲入類單位會計八十七年結帳前科目餘額：

　　　⑴歲入實收數 =$12,070+$30,240+$12,070=$54,380

　　　⑵歲入預算數 =$14,925－$13,930=$995

㈡歲入類單位會計八十七年結帳後科目餘額：

  ⑶待納庫款 =$30,240

  ⑷應納庫款 =$2,500

  ⑸歲入結存 =$30,240+$21,910=$52,150

㈢歲出類單位會計八十七年結帳前科目餘額：

  ⑹歲出預算數 =$4,923,625–$4,650,000=$273,625

  ⑺可支庫款 =$4,650,000–$4,364,875–$250,000–$11,940–$5,000=$18,185

  ⑻經費支出 =$4,364,875+$250,000=$4,614,875（不含歲出保留數）

  ⑼歲出保留數準備 =$95,000

  ⑽歲出分配數 =$4,650,000

㈣歲出類單位會計八十七年結帳後科目餘額：

  ⑾歲出應付款 =$95,000（係指契約責任部分）

  ⑿專戶存款 =$261,892

  ⒀代收款 =$261,892

㈤財產帳類會計八十七年結帳前科目餘額：

  ⒁辦公設備 =$250,000

  ⒂現存財產權利總額 =$250,000

八十八年普考二試政會概要參考答案

一、30%

　(一)(1)歲入預算數 =$140,000,000−$20,000,000=$120,000,000

　　(2)歲入納庫數 =$4,000,000+$2,000,000+$5,000,000=$11,000,000

　　(3)歲入實收數 = 同歲入納庫數 =$11,000,000

　(二)(4)歲出預算數 =$700,000,000−$60,000,000+$300,000−$300,000=$640,000,000

　　(5)可支庫款=$60,000,000−$1,780,000+$300,000−$300,000−$200,000−$20,000=
　　　$58,000,000

　　(6)經費支出 =$1,780,000+$300,000=$2,080,000

　　(7)零用金 =$200,000

　　(8)押金 =$20,000

　(三)(9)交通及運輸設備 =$1,780,000

　　(10)現存財產權總額 =$1,780,000+$300,000=$2,080,000

二、問答題：（略）20%

三、30%

1.借：	徵課預算數	$31,500	
	貸： 預計徵課數		$31,500
2.借：	徵課分配數	$3,000	
	貸： 徵課預算數		$3,000
3.借：	徵收目標數	$42,000	
	貸： 預算實徵數		$42,000
4.借：	徵收目標分配數	$4,000	
	貸： 徵收目標數		$4,000
5.借：	稅捐查定數	$5,000	
	貸： 稅捐待徵數		$5,000
6.借：	稅捐待徵數	$8,000	
	貸： 稅捐徵起數		$8,000
借：	在途稅款	$8,000	
	貸： 國庫收入		$8,000

7.借：稅捐結存——××專戶　　　　　　$8,000

　　貸：在途稅款　　　　　　　　　　　　　　　$8,000

8.借：繳納國庫款　　　　　　　　　　　$8,000

　　貸：稅款結存——××專戶　　　　　　　　　$8,000

9.借：預計徵課數　　　　　　　　　　$31,500

　　貸：徵課分配數　　　　　　　　　　　　　$31,500

10.借：預計實徵數　　　　　　　　　　$42,000

　　貸：徵收目標分配數　　　　　　　　　　　$42,000

（稽徵機關名稱）

課徵試算表

中華民國××年××月××日

	借　方	貸　方
繳納國庫款	$ 8,000	
稅捐查定數	5,000	
稅捐待徵數	3,000	
稅捐徵起數		$ 8,000
國庫收入		8,000
合　計	$16,000	$16,000

四、20%

歲入單位會計	歲出單位會計	總會計
㈠歲入納庫數		㈠國庫結存
	㈡專戶存款	㈡各機關結存
	㈢經費結存	㈢各機關結存
㈣歲入實收數		㈣歲入收入數
	㈤經費支出	㈤經費支出數

八十八年第一次檢覈考試政府會計參考答案

一、25%

1.

資本計畫基金		長期性負債帳類	
借：現金	$10,000,000	借：償付分期公債應備款額	$10,000,000
貸：收入	$10,000,000	貸：應付分期公債	$10,000,000

2. 借：保留數　　　　　$9,500,000
　　貸：保留數準備　　　　　$9,500,000

3.

		長期性資產帳類	
借：保留數準備	$4,750,000	借：未完工程	$4,500,000
貸：保留數	$4,750,000	貸：長期資產投資	
借：經費支出	$4,500,000	——資本計畫	$4,500,000
貸：現金	$4,500,000		

4.

長期性負債帳類		債務基金	
借：債務基金已備償		借：現金	$1,000,000
付分期公債款額	$1,000,000	貸：收入	$1,000,000
貸：償付分期公債應			
備款額	$1,000,000		

5.

借：應付分期公債	$1,000,000	借：經費支出	$1,800,000
貸：債務基金已備償		貸：現金	$1,800,000
付分期公債款額	$1,000,000		

二、問答題：（略）25%

三、25%

	歲入類單位會計	歲出類單位會計	財產帳類
1.	借：歲入預算數　$10,000,000 　貸：預計納庫數　$10,000,000	借：預計支用數　$90,000,000 　貸：歲出預算數　$90,000,000	不作分錄
2.	借：歲入分配數　$2,000,000 　貸：歲入預算數　$2,000,000	借：歲出預算數　$12,000,000 　貸：歲出分配數　$12,000,000	不作分錄
3.	借：歲入納庫數　$1,500,000 　貸：歲入實收數　$1,500,000	借：可支庫款　$12,000,000 　貸：預計支用數　$12,000,000	不作分錄
4.	不作分錄	借：歲出保留數　$9,000,000 　貸：歲出保留數準備　$9,000,000	不作分錄
5.	不作分錄	借：歲出保留數準備　$9,000,000 　貸：歲出保留數　$9,000,000 借：經費支出　$9,000,000 　貸：可支庫款　$9,000,000	借：其他設備　$9,000,000 　貸：現存財產 　　權利總額　$9,000,000
6.	不作分錄	借：預計支用數　$1,000,000 　貸：歲出預算數　$1,000,000 借：歲出預算數　$1,000,000 　貸：歲出分配數　$1,000,000 借：可支庫款　$1,000,000 　貸：預計支用數　$1,000,000 借：經費支出　$1,000,000 　貸：可支庫款　$1,000,000	不作分錄
7.	不作分錄	借：經費支出　$100,000 　貸：可支庫款　$100,000	不作分錄

8. 不作分錄

借：押金　　　　$2,000
　　貸：可支庫款　　　　$2,000　　不作分錄

借：經費支出　　$60,000
　　貸：歲出應付款　　　$60,000　　不作分錄

　　　　　　　不作分錄　　　　　　　不作分錄

9. 不作分錄

10.借：歲入結存　　$50,000
　　貸：歲入實收數　　　$50,000

借：歲入納庫數　$50,000
　　貸：歲入結存　　　　$50,000

四、問答題：（略）25%

八十八年第二次檢覈考試政府會計參考答案

一、問答題：（略）20%

二、問答題：（略）20%

三、20%

單位預算會計科目	總預算會計科目
(一)專戶存款	各機關結存
(二)歲入納庫數	國庫結存
(三)經費支出	經費支出數
(四)歲入結存	各機關結存
(五)應納庫款	各機關結存
(六)待納庫款	各機關結存
(七)應付保管款	保管款
(八)應付代收款	代收款

四、20%

	歲入類單位會計	歲出類單位會計	財產帳類會計
1.	不作分錄	借：歲出保留數　$10,000,000,000 　貸：歲出保留數準備　$10,000,000,000	不作分錄
2.	借：歲入結存　$3,800,000 　貸：歲入實收數　$3,800,000	不作分錄	不作分錄
3.	借：歲入納庫數　$3,800,000 　貸：歲入結存　$3,800,000	不作分錄	不作分錄
4.	不作分錄	借：歲出保留數準備　$10,000,000,000 　貸：歲出保留數　$10,000,000,000 借：經費支出　$9,800,000,000 　貸：經費結存　$9,800,000,000	借：交通運輸設備　$9,800,000,000 　貸：現存財產權利總額　$9,800,000,000
5.	不作分錄	借：經費支出　$5,000,000 　貸：經費結存　$5,000,000	借：其他設備　$5,000,000 　貸：現存財產權利總額　$5,000,000

五、問答題：（略）20%

八十八年薦任升等考試政府會計參考答案

一、25%

A=\$437,500×2=\$875,000

B=\$875,000÷10−\$10,000=\$77,500

C ⇒ \$437,500+\$77,500−C+\$20,000−\$15,000=\$120,000

　⇒ C=\$400,000

D=\$47,000−\$27,000=\$20,000

E=\$421,000−\$400,000−\$15,000=\$6,000

二、問答題：（略）25%

三、25%

㈠預計支用數 =\$2,500,000−\$250,000+\$20,000−\$20,000=\$2,250,000（借餘）

㈡歲出分配數 =\$250,000+\$20,000=\$270,000（貸餘）

㈢機器設備 =\$0

㈣經費支出 =\$40,000+\$20,000+\$50,000+\$25,000+\$35,000=\$170,000（借餘）

㈤可支庫款 =\$250,000−\$40,000+\$20,000−\$20,000−\$15,000−\$50,000−\$25,000

　−\$35,000−\$10,000=\$75,000（借餘）

四、25%

㈠設歲入收入數為 X

　⇒應付憑單 =X−\$100,000

　　應收稅款 =X−\$40,000

　X−\$40,000=4×(X−\$100,000)

　⇒ X−\$40,000=4X−\$400,000

　⇒ \$360,000=3X

　⇒ X=\$120,000

　①歲入收入數 =\$120,000

　②應收稅款 =\$120,000−\$40,000=\$80,000

　③應付憑單 =\$120,000−\$100,000=\$20,000

　④現金 =\$120,000−\$30,000−\$100,000+\$5,000+\$200,000−\$600,000+\$10,000

　　−\$80,000+\$500,000+\$20,000=\$45,000

　⑤經費保留數 = 保留數準備 =\$40,000

(二)

某市政府普通基金
平衡表
×年 5 月底

資產及資力			負債、負擔及基金餘額		
現金		$ 45,000	應付憑單		$ 20,000
應收稅款 —— 本年度	$ 80,000		經費預算數	$ 500,000	
減：備抵本年度稅收壞帳	(10,000)	70,000	減：經費支出數	(100,000)	
應收欠稅款	$ 30,000		經費保留數	(40,000)	360,000
減：備抵欠稅壞帳	(5,000)	25,000	保留數準備		40,000
收入預算數	$ 600,000		基金餘額		200,000
減：歲入收入數	(120,000)	480,000			
合　計		$620,000	合　計		$620,000

八十八年簡任升等考試政府會計參考答案

一、25%

某政府

平衡表

×年×月×日

資產及資力	普通基金	資本計畫基金	債務基金	長期性資產帳	長期性負債帳	合　計
現金	$ 400	$150	$ 50			$ 600
投資	1,200	450	150			1,800
在建工程				$ 500		500
固定資產				1,200		1,200
已備償債數					$ 200	200
應備償債數					1,500	1,500
合　計	$1,600	$600	$200	$1,700	$1,700	$5,800
負債及基金餘額						
應付公債					$1,700	$1,700
基金餘額	$1,600	$600	$200			2,400
長期資產投資				$1,700		1,700
合　計	$1,600	$600	$200	$1,700	$1,700	$5,800

現金及投資按基金餘額劃分：

$$600 \times \frac{1,600}{2,400} = 400 \qquad 600 \times \frac{600}{2,400} = 150 \qquad 600 \times \frac{200}{2,400} = 50$$

$$1,800 \times \frac{1,600}{2,400} = 1,200 \qquad 1,800 \times \frac{600}{2,400} = 450 \qquad 1,800 \times \frac{200}{2,400} = 150$$

二、25%

1. 經費預算入帳（基於經費預算數之貸方金額）：

借：基金餘額　　　　　　　　　　　$55

　　貸：經費預算數　　　　　　　　　　　　　$55

2. 保留數入帳（基於保留數準備之貸方金額）：

借：歲出保留數　　　　　　　　　　$50

　　貸：歲出保留數準備　　　　　　　　　　　$50

3. 經費支出數入帳（基於經費支出之借方金額）：

借：經費支出　　　　　　　　　　　$30

　　貸：應付憑單　　　　　　　　　　　　　　$30

4. 沖轉保留數準備（基於保留數準備之借方金額）：

借：歲出保留數準備 $32

　　貸：歲出保留數 $32

5. 沖減應付憑單（基於現金之貸方金額）：

借：應付憑單 $28

　　貸：現金 $28

補正之各帳戶金額：

	借	貸
現金	$ 0	$28
應付憑單	28	30
經費預算數	0	55
歲出保留數	50	32
經費支出	30	0
保留數準備	32	50
基金餘額	55	0

三、

㈠ 1. 備忘分錄：

借：收入預算數 —— 普通基金撥款 $0.48

　　收入預算數 —— 公債收入 8.50

　　收入預算數 —— 州政府贈 1.00

　　收入預算數 —— 利息收入 0.20

　　貸：支出預算數 —— 工程成本 $10.00

　　　　支出預算數 —— 公債發行成本 0.18

2. 借：現金 $8.62

　　經費支出 —— 發行成本 0.18

　　貸：收入 $8.50

　　　　未攤銷債券溢價 0.30

借：移轉支出 $0.12

　　貸：應付債務基金 $0.12

3. 借： 現金 $1.00

     貸： 遞延收入 —— 州政府贈 $1.00

4. 借： 短期投資 $7.62

     貸： 現金 $7.62

5. 借： 保留數 $9.20

     貸： 保留數準備 $9.20

6. 借： 現金 $5.14

     貸： 短期投資 $5.00

         利息收入   0.14

   借： 短期投資 $0.06

     貸： 利息收入 $0.06

7. 借： 經費支出 —— 工程成本 $5.70

     貸： 現金 $5.30

         約定應付款 —— 保留成數   0.40

   借： 遞延收入 —— 州政府贈 $1.00

     貸： 收入 $1.00

   借： 保留數準備 $5.70

     貸： 保留數 $5.70

8. 借： 應付債務基金 $0.12

     貸： 現金 $0.12

(二)

某市資本計畫基金
收支與基金餘額變動表
×年×月×日   單位：百萬元

	實際數	預算數	比較數
收入：			
州政府贈款	$ 1.00	$ 1.00	$ —
普通基金撥款	0	0.48	(0.48)
公債收入（含溢價）	8.80	8.50	0.30
利息收入	0.20	0.20	—
合　計	$10.00	$10.18	$(0.18)

支出：

公債發行成本	$ 0.18	$ 0.18	$　－
工程成本	5.70	10.00	4.30
移轉支出	0.12	0	(0.12)
合　計	$ 6.00	$10.18	$ 4.18
收入超逾支出（基金餘額增加）	$ 4.00	$　0	$ 4.00

四、問答題：（略）25%

八十九年基層特考三等考試政府會計參考答案

一、問答題：（略）20%

二、20%

　　㈠交易分錄：

　　　1.借：預計支用數　　　　　　　　$1,960,000
　　　　　貸：歲出預算數　　　　　　　　　　　　　　$1,960,000

　　　2.借：歲出預算數　　　　　　　　$196,000
　　　　　貸：歲出分配數　　　　　　　　　　　　　　$196,000

　　　　借：可支庫款　　　　　　　　　$196,000
　　　　　貸：預計支用數　　　　　　　　　　　　　　$196,000

　　　3.借：經費支出　　　　　　　　　$117,600
　　　　　貸：可支庫款　　　　　　　　　　　　　　　$117,600

　　　4.不作分錄（依新修訂一致規定不作預算控管分錄）

　　　5.借：歲出分配數——事務費　　　　$4,200
　　　　　貸：歲出分配數——維護費　　　　　　　　　$4,200

　　　6.借：可支庫款　　　　　　　　　$49,000
　　　　　貸：預計支用數　　　　　　　　　　　　　　$49,000

　　　　借：歲出預算數　　　　　　　　$49,000
　　　　　貸：歲出分配數　　　　　　　　　　　　　　$49,000

　　　7.借：預計支用數　　　　　　　　$78,400
　　　　　貸：歲出預算數　　　　　　　　　　　　　　$78,400

　　　　借：歲出預算數　　　　　　　　$78,400
　　　　　貸：歲出分配數　　　　　　　　　　　　　　$78,400

　　　　借：可支庫款　　　　　　　　　$78,400
　　　　　貸：預計支用數　　　　　　　　　　　　　　$78,400

　　　　借：經費支出　　　　　　　　　$78,400
　　　　　貸：可支庫數　　　　　　　　　　　　　　　$78,400

　　　8.借：經費支出　　　　　　　　　$26,460
　　　　　貸：可支庫款　　　　　　　　　　　　　　　$26,460

9. 在歲入類會計作分錄：

　　借：歲入納庫數　　　　　　　　　$11,760

　　　　貸：歲入實收數　　　　　　　　　　　　$11,760

10. 借：零用金　　　　　　　　　　　$9,800

　　　　貸：可支庫款　　　　　　　　　　　　　$9,800

11. 借：可支庫款　　　　　　　　　　$5,880

　　　　貸：經費支出　　　　　　　　　　　　　$5,880

12. 借：押金　　　　　　　　　　　　$4,900

　　　　貸：可支庫款　　　　　　　　　　　　　$4,900

13. 無分錄

某機關

經費類平衡表（結帳前）

89 年元月 31 日

資力及資產		負擔及負債		
可支庫款	$　92,120	歲出預算數		$1,715,000
零用金	9,800	歲出分配數	$ 323,400	
押金	4,900	減：經費支出	(216,580)	106,820
預計支用數	1,715,000			
合　計	$1,821,820	合　計		$1,821,820

(二)

某機關

現金出納表

89 年度元月份

	小　計	合　計	總　計
收項：			
預計支用數	$323,400	$323,400	
總　計			$323,400
付項：			
1. 經費支出數	$222,460		
減：收回數	5,880	$216,580	
2. 押金	$　4,900	$　4,900	

合　計			$221,480
本期結存:			
1.可支庫款	$ 92,120	$ 92,120	
2.零用金	$　9,800	9,800	101,920
總　計			$323,400

三、20%

　　(一)平時分錄:

　　　1.備忘分錄: 核准發行

　　　2.借: 現金　　　　　　　　　　$261,300

　　　　　　貸: 收入　　　　　　　　　　　　　　$260,000

　　　　　　　　債券溢價　　　　　　　　　　　　　1,300

　　　3.借: 保留數　　　　　　　　　$247,000

　　　　　　貸: 保留數準備　　　　　　　　　　　$247,000

　　　4.借: 保留數準備　　　　　　　$40,755

　　　　　　貸: 保留數　　　　　　　　　　　　　$40,755

　　　　借: 經費支出　　　　　　　　$40,755

　　　　　　貸: 現金　　　　　　　　　　　　　　$40,755

　　　5.借: 經費支出　　　　　　　　$1,560

　　　　　　貸: 現金　　　　　　　　　　　　　　$1,560

　　　6.借: 債券溢價　　　　　　　　$1,300

　　　　　　貸: 現金　　　　　　　　　　　　　　$1,300

　　(二)結帳分錄:

　　　借: 收入　　　　　　　　　　　$260,000

　　　　　貸: 經費支出　　　　　　　　　　　　$ 42,315

　　　　　　　保留數　　　　　　　　　　　　　206,245

　　　　　　　基金餘額　　　　　　　　　　　　11,440

(三)

太平市資本計畫基金
平衡表（結帳後）
88 年 12 月 31 日

資　產		負債、準備及基金餘額	
現金	$217,685	保留數準備	$206,245
		基金餘額	11,440
合　計	$217,685	合　計	$217,685

四、20%

(一)

大甲市普通基金
基金餘額變動分析表
89 年 1 月 1 日至 12 月 31 日止

基金餘額：期初		$3,255
加：收入超出支出額		
歲入收入數	$83,150	
經費支出數	(80,798)	2,352
上年度支出收回數		55
減：保留數準備		(1,901)
基金餘額：期末		$3,761

(二)基金餘額變動分析表內之減項將增加一項「用品盤存準備」$840，應顯示於保留數準備項下，「基金餘額」帳戶數額為 $2,921。

大甲市普通基金
基金餘額變動分析表
89 年 1 月 1 日至 12 月 31 日止

基金餘額：期初		$3,255
加：收入超出支出額		
歲入收入數	$83,150	
經費支出數	(80,798)	2,352
上年度支出收回數		55
減：保留數準備		(1,901)
用品盤存準備		(840)
基金餘額：期末		$2,921

五、20%

    ㈠分錄:

        1. 借: 國庫存款 $1,050,075,000

            貸: 本年度收入 $1,050,000,000

               以前年度收入   75,000

        2. 借: 國庫存款 $228,750

            貸: 收回以前年度歲出 $225,000

               收回剔除經費   3,750

        3. 借: 國庫存款 $5,850

            貸: 待證實國庫存款 $5,850

        4. 借: 待證實國庫存款 $5,850

            貸: 本年度支出 $5,850

        5. 借: 本年度支出 $675,000,000

               以前年度支出   10,800,000

            貸: 未兌國庫支票 $685,800,000

        6. 借: 本年度收入 $1,050,000,000

               以前年度收入   75,000

               收回剔除經費   3,750

               收回以前年度歲出   225,000

            貸: 國庫餘絀 $1,050,303,750

          借: 國庫餘絀 $685,794,150

            貸: 本年度支出 $674,994,150

               以前年度支出   10,800,000

(二)

國庫統制會計
簡明收支總表
88 年度

收入：

本年度收入	$1,050,000,000
以前年度收入	75,000
收回以前年度歲出	225,000
收回剔除經費	3,750
合　計	$1,050,303,750

支出：

本年度支出	$674,994,150	
以前年度支出	10,800,000	
合　計		685,794,150
國庫餘絀		$　364,509,600

八十九年基層特考四等考試政府會計概要參考答案

一、問答題：（略）25%

二、25%

　　㈠調整前試算表：

甲政府
試算表（調整前）
88 年度×月×日

	借	貸
國庫結存	$ 858,000	
各機關結存	580,800	
暫付款	316,800	
歲入應收款	91,200	
歲入預算數	528,000	
經費支出數	91,200	
歲出保留數準備		$ 132,000
歲出應付款		322,080
歲入收入數		381,480
代收款		52,800
歲出預算數		528,000
累計餘絀		1,049,640
合　計	$2,466,000	$2,466,000

　　㈡調整分錄：

1.	借：歲出應付款	$57,750	
	貸：累計餘絀		$57,750
2.	借：歲出保留數	$96,250	
	貸：歲出保留數準備		$96,250
3.	借：經費支出數	$41,250	
	貸：歲出應付款		$41,250
4.	借：經費支出數	$31,625	
	貸：國庫結存		$31,625

5. 借： 歲入應收款　　　　　　　　$27,500

　　貸： 歲入收入數　　　　　　　　　　　　　　$27,500

6. 借： 代收款　　　　　　　　　　$52,800

　　貸： 各機關結存　　　　　　　　　　　　　　$52,800

7. 借： 各機關結存　　　　　　　　$11,000

　　貸： 暫付款　　　　　　　　　　　　　　　　$11,000

調整後試算表：

甲政府

試算表（調整後）

88 年度×月×日

	借	貸
國庫結存	$ 826,375	
各機關結存	539,000	
暫付款	305,800	
歲入應收款	118,700	
歲入預算數	528,000	
經費支出數	164,075	
歲出保留數	96,250	
歲出保留數準備		$ 228,250
歲出應付款		305,580
歲入收入數		408,980
歲出預算數		528,000
累計餘絀		1,107,390
合　計	$2,578,200	$2,578,200

三、25%

㈠平時分錄及調整分錄：

⑴借： 歲入預算數　　　　　　　　$118,800

　　貸： 預計納庫數　　　　　　　　　　　　　$118,800

本年度各月分配時應作之分錄如下，計十二個月。

借： 歲入分配數　　　　　　　　　$9,900

　　貸： 歲入預算數　　　　　　　　　　　　　$9,900　（12 次）

(2)借: 歲入結存 $16,500

   歲入應收款   19,800

    貸: 暫收款 $ 9,900

     保管款   6,600

     應納庫款   19,800

(3)借: 暫收款 $9,900

    貸: 歲入實收數 $9,900

(4)借: 歲入納庫數 $115,500

    貸: 歲入實收數 $115,500

(5)借: 歲入結存 $33,000

    貸: 歲入實收數 $33,000

  借: 歲入納庫數 $26,400

    貸: 歲入結存 $26,400

(6)借: 退還以前年度歲入款 $3,960

    貸: 收回以前年度納庫款 $3,960

  借: 歲入實收數 $6,600

    貸: 歲入結存 $6,600

(7)無分錄（應在經費類會計登帳）

調整分錄:

(8)借: 歲入應收款 $6,600

    貸: 歲入實收數 $6,600

  借: 應納庫款 $2,640

    貸: 歲入應收款 $2,640

㈡結帳分錄:

  借: 歲入實收數 $158,400

    貸: 歲入納庫數 $141,900

     待納庫款   9,900

     應納庫款   6,600

  借: 預計納庫數 $118,800

    貸: 歲入分配數 $118,800

  借: 收回以前年度納庫款 $3,960

    貸: 退還以前年度歲入款 $3,960

四、25%

㈠現金 =$85,500+$209,000+$118,750+$475,000−$47,500−$351,120 −$290,700

　　+$26,030=$224,960

㈡應收稅款 =$222,746+$128,250−$209,000−$118,750=$23,246

㈢應付借入款 =$164,942+$475,000−$47,500=$592,442

㈣基金餘額 =$131,118+($123,120+$26,030)−($399,000+$290,700)

　　=−$409,432（借餘）

㈤歲出保留數準備 =$0

八十九年普通考試第二試政府會計概要參考答案

一、20%

	業權基金	政務基金	長期性資產帳組	長期性負債帳組
(一)	不作分錄	借：歲出保留數 $5,000,000　貸：歲出保留數準備 $5,000,000	不作分錄	不作分錄
(二)	借：房屋 $2,000,000　土地 3,000,000　貸：現金 $5,000,000	借：歲出保留數準備 $5,000,000　貸：歲出保留數 $5,000,000　借：經費支出 $5,000,000　貸：現金 $5,000,000	借：房屋 $2,000,000　土地 3,000,000　貸：長期性資產投資——政務基金所入固定資產投資 $5,000,000	不作分錄
(三)	不作分錄	借：未發額定債券 $6,000,000　貸：核定經費 $6,000,000	不作分錄	不作分錄
(四)	借：現金 $6,000,000　貸：應付債券 $6,000,000	借：現金 $6,000,000　貸：未發額定債券 $6,000,000	不作分錄	借：償付長期債券應備款額（長期債券償付數）$6,000,000　貸：應付長期債券 $6,000,000

二、20%

  (一)

歲出類單位會計	總會計
專戶存款	各機關結存
經費結存	各機關結存
零用金	各機關結存

(二)現行徵課會計之會計基礎：平時採現金基礎，年終時依法應以權責發生制作為辦理決算之依據，惟現行制度並未貫徹之。

(三) 1.「經費賸餘 —— 押金部分」科目之設置目的：

各機關依規定存出之保證金、押金尚未收回，由於其均由經費預算項下支付，為免造成資產與負債項目不平衡現象，故設餘絀科目以平衡之。

2. 其與押金科目之關係：

年終結帳後「押金」科目之數額應與「經費賸餘 —— 押金部分」之數額相等；押金之借方餘額表示存出押金尚未收回之總額，「經費賸餘 —— 押金部分」之貸方餘額表示經費賸餘屬於押金部分之數額，兩科目借貸應相互對應相等。

(四)借：各機關結存 $10,000

        貸：保管款 $10,000

  借：保管款 $4,000

        貸：各機關結存 $4,000

(五)借：經費支出數 $17,889

        貸：公庫結存 $17,889

（假設該政府公庫係實施集中支付制度）

三、20%

(一)歲出分配數 =$5,000,000+$500,000=$5,500,000（經費類會計）

(二)經費支出 =$500,000+$950,000+$1,490,000+$38,000=$2,978,000（經費類會計）

(三)交通及運輸設備 =$1,490,000（財產統制帳類會計）

(四)應付代收款 =$950,000×6%=$57,000（經費類會計）

(五)歲出預算數 =$19,000,000−$5,000,000+$500,000−$500,000=$14,000,000（經費類會計）

四、40%

 ㈠應付保管款 =$140+$520=$660（貸餘）

 ㈡應付代收款 =$1,600（貸餘）

 ㈢各機關結存 =$640+$1,680=$2,320（借餘）

 ㈣收支調度數 =$30,790（結帳前）（貸餘）

 ㈤歲計餘絀 =$30,790（結帳前）（借餘）

八十九年關務人員薦任升等考試政府會計參考答案

一、問答題：（略）25%

二、25%

分錄：

㈠借：收入預算數　　　　　　　　$13,840,000
　　　貸：經費預算數　　　　　　　　　　　$13,500,000
　　　　　基金餘額　　　　　　　　　　　　　340,000

㈡借：應收賦稅——當期　　　　　　$10,286,000
　　　貸：備抵壞稅——當期　　　　　　　　$ 308,580
　　　　　收入　　　　　　　　　　　　　　9,977,420

㈢借：現金　　　　　　　　　　　　$9,923,200
　　　貸：應收賦稅——當期　　　　　　　　$9,126,800
　　　　　應收賦稅——過期　　　　　　　　　796,400

㈣借：備抵壞稅——過期　　　　　　$127,800
　　　貸：應收賦稅——過期　　　　　　　　$127,800

㈤借：經費支出數　　　　　　　　　$6,603,300
　　　貸：現金　　　　　　　　　　　　　　$6,603,300

㈥借：經費支出數——以前年度　　　$1,950,000
　　　貸：現金　　　　　　　　　　　　　　$1,950,000

㈦借：現金　　　　　　　　　　　　$3,920,540
　　　貸：收入　　　　　　　　　　　　　　$3,920,540

㈧借：保留數　　　　　　　　　　　$6,720,000
　　　貸：保留數準備　　　　　　　　　　　$6,720,000

㈨借：應收賦稅——過期　　　　　　$1,159,200
　　　備抵壞稅——當期　　　　　　　308,580
　　　貸：應收賦稅——當期　　　　　　　　$1,159,200
　　　　　備抵壞稅——過期　　　　　　　　　308,580

㈩借：保留數準備　　　　　　　　　$2,135,400
　　　貸：保留數　　　　　　　　　　　　　$2,135,400

借:	經費支出數	$2,135,400
	貸: 現金	$2,135,400
㈤借:	收入	$13,897,960
	貸: 收入預算數	$13,840,000
	基金餘額	57,960
借:	經費預算數	$13,500,000
	貸: 經費支出數	$8,738,700
	保留數	4,584,600
	基金餘額	176,700
借:	以前年度保留數準備	$1,984,600
	貸: 經費支出數──以前年度	$1,950,000
	基金餘額	34,600

信義市普通基金
平衡表（結帳後）
A 年度×月×日

資　產			負債、準備及基金餘額	
現金		$6,405,040	應付帳款	$ 219,700
應收賦稅──過期	$2,445,400		預收款	78,000
減: 備抵壞稅──過期	346,580	2,098,820	保留數準備	4,584,600
應收帳款	$ 114,300		基金餘額	3,716,660
減: 備抵壞帳	19,200	95,100		
合　計		$8,598,960	合　計	$8,598,960

三、25%

分錄:

㈠備忘分錄

㈡借:	應收特賦──當期	$20,000,000
	應收特賦──遞延	50,000,000
	應收普通基金款	30,000,000
	貸: 基金餘額	$100,000,000
㈢借:	現金	$50,200,000
	貸: 應付債券	$50,000,000
	債券溢價	200,000

㈣借：支出保留數　　　　　　　$81,000,000

　　貸：支出保留數準備　　　　　　　　　　$81,000,000

㈤借：現金　　　　　　　　　　$14,000,000

　　貸：應收特賦 —— 當期　　　　　　　　　$14,000,000

㈥借：現金　　　　　　　　　　$10,000,000

　　貸：應收普通基金款　　　　　　　　　　$10,000,000

㈦借：應收特賦 —— 過期　　　　$6,000,000

　　貸：應收特賦 —— 當期　　　　　　　　　$6,000,000

㈧借：經費支出　　　　　　　　$18,000,000

　　貸：應付承攬商工程款　　　　　　　　　$18,000,000

　借：支出保留數準備　　　　　$18,000,000

　　貸：支出保留數　　　　　　　　　　　　$18,000,000

㈨借：應收特賦 —— 當期　　　　$20,000,000

　　貸：應收特賦 —— 遞延　　　　　　　　　$20,000,000

㈩借：應付承攬商工程款　　　　$18,000,000

　　貸：現金　　　　　　　　　　　　　　　$18,000,000

　結帳：

　借：基金餘額　　　　　　　　$81,000,000

　　貸：經費支出　　　　　　　　　　　　　$18,000,000

　　　支出保留數　　　　　　　　　　　　63,000,000

和平市特賦基金

平衡表

×年×月×日

資　產			負債、準備及基金餘額	
現金		$ 56,200,000	應付債券	$ 50,000,000
應收特賦：			債券溢價	200,000
當期	$20,000,000		支出保留數準備	63,000,000
過期	6,000,000		基金餘額	19,000,000
遞延	30,000,000	56,000,000		
應收普通基金款		20,000,000		
合　計		$132,200,000	合　　計	$132,200,000

四、25%

歲入類會計	經費類會計

㈠借：歲入預算數　$11,200,000
　　　貸：預計納庫數　　　$11,200,000

借：預計支用數　　　　$137,654,000
　　貸：歲出預算數　　　　　　$137,654,000

㈡借：歲入分配數　$1,080,000
　　　貸：歲入預算數　　　$1,080,000

借：歲出預算數　　　$12,000,000
　　貸：歲出分配數　　　　　$12,000,000

借：可支庫款　　　　$12,000,000
　　貸：預計支用數　　　　　$12,000,000

借：歲出應付款　　　$8,432,000
　　貸：保留庫款　　　　　　$8,432,000

㈢　　　不作分錄

不作分錄

㈣借：歲入納庫數　$743,000
　　　貸：歲入實收數　　　$743,000

㈤　　　不作分錄

借：專戶存款　　　　$1,200,000
　　貸：押金　　　　　　　$1,200,000

借：經費賸餘——押金部分　$1,200,000
　　貸：經費賸餘——待納庫部分　$1,200,000

借：經費支出　　　　$4,400,300
　　貸：可支庫款　　　　　$4,400,300

㈥　　　不作分錄

不作分錄

㈦　　　不作分錄

不作分錄

㈧借：應納庫款　　$214,800
　　　貸：歲入應收款　　$214,800

㈨　　　不作分錄

借：應收剔除經費　　　$20,000
　　貸：經費賸餘——待納庫部分　$20,000

借：專戶存款　　　　$20,000
　　貸：應收剔除經費　　　$20,000

借：經費賸餘——待納庫部分　$20,000
　　貸：專戶存款　　　　　$20,000

㈩借：歲入結存　　$17,800
　　　貸：歲入實收數　　$17,800

　借：歲入納庫數　$17,800
　　　貸：歲入結存　　$17,800

不作分錄

八十九年高等考試第二試政府會計參考答案

一、20%

(一)有關其應有之調整分錄及結帳分錄經試作如下：

1.調整分錄：

(1)借：歲出保留數 　　　　　　　　　　$487,900

　　貸：歲出保留數準備 　　　　　　　　　　　　　　$487,900

　　　　　　　　　　　　($1,199,325−$711,425=$487,900)

(2)借：可支庫款 　　　　　　　　　　　$1,250

　　貸：零用金 　　　　　　　　　　　　　　　　　　$1,250

(3)借：可支庫款 　　　　　　　　　　　$10,000

　　貸：暫付款 　　　　　　　　　　　　　　　　　　$10,000

(4)借：歲出保留數準備 　　　　　　　　$1,199,325

　　貸：歲出應付款 　　　　　　　　　　　　　　　　$1,199,325

2.結帳分錄：

借：歲出分配數 　　　　　　　　　　　$49,207,543

　貸：經費支出 　　　　　　　　　　　　　　　　　$43,863,305

　　　歲出保留數 　　　　　　　　　　　　　　　　　1,199,325

　　　經費賸餘——押金部分 　　　　　　　　　　　　　　30

　　　經費賸餘——待納庫部分 　　　　　　　　　　4,144,883

借：經費賸餘——待納庫部分 　　　　　$4,144,883

　貸：可支庫款 　　　　　　　　　　　　　　　　　$4,144,883

借：歲出預算數 　　　　　　　　　　　$30,000

　貸：預計支用數 　　　　　　　　　　　　　　　　$30,000

(二)有關奉准保留時之分錄經試作如下：

借：保留庫款 　　　　　　　　　　　　$938,950

　貸：可支庫款 　　　　　　　　　　　　　　　　　$938,950

($5,072,583+$1,250+$10,000−$4,144,883=$938,950)

(三)故下列各科目結帳後之餘額如下：

(1)保留庫款 =$938,950

(2)暫付款=$270,375−$10,000=$260,375

　　　(3)歲出應付款 =$1,199,325

　　　(4)經費賸餘——押金部分=$1,400+$30=$1,430

二、20%

　　　1.(B)　　2.(C)　　3.(A)　　4.(D)　　5.(A)

　　　6.(D)　　7.(D)　　8.(D)　　9.(D)　　10.(A)

三、20%

會計事項	資本計畫基金之分錄	債務基金之分錄	長期性資產帳組之分錄	長期性負債帳組之分錄
(一)1.	借：未發額定債券　$10,000,000 　貸：核定經費　$10,000,000	NO	NO	NO
2.	NO	借：預計收入　$750,000 　貸：核定經費　$750,000	NO	NO
(二)1.	借：現金　$10,000,000 　貸：未發額定債券　$10,000,000	NO	NO	借：分期償付債券籌付數　$10,000,000 　貸：應付分期償付分期債券　$10,000,000
2.	借：保留數　$9,000,000 　貸：保留數準備　$9,000,000	NO	NO	NO
3.	NO	借：現金　$800,000 　貸：收入　$800,000	NO	借：債務基金可用數一分期償付債券　$550,000 　貸：分期償付債券籌付數　$550,000
4.	NO	借：經費支出　$750,000 　貸：應付分期償付債券　$500,000 　　　應付利息　250,000 借：應付分期償付債券　$500,000 　　　應付利息　250,000 　貸：現金　$750,000	NO	借：應付分期償付債券　$500,000 　貸：債務基金可用數一分期償付債券　$500,000
5.	借：保留數準備　$9,000,000 　貸：保留數　$9,000,000 借：經費支出　$8,500,000 　貸：現金　$8,500,000	NO	借：未完工程　$8,500,000 　貸：資本計畫基金固定資產收入　$8,500,000	NO

四、40%

(1)公庫結存 =$204,520+$40,000-$48,000+$78,000+$12,000-$1,600+ $6,680[註]

-$76,004-$16,400-$12,000-$144-$48+$1,040+$100=$188,144（借餘）

（註）：$4,764-$4,960-$408+$564+$320+$1,040=$1,320；$8,000-$1,320=$6,680

(2)各機關結存 =$6,360+($2,424-$1,400)-($4,960-$4,764)+$144=$6,360+$1,024-

$196+$144=$7,332（借餘）

(3)累計餘絀=$160,000-$1,600=$158,400（貸餘）

(4)應付保管款 =$3,480+($144-$120)-($3,360-$3,204)=$3,480+$24-$156

=$3,348（貸餘）

(5)收支調度數=$208,000+$32,000-$80,000=$160,000（貸餘）

(6)歲計餘絀=$960,000-$1,120,000=$160,000（借餘）

(7)債務還本支出數 =$48,000（借餘）

九十年高考二級政府會計參考答案

一、問答題：（略）20%

二、20%

  1.核定時：作備忘分錄

  2.借：應收普通基金款 $600,000

    貸：收入 $600,000

  3.借：現金 $198,000

    債券折價   2,000

    貸：收入 $200,000

  4.借：支出保留數 $600,000

    貸：支出保留數準備 $600,000

三、20%

某市政府普通基金

基金餘額變動分析表

××年度

	預算數		實際數		差　額	
基金餘額：期初		$18,000		$ 18,000		$　　0
加：收入超出支出額						
歲入收入數	$800,000		$765,000		$35,000	
經費支出數	750,000	50,000	683,000	82,000	67,000	32,000
上年度支出收回數		0		800		800
減：保留數準備		16,000		16,000		0
基金餘額：期末		$84,000		$116,800		$32,800

四、問答題：（略）20%

五、20%

  ㈠借：應收賦稅——過期 $800,000

    （如有「備抵壞稅——過期」應一併結轉）

    貸：基金餘額 $800,000

㈡借： 應收賦稅 —— 當期　　　　　　$40,000,000
　　貸： 收入　　　　　　　　　　　　　　　　　$40,000,000

㈢借： 現金　　　　　　　　　　　$50,800,000
　　貸： 應收賦稅 —— 當期　　　　　　　　　　$50,000,000
　　　　應收賦稅 —— 過期　　　　　　　　　　　800,000

㈣借： 基金餘額　　　　　　　　　　$60,000
　　（如有「備抵壞稅 —— 過期」應優先沖轉）
　　貸： 應收賦稅 —— 過期　　　　　　　　　　$60,000

九十年基層特考三等考試政府會計試題參考答案

一、問答題：（略）20%

二、20%

㈠借：收入預算數　　　　　　　　$2,500,000

　　　基金餘額　　　　　　　　　　500,000

　　　　貸：經費預算數　　　　　　　　　　　　$3,000,000

㈡借：支出保留數　　　　　　　　$56,000

　　　　貸：支出保留數準備　　　　　　　　　　$56,000

㈢借：經費支出數　　　　　　　　$420,000

　　　　貸：應付憑單　　　　　　　　　　　　　$338,790

　　　　　　代收款　　　　　　　　　　　　　　　81,210

㈣借：支出保留數準備　　　　　　$56,000

　　　　貸：支出保留數　　　　　　　　　　　　$56,000

　　借：經費支出數　　　　　　　　$56,000

　　　　貸：應付憑單　　　　　　　　　　　　　$56,000

三、20%

$$\frac{2,000,000}{36.786}=54,368.51$$

年　　次	應提分攤額	應提收益	年終合計
1	$54,368.51		$ 54,368.51
2	54,368.51	$ 3,262.11	111,999.13
3	54,368.51	6,719.95	173,087.59
4	54,368.51	10,385.26	237,841.36
5	54,368.51	14,270.48	306,480.35

四、20%

普通公務單位會計	中央政府總會計
㈠預算成立及分配時：	
借：歲入預算數　$2,040,000,000	借：歲入預算數　$2,040,000,000
貸：預計納庫數　$2,040,000,000	貸：歲計餘絀　$2,040,000,000

借：歲入分配數　$2,040,000,000　　　借：歲入分配數　$2,040,000,000

　　貸：歲入預算數　　$2,040,000,000　　　　貸：歲入預算數　　$2,040,000,000

㈡實際釋股收現時：

借：歲入納庫數　$306,000,000　　　借：國庫結存　　$306,000,000

　　貸：歲入實收數　　$306,000,000　　　　貸：歲入收入數　　$306,000,000

㈢月終結帳：

　　　　　不作分錄　　　　　　　　借：歲入收入數　　$306,000,000

　　　　　　　　　　　　　　　　　　貸：歲入分配數　　$306,000,000

㈣年終查明未實現收入奉准保留時：

借：未實現收入　$1,734,000,000　　　借：應收歲入款　$1,734,000,000

　　貸：收入保留數　　$1,734,000,000　　　貸：歲入收入數　　$1,734,000,000

借：收入保留數　$1,734,000,000

　　貸：應納庫款　　$1,734,000,000

㈤年終結帳：

借：歲入實收數　$306,000,000　　　借：歲入收入數　$1,734,000,000

　　貸：歲入納庫數　　$306,000,000　　　貸：歲入分配數　　$1,734,000,000

借：預計納庫數　$2,040,000,000

　　貸：歲入分配數　　$2,040,000,000

㈥次年，降低釋股價至 80 元時：

　　　　　不作分錄　　　　　　　　　　　　　不作分錄

㈦撤銷釋股案時：

借：應納庫款　　$1,734,000,000　　　借：累計餘絀　　$1,734,000,000

　　貸：未實現收入　　$1,734,000,000　　　貸：應收歲入款　　$1,734,000,000

五、問答題：（略）20%

九十年基層四等特考政府會計概要試題參考答案

一、25%

 (一) 1.發行公債及賒借預算公布時：

   借：公債收入預算數　　　　　　　×××

    賒借收入預算數　　　　　　　×××

    貸：收支調度數　　　　　　　　　　　　　×××

  2.債務還本預算公布時：

   借：收支調度數　　　　　　　　×××

    貸：債務還本預算數　　　　　　　　　　×××

  3.移用以前年度歲計賸餘預算公布時：

   借：移用以前年度歲計賸餘預算數　×××

    貸：收支調度數　　　　　　　　　　　　　×××

 (二)國庫報告列收公債及賒借時：

  借：國庫結存　　　　　　　　　×××

   貸：公債收入　　　　　　　　　　　　×××

    賒借收入　　　　　　　　　　　　×××

  借：公債收入　　　　　　　　　×××

   貸：公債收入預算數　　　　　　　　　　×××

  借：賒借收入　　　　　　　　　×××

   貸：賒借收入預算數　　　　　　　　　　×××

 (三)核定債務還本計畫時：

  借：債務還本預算數　　　　　　×××

   貸：債務還本核定數　　　　　　　　　　×××

 (四)債務還本支付或撥款時：

  借：債務還本　　　　　　　　　×××

   貸：國庫結存　　　　　　　　　　　　×××

 (五)年度結束移用數沖轉時：

  借：收支調度數　　　　　　　　×××

   貸：移用以前年度歲計賸餘預算數　　　×××

二、25%

結帳分錄：

借：收入 $428,700,000

基金餘額 2,300,000

貸：預計收入 $431,000,000

借：核定經費 $426,000,000

貸：經費支出 $399,900,000

保留數 20,000,000

基金餘額 6,100,000

各科目餘額：

㈠基金餘額 =$5,000,000−$2,300,000+$6,100,000=$8,800,000

㈡核定經費 =$426,000,000−$426,000,000 = $0

㈢保留數 =$20,000,000−$20,000,000=$0

保留數準備 =$20,000,000

㈣固定資產 =$0

長期負債 =$0

㈤資產總額 =$11,200,000+($69,550,000−$11,050,000)+($21,000,000−$1,000,000)

=$89,700,000

負債總額 =$1,000,000+$29,900,000+$30,000,000=$60,900,000

三、25%

㈠結帳前科目餘額：

1.歲入實收數 =$100,000+$100,000+$500,000−$40,000+$24,600,000−$60,000−

$600,000+$20,000,000+$130,000,000+$121,880,000+$60,000−$24,600,000−

$150,000,000−$60,000=$121,880,000

2.應納庫款 = 應收歲入款 =$24,600,000

3.預計納庫數 = 歲入預算數 + 歲入分配數 =$20,000,000+$130,000,000=

$150,000,000

4.收回以前年度納庫數 = 退還以前年度歲入數 =$60,000

㈡結帳後科目餘額：

1.應納庫款 =$24,600,000

2.預計納庫數 =$150,000,000−$150,000,000=$0

四、25%

㈠結帳前科目餘額：

1. 歲出預算數 =$12,300,000−($269,070,000−$265,470,000)−$450,000

　　−$8,250,000=$0

2. 材料 =$200,000　($12,300,000−$3,000,000−$450,000−$8,250,000=$600,000)

　押金 =$400,000

　材料及押金 =$200,000+$400,000=$600,000

㈡結帳後科目餘額：

3. 保留庫款 =$8,250,000

4. 經費賸餘 ── 待納庫部分 =$269,070,000−$265,470,000−$200,000−$400,000

　　=$3,000,000（繳庫前餘額）；繳庫後餘額 =$0

5. 資產總額 =$12,300,000（繳納經費賸餘前餘額）；$12,300,000−$3,000,000=

　　$9,300,000（繳納經費賸餘後餘額）

九十年第一次國軍上校以上軍官轉任公務人員檢覈考試 政府會計參考答案

壹、問答題：(略) 20%

貳、問答題：(略) 20%

參、20%

事項	歲入類會計	歲出類會計	財產帳類會計
(一)	借：歲入預算數 $50,000,000 　貸：預計納庫數 $50,000,000 借：歲計分配數 　貸：歲入預算數 $50,000,000	借：預計支用數 $200,000,000 　貸：歲出預算數 $200,000,000 借：歲出分配數 $200,000,000 　貸：可支庫款 $200,000,000 借：預計支用數 $200,000,000 　貸：預計支用數 $200,000,000	無分錄
(二)	無分錄	無分錄 (現行一致規定對訂購事項不再作保留分錄)	無分錄
(三)	借：歲入結存 $400,000 　貸：歲入實收數 $400,000	無分錄	無分錄
(四)	借：歲入納庫數 $400,000 　貸：歲入結存 $400,000	無分錄	無分錄
(五)	無分錄	借：經費支出 $490,000 　貸：可支庫款 $490,000	無分錄
(六)	無分錄	借：經費支出 $2,000,000 　貸：可支庫款 $2,000,000	借：土地 $1,500,000 　房屋建築及設備 $500,000 　貸：現存財產權利總額 $2,000,000
(七)	無分錄	無分錄 (辦公用品不作盤存分錄，實務上依物品管理控管)	無分錄
(八)	無分錄	借：經費支出 $50,000 　貸：可支庫款 $50,000	借：房屋建築及設備 $50,000 　貸：現存財產權利總額 $50,000

肆、問答題：(略) 20%

五、20%

項目（國外情形）	普通（特別收入）基金	資本計畫基金	特賦基金	普通固定資產帳
一、購買固定資產 (一)一般性設備、土地等資產	經費支出 　　現金	經費支出 　　現金	經費支出 　　現金	土地 設備 　• 普通基金所入固定資產投資 　• 資本計畫基金所入固定資產投資 　• 特賦固定資產投資
(二)興建（重大）建築改良物 　【發包】	保留數 　　保留數準備	保留數 　　保留數準備	保留數 　　保留數準備	［未完工程 未完成年度］ 　• 普通基金所入固定資產投資 　• 資本計畫基金所入固定資產投資 　①③特賦固定資產投資 　②③政府分攤特賦建築改良物投資 （通常普通基金之建築改良物以一年內完成為原則。）
【請款】	保留數準備 　　保留數	保留數準備 　　保留數	保留數準備 　　保留數	
【付款】	經費支出 　　現金	經費支出 　　現金	經費支出 　　現金	
【年終結帳】 　（計畫未完成）	核定經費 　　經費支出	核定經費 　　經費支出	核定經費 　　經費支出	
【計畫完成後，記載結帳分錄】 ①全部資本化 ②普通基金繳納部分資本化 ③全部資本化：普通基金與民間分攤比例	核定經費 　　經費支出	核定經費 　　經費支出 　　基金餘額	核定經費 　　經費支出 　　基金餘額	［建築與改良物 未完工程 完成年度］ 　• 普通基金所入固定資產投資 　• 資本計畫基金所入固定資產投資 　①③特賦固定資產投資 　②③政府分攤特賦建築改良物投資
二、變賣資產	現金 　　收入	現金 　甲、收入 　乙、（基金餘額）	現金 　　收入	土地 設備 建築與改良物 　• 普通基金所入固定資產投資 　• 資本計畫基金所入固定資產投資 　• 特賦固定資產投資
三、受贈資產 (一)流動資產	×××（資產） 　　收入	×××（資產） 　　收入（基金餘額）	×××（資產） 　　收入	NO
(二)固定資產	備忘分錄	備忘分錄	備忘分錄	土地 設備 建築與改良物 　贈與固定資產投資

項目 (國外情形)	普通基金 (特別所入基金)	資本計畫基金	特賦基金	償債基金	債務基金	普通長期負債帳 (不包括特賦基金部分)
一、舉借長期 負債 [1] 一次 到期 [2] 分期 償還	現金 　　收入	現金 甲、未發定債券 　乙、收入	現金 　應付債券	NO	NO	[1] 一次到期債券 　應付一次到期債券籌備數 [2] 分期付債券 　應付分期到期債券籌備數 NO
二、籌措財源 償債	×××× 核定經費 經費支出 　現金	未攤銷債券溢價 應付補息 基金餘額 　現金	償還債券現金 　應收特賦——過期 　應收特賦——當期 　應收普通基金款 　應收××政府款	應提增加額 　基金餘額 應收普通基金款 　收入 現金 　收入 投資 　現金	預計所入 　基金餘額 應收賦稅——當期 　收入(主要) 現金 　應收賦稅——當期 現金 　收入(次要)	債償基金可用數——一次到期債券籌備數 　一次到期債券籌備數 {OR} 債務基金可用數——分期付債券 　分期償付債券籌備數

三、償還長期負債			基金餘額　核定經費	基金餘額　核定經費	應付一次到期債券（應付定期公債）償債基金可用數——一次到期期債券
NO(或) ×××× 核定經費 經費支出 現金 (針對分期償券，目未成立債務基金)	NO		經費支出 現金　　投資 代理銀行存款　現金 應付一次到期債券 應付憑單 應付憑單　代理銀行存款	經費支出　應付分期償付債券 應付分期償付債券　現金	（或）之意，表示有二種可能情況 應付分期償付債券（應付分期公債） 債務基金可用數——分期償付債券
	應付債券 償還債券現金				

九十年退除役軍人轉任公務人員三等考試
政府會計試題參考答案

一、20%

(一)總預算各項收支預算成立之分錄：

借：歲入預算數	$242,469	
歲計餘絀	15,395	
貸：歲出預算數		$257,864
借：公債收入預算數	$16,700	
貸：收支調度數		$16,700
借：收支調度數	$13,331	
貸：債務還本預算數		$13,331
借：移用以前年度歲計賸餘預算數	$12,026	
貸：收支調度數		$12,026

(二)核定債務還本計畫之分錄：

借：債務還本預算數	$10,000	
貸：債務還本核定數		$10,000

(三)接代理公庫銀行報告之分錄：

借：公庫結存	$1,700	
貸：公債收入		$1,700
借：債務還本	$10,000	
貸：公庫結存		$10,000

二、20%

(一) 1. 開帳分錄：

借：歲入結存	$13,741	
應收歲入款	4,990	
貸：應納庫款		$ 4,990
待納庫款		13,741

　　2. 90 年 1 月份會計事項之分錄：

⑴借：歲入預算數　　　　　$1,492,505

　　貸：預計納庫數　　　　　　　　　　　$1,492,505

⑵借：歲入分配數　　　　　$116,084

　　貸：歲入預算數　　　　　　　　　　　$116,084

⑶借：歲入納庫數　　　　　$110,500

　　貸：歲入實收數　　　　　　　　　　　$110,500

⑷借：應納庫款　　　　　　$14,975

　　貸：應收歲入款　　　　　　　　　　　$14,975

⑸借：歲入結存　　　　　　$3,024

　　貸：歲入實收數　　　　　　　　　　　$2,024

　　　　應收歲入款　　　　　　　　　　　1,000

⑹借：歲入納庫數　　　　　$2,024

　　　　應納庫款　　　　　1,000

　　貸：歲入結存　　　　　　　　　　　　$3,024

⑺借：待納庫款　　　　　　$13,741

　　貸：歲入結存　　　　　　　　　　　　$13,741

⑻借：應納庫款　　　　　　$900

　　貸：應收歲入款　　　　　　　　　　　$900

⑼借：歲入結存　　　　　　$1,594

　　貸：預收款　　　　　　　　　　　$　399

　　　　存入保證金　　　　　　　　　　1,195

(二)過帳：

歲入結存		應收歲入款		待納庫款		應納庫款	
$13,741	$ 3,024	$4,990	$14,975	$13,741	$13,741	$14,975	$4,990
3,024	13,741		1,000			1,000	
1,594			900			900	
$ 1,594			$11,885			$11,885	

歲入預算數		歲入分配數		預計納庫數		歲入實收數	
$1,492,505	$116,084	$116,084			$1,492,505		$110,500
$1,376,421			$116,084		$1,492,505		2,024
							$112,524

歲入納庫數		預收款		存入保證金	
$110,500			$399		$1,195
2,024			$399		$1,195
$112,524					

試算表:

某機關
歲入類單位會計試算表
90 年 1 月 31 日

	借　方	貸　方
歲入結存	$ 　1,594	
應收歲入款		$ 　11,885
歲入預算數	1,376,421	
歲入分配數	116,084	
歲入納庫數	112,524	
應納庫款	11,885	
預計納庫數		1,492,505
歲入實收數		112,524
預收款		399
存入保證金		1,195
合　計	$1,618,508	$1,618,508

三、20%

（一）發行公債之相關基金及帳組分錄：

資本計畫基金		長期性負債帳組	
借：現金	$50,000,000	借：償付定期公債應備款額	$50,000,000
貸：收入	$50,000,000	（一次到期債券籌付數）	
（或未發額定債券）		貸：應付定期公債	$50,000,000
		（應付一次到期債券）	

㈡支付房屋價款之相關基金及帳組分錄：

資本計畫基金		長期性資產帳組	
借：經費支出	$40,000,000	借：房屋建築及設備	$40,000,000
貸：現金	$40,000,000	貸：長期性資產投資──	
		資本計畫基金所入	$40,000,000
		（資本計畫基金所入固定資產投資）	

㈢償還公債本息之相關基金及帳組分錄：

債務基金		長期性負債帳組	
借：經費支出數	$10,000,000	借：應付定期公債	$10,000,000
貸：應付定期公債	$10,000,000	（應付一次到期債券）	
借：經費支出數	$ 4,000,000	貸：債務基金可用數──	
應付定期公債	10,000,000	一次到期債券	$10,000,000
貸：現金	$14,000,000		

四、20%

政務基金會計

(一) 借：歲入預算數　$5,000,000
　　　貸：歲出預算數　　　$4,000,000
　　　　　基金餘額　　　　 1,000,000

(二) 借：經費支出　$1,000,000
　　　貸：現金　　　　　　$1,000,000

(三) 借：歲出保留數　$2,000,000
　　　貸：歲出保留數準備　$2,000,000

(四) 借：經費支出　$2,000,000
　　　貸：現金　　　　　　$2,000,000
　　　借：歲出保留數準備　$2,000,000
　　　貸：歲出保留數　　　$2,000,000

(五) 借：現金　$3,000,000
　　　貸：收入　　　　　　$3,000,000

相關帳組

(一) 無分錄

(二) 無分錄

(三) 無分錄

(四) 長期資產帳組
　　　借：交通及運輸設備　$2,000,000
　　　貸：長期性資產投資
　　　　　──普通基金所入　$2,000,000

(五) 長期負債帳組
　　　借：償付定期債券
　　　　　應備款額　　　　$3,000,000
　　　貸：應付債券　　　　$3,000,000

營業基金會計

(一) 無分錄

(二) 借：薪工費用　$1,000,000
　　　貸：現金　　　　　　$1,000,000

(三) 無分錄

(四) 借：交通及運輸設備　$2,000,000
　　　貸：現金　　　　　　$2,000,000

(五) 借：現金　$3,000,000
　　　貸：應付定期債券　　$3,000,000

五、問答題：（略）20%

九十年高考三級二試政府會計參考答案

一、簡答題：35%

㈠50,000 億元 ×5%=2,500 億元

　　2,500 億元 –2,000 億元 =<u>500 億元</u>（89 年 12 月 31 日之債務邊際）

㈡1.結束營運收入與營運支出帳戶之分錄：

　　借：營運收入　　　　　　　　　　$16,800

　　　　貸：營運支出　　　　　　　　　　　　　$　 800

　　　　　　營運淨利　　　　　　　　　　　　　 16,000

　2.營運淨利結轉基金餘額帳戶之分錄：

　　借：營運淨利　　　　　　　　　　$16,000

　　　　貸：應付退休金之精算現值──當期退休及受益者 $2,800　（註 1）

　　　　　　應付退休金之精算現值──離職者　　　　　 950　（註 2）

　　　　　　應計現有員工退休金之精算現值──員工捐助 8,400　（註 3）

　　　　　　應計現有員工退休金之精算現值──雇主捐助 2,850　（註 4）

　　　　　　應計退休金未提基金之精算現值──基金餘額 1,000

　　（註 1）：$2,800=$14,000–$11,200

　　（註 2）：$950=$4,750–$3,800

　　（註 3）：$8,400=$42,000–$33,600

　　（註 4）：$2,850=$14,250–$11,400

㈢借：歲入納庫數　　　　　　　　　$12,500

　　　貸：歲入實收數　　　　　　　　　　　　$12,500

　　借：歲入結存　　　　　　　　　　$1,000

　　　貸：歲入實收數　　　　　　　　　　　　$1,000

　　借：歲入結存　　　　　　　　　　　$500

　　　貸：暫收款　　　　　　　　　　　　　　 $500

　　借：應收歲入款　　　　　　　　　$1,500

　　　貸：應納庫款　　　　　　　　　　　　　$1,500

㈣總會計「支出付現決算數」係指經費支出之付現決算數，而「公庫實支數」
　係指公庫實際支付現金之數額，以上兩數據可能差異之原因有：

　1.總會計列年度經費支出付現數，而公庫未列年度付現者：

如：暫付款轉正數。

2.公庫列年度實付數，而總會計未列年度經費支出付現數者：

如：(1)已暫付之支出保留數準備。

(2)經費賸餘──材料、押金部分。

(3)暫付款（例：未補辦追加預算前之緊急支出，於年
度結算應轉為經費賸餘──待納庫部分）。

｝總會計部分

(4)公庫支付以前年度支出（含以前年度支出應付款及暫付款）。

(5)公庫支付特別預算支出（含支付實現數、暫付款及經費賸餘──材
料、押金及待納庫部分）。

(6)公庫支付非總會計部分（如：保管款納入集中支付）之暫付款。

(五) 1.臺灣省地方政府與臺北市地方政府於民國 85 年度以前，將為期總預算收支
平衡所舉借之長期負債，列入其總會計平衡表之負債科目中，其處理方式
不盡合法。理由為依會計法第二十九條規定「政府之財物及固定負債，除
列入歲入之財物及彌補預算虧絀之固定負債外，應分別列表或編目錄，不
得列入平衡表。」意謂凡政府公債與其他賒借等長期債務以支援一般歲入
者，其屬非為彌補預算虧絀之固定負債，均應另設一組獨立平衡的長期負
債類帳組處理，並於總會計編製長期負債目錄（內外債款目錄）予以顯示，
作為總會計決算表之附表，故首揭處理方式不盡合法。

2.(1)臺灣省地方政府總會計平衡表所列應付債款相對應借方科目為「虧絀之
彌補」。

(2)臺北市地方政府總會計平衡表所列應付債款相對應借方科目為「待籌償
債數」。

二、15%

(一)依預算法第七十二條規定:「會計年度結束後,各機關已發生尚未收得之收入,
應即轉入下年度列為以前年度應收款; ……」由此可見, 本案尚未釋股成功
之歲入預算, 依法係不得保留轉入下年度列為以前年度應收款。惟如要辦理
保留, 則須以該筆釋股確為政策所需（如公營事業民營化政策）, 且是項釋股
收入為年度結束後編造總決算收支平衡的主要財源, 並經簽奉最高行政首長
同意, 始得為之; 又上項保留並不得轉入下年度列為以前年度應收款, 而係
轉為「未實現收入」科目。

(二) 1.年度終了確定釋股未成功之分錄:

借：未實現收入（註1）　　　　　$1,000,000

　　貸：收入保留數（註2）　　　　　　　　　$1,000,000

（註1）：為餘絀之減項科目

（註2）：為負擔及負債科目

2. 奉准保留之分錄

借：收入保留數　　　　　　　$1,000,000

　　貸：應納庫款（註3）　　　　　　　　　$1,000,000

（註3）：為負擔及負債科目

㈢ 1. 前述㈡之分錄未盡妥適，其理由如下：

⑴「未實現收入」列借方餘額科目，與一般公認會計原則及慣例不一致。

⑵「未實現收入」列為餘絀之減項科目，絕不可能實現，因歲入類單位會計，係屬代理基金會計之性質，基本上並無餘絀科目，列為餘絀之減項科目，規定前後矛盾，實際操作亦做不到。

⑶依現行預算法規定，單位預算全部為歲入與歲出，並不似總預算會計稱為收入與支出兩類，故「收入保留數」之稱呼似不適當。

⑷前述㈡之分錄無異承認所有未實現收入均可保留，而奉可保留時，卻將收入保留數沖銷，理論上應不合理。

2. 合理之作法如下：

⑴「未實現收入」宜修正為「應收歲入保留款」，並列為資產科目較妥。

⑵「收入保留數」宜修正為「歲入保留數」。

⑶分錄應為：

　①年度終了確定釋股未成功之分錄：

借：應收歲入保留數　　　$1,000,000

　　貸：歲入保留數　　　　　　　　$1,000,000

　②奉准保留之分錄：

借：歲入保留數　　　　　$1,000,000

　　貸：應納庫款　　　　　　　　　$1,000,000

三、15%

現　金			
12/31 $ 20		(五)	$1,200
(三) 3,250		(六)	1,300
(七) 480		(七)	480
(八) 2,750		(九)	1,200
(十) 450		(十)	2,000
		$ 770	

投　資		
12/31 $ 9,500		
(六) 1,300		
(七) 480		
(十) 2,000		
$13,280		

應收利息		
12/31 $480	(七)	$480
(土) 500		
$500		

基金餘額		
	12/31	$10,000
(結)$1,650	(一)	6,200
		$14,550

收入預算數	
(一) $8,600	
	(結)$8,600

支出預算數	
	(一) $2,400
(結)$2,400	

應收稅款 ── 當期		
(二) $6,500	(三)	$3,250
	(八)	2,750
	(土)	500

備抵呆稅 ── 當期	
(土) $500	(二) $500

收　入		
	(二)	$6,000
	(十)	450
(結)$6,950	(土)	500

應付債券利息		
(五) $1,200	(四)	$1,200
(九) 1,200	(九)	1,200

支出 ── 債券利息		
(四) $1,200		
(九) 1,200	(結)$2,400	

應收稅款 ── 逾期	
(土) $500	
$500	

備抵呆稅 ── 逾期	
	(土) $500
	$500

A市地方政府
債務基金平衡表
2001 年 12 月 31 日　　　　　　　　　　單位：元

資　產		基金權益	
現金	$　770	基金餘額	$14,550
投資	13,280		
應收利息	500		
應收稅款——逾期	$500		
減：備抵呆稅——逾期	(500)　　0		
合　　計	$14,550	合　　計	$14,550

四、35%

1. 89 年 12 月份總會計之統制分錄：

(1)借：債務還本預算數　　　　　　　　$199,965

　　　貸：債務還本核定數　　　　　　　　　　　　$199,965

(2)借：歲入分配數　　　　　　　　　　$303,090

　　　貸：歲入預算數　　　　　　　　　　　　　　$303,090

(3)借：各機關結存　　　　　　　　　　　　$150

　　　貸：應付保管款　　　　　　　　　　　　　　　$150

(4)借：暫收款　　　　　　　　　　　　$1,200

　　　貸：各機關結存　　　　　　　　　　　　　$1,200

(5)借：公庫結存　　　　　　　　　　$225,000

　　　各機關結存　　　　　　　　　　　4,350

　　　貸：歲入收入數　　　　　　　　　　　　　$229,350

(6)借：各機關結存　　　　　　　　　　$36,300

　　　貸：應收歲入款　　　　　　　　　　　　　$36,300

(7)借：公庫結存　　　　　　　　　　　$9,150

　　　貸：各機關結存　　　　　　　　　　　　　$9,150

(8)借：累計餘絀　　　　　　　　　　　　$300

　　　貸：公庫結存　　　　　　　　　　　　　　　$300

(9)借：公庫結存　　　　　　　　　　　$1,200

　　　貸：各機關結存　　　　　　　　　　　　　$1,200

(10)借：歲出預算數 $316,335

      貸：歲出分配數 $316,335

(11)借：應付保管款 $34,600

      貸：各機關結存 $34,600

(12)借：應付歲出款 $63,150

      貸：公庫結存 $63,150

(13)借：公庫結存 $60

      貸：材料 $60

(14)借：公庫結存 $188,100

      貸：暫付款 $188,100

(15)借：經費支出 $620,460

      貸：公庫結存 $620,460

(16)借：歲出保留數 $165,000

      貸：歲出保留數準備 $165,000

(17)借：公庫結存 $90,000

      貸：公債收入 $90,000

(18)借：債務還本 $199,965

      貸：公庫結存 $199,965

(19)借：公庫結存 $750,000

      貸：特別預算會計往來 $750,000

(20)借：累計餘絀 $34,890

      貸：移用以前年度歲計賸餘預算數 $34,890

2. 89 年終結帳分錄：

(1)借：歲入收入數 $3,537,465

      貸：歲入分配數 $3,537,465   （不作月結分錄時，加作本分錄）

(2)借：歲出分配數 $3,612,390

      貸：經費支出數 $3,102,390   （不作月結分錄時，加作本分錄）

           歲出保留數   510,000

(3)借：歲計餘絀 $99,570

      貸：歲入分配數 $99,570   （可與(1)分錄合併作）

⑷借: 歲出分配數　　　　　$249,570

　　貸: 歲計餘絀　　　　　　　　$249,570

⑸借: 歲出預算數　　　　　$6,000　　　　　　　（可與⑵分錄合併作）

　　貸: 歲計餘絀　　　　　　　　$6,000

⑹借: 公債收入　　　　　　$240,000

　　　收支調度數　　　　　　10,500

　　貸: 公債收入預算數　　　　$250,500

⑺借: 債務支出還本

　　　核定數　　　　　　　$199,965

　　貸: 債務還本　　　　　　　$199,965

⑻借: 收支調度數　　　　　$145,500

　　貸: 移用以前年度歲

　　　計賸餘預算數　　　　$145,500

3.結帳後平衡表下列各科目餘額:

⑴公庫結存 $\underset{\text{(期初)}}{=\$501,795} + \underset{\text{(5)}}{\$225,000} + \underset{\text{(7)}}{\$9,150} - \underset{\text{(8)}}{\$300} + \underset{\text{(9)}}{\$1,200} - \underset{\text{(12)}}{\$63,150} + \underset{\text{(13)}}{\$60} +$

$\underset{\text{(14)}}{\$188,100} - \underset{\text{(15)}}{\$620,460} + \underset{\text{(17)}}{\$90,000} - \underset{\text{(18)}}{\$199,965} + \underset{\text{(19)}}{\$750,000} = \underline{\$188,430}$

⑵各機關結存 $\underset{\text{(期初)}}{=\$46,125} + \underset{\text{(3)}}{\$150} - \underset{\text{(4)}}{\$1,200} + \underset{\text{(5)}}{\$4,350} + \underset{\text{(6)}}{\$36,300} - \underset{\text{(7)}}{\$9,150} - \underset{\text{(9)}}{\$1,200} -$

$\underset{\text{(11)}}{\$34,600} = \underline{\$40,775}$

⑶應付保管款 $\underset{\text{(期初)}}{=\$56,400} + \underset{\text{(3)}}{\$150} - \underset{\text{(11)}}{\$34,600} = \underline{\$21,950}$

⑷收支調度數 $\underset{\text{(期初)}}{=\$230,925} - \underset{\text{(結帳)}}{\$10,500} - \underset{\text{(結帳)}}{\$145,500} = \underline{\$74,925}$

⑸歲計餘絀 $\underset{\text{(期初)}}{=\$(230,925)} + \underset{\text{(結帳)}}{\$(99,570)} + \underset{\text{(結帳)}}{\$249,570} + \underset{\text{(結帳)}}{\$6,000} = \underline{\$(74,925)}$

⑹累計餘絀 $\underset{\text{(期初)}}{=\$1,367,940} - \underset{\text{(8)}}{\$300} - \underset{\text{(20)}}{\$34,890} = \underline{\$1,332,750}$

九十年普通考試第二試政府會計概要參考答案

一、選擇題：20%

　　1.(B)　　　2.(C)　　　3.(D)　　　4.(C)　　　5.(C)

　　6.(D)　　　7.(D)　　　8.(D)　　　9.(A)　　　10.(D)

二、簡答題：30%

　(一) 1. 歲入類單位會計無餘絀科目。

　　　2. 我國政府財務收支係採「統收統支」方式處理，亦即歲入部分之實收數不論超收或短收，均一律繳庫，超收不能留存，短收不必彌補，其性質與代理基金結構相當，故無餘絀科目。至現行行政院主計處於 89 年 8 月 2 日所修正頒訂之「普通公務單位會計制度之一致規定」，其中規定歲入類單位會計有一餘絀科目減項為「未實現收入」，顯有錯誤，宜再加以修正。

　(二) 1. 「保留庫款」之貸方相對應科目，依據行政院主計處 89 年 8 月 2 日修正頒訂之「普通公務單位會計制度之一致規定」，包括下列二項：

　　　　(1)應付歲出款。

　　　　(2)支出保留數準備。

　　　2. 「暫付款」之貸方相對應科目，依據前述一致規定，主要有下列第(1)、(2)兩項，另可能包括下列第(3)項，合共三項：

　　　　(1)應付歲出款。

　　　　(2)支出保留數準備。

　　　　(3)代收款。

　(三) 1. 依據題目所示之「中央總會計──融資調度平衡表」，其中借方科目包括「國庫結存」，貸方科目包括「應付債款」及「應付借款」，似值斟酌，理由如下：

　　　　(1)發行公債及賒借係總會計之收入，不宜列總會計之負債，亦即應依會計法第二十九條所規定之「固定項目分帳原則」處理，方屬適當。

　　　　(2)任何會計數據，均應根據帳戶餘額編製，且可相互勾稽，方屬允當。茲表內「國庫結存」科目餘額，無任何相應單一分類帳戶餘額可核對，似有美中不足之缺失。

　　　2. 茲建議將題目所示之融資調度平衡表格式修正如下表所示，以求周延。

中央總會計
融資調度平衡表
年 月 日　　　　　　　　　　單位：新臺幣元

科　目	借方金額		科　目	貸方金額	
	小　計	合　計		小　計	合　計
國庫結存——收支調度部分			債務還本預算數		
公債收入預算數			債務還本核定數		
（減）公債收入			（減）債務還本		
賒借收入預算數			應付債務還本數		
（減）賒借收入			收支調度數		
應收公債收入					
應收賒借收入					
移用以前年度歲計賸餘預算數					
（減）累計餘絀					
合　計			合　計		

三、30%

1. 總會計之統制分錄：

⑴借：歲入預算數　　　　　　　　　　$12,000

　　貸：歲計餘絀　　　　　　　　　　　　　　　　　$12,000

⑵借：歲計餘絀　　　　　　　　　　　$15,000

　　貸：歲出預算數　　　　　　　　　　　　　　　　$15,000

⑶借：公債收入預算數　　　　　　　　$4,000

　　貸：收支調度數　　　　　　　　　　　　　　　　$4,000

⑷借：收支調度數　　　　　　　　　　$1,000

　　貸：債務還本預算數　　　　　　　　　　　　　　$1,000

⑸借：歲入分配數　　　　　　　　　　$900

　　貸：歲入預算數　　　　　　　　　　　　　　　　$900

(6)借：各機關結存　　　　　　　　$100
　　　貸：應付保管款　　　　　　　　　　　　　$100

(7)借：公庫結存　　　　　　　　　$900
　　　各機關結存　　　　　　　　　100
　　　貸：歲入收入數　　　　　　　　　　　　$1,000

(8)借：公庫結存　　　　　　　　　$150
　　　貸：各機關結存　　　　　　　　　　　　$150

(9)借：歲出預算數　　　　　　　$1,200
　　　貸：歲出分配數　　　　　　　　　　　$1,200

(10)借：應付保管款　　　　　　　　$500
　　　貸：各機關結存　　　　　　　　　　　　$500

(11)借：公庫結存　　　　　　　　　$60
　　　貸：應收剔除經費　　　　　　　　　　　$60

(12)借：公庫結存　　　　　　　　　$700
　　　貸：各機關結存　　　　　　　　　　　　$700

(13)借：經費支出數　　　　　　　　$800
　　　貸：公庫結存　　　　　　　　　　　　　$800

(14)借：公庫結存　　　　　　　　　$200
　　　貸：暫付款　　　　　　　　　　　　　　$200

（假設暫付款減少數係暫付款收回繳庫數）

(15)借：各機關結存　　　　　　　　$300
　　　貸：應付代收款　　　　　　　　　　　　$300

2. 90 年 1 月 31 日總會計平衡表各科目餘額：

(1)公庫結存 =$2,000+$900+$150+$60+$700−$800+$200=$3,210

(2)各機關結存 =$1,200+$100+$100−$150−$500+$300=$1,050

(3)歲入預算數 =$12,000−$900=$11,100

(4)應付保管款 =$1,000+$100−$500=$600

(5)歲出預算數 =$15,000−$1,200=$13,800

(6)收支調度數 =$1,000+$4,000−$1,000=$4,000

(7)歲計餘絀 =−$1,000+$12,000−$15,000=−$4,000

　　（本項金額係假設歲計餘絀年終未結轉累計餘絀時；若有結轉，本項應修
　　正為 −$3,000，謹併陳明。）

四、20%

　　1.年終調整分錄：

　　　⑴借：應收歲入款　　　　　　　　$7,791,000

　　　　　貸：應納庫款　　　　　　　　　　　　　　　$7,791,000

　　　⑵借：未實現收入　　　　　　　　$2,000,000

　　　　　（應收歲入保留數）

　　　　　貸：收入保留數　　　　　　　　　　　　　　$2,000,000

　　　　　　　（歲入保留數）

　　　⑶借：收入保留數　　　　　　　　$2,000,000

　　　　　　（歲入保留數）

　　　　　貸：應納庫款　　　　　　　　　　　　　　　$2,000,000

　　2.年終結帳分錄：

　　　⑴借：歲入收入數　　　　　　　　$46,947,180

　　　　　貸：歲入納庫數　　　　　　　　　　　　　　$46,938,580

　　　　　　　待納庫款　　　　　　　　　　　　　　　　　　8,600

　　　⑵借：預計納庫數　　　　　　　　$59,700,200

　　　　　貸：歲入分配數　　　　　　　　　　　　　　$55,720,200

　　　　　　　歲入預算數　　　　　　　　　　　　　　　3,980,000

　　3.結帳後平衡表：

××機關歲入類單位會計

平衡表

民國 89 年 12 月 31 日　　　　　　　單位：元

資　產		負　債	
歲入結存	$　52,440	暫收款	$　39,840
有價證券	400	存入保證金	4,400
應收歲入款	7,791,000	應納庫款	9,791,000
未實現收入	2,000,000	待納庫款	8,600
（應收歲入保留數）			
合　計	$9,843,840	合　計	$9,843,840

九十年第二次國軍上校以上軍官轉任公務人員檢覈
政府會計參考答案

一、20%

　　1.借：各機關結存　　　　　　　　　　$760
　　　　　貸：保管款　　　　　　　　　　　　　　　　$760
　　　借：保管款　　　　　　　　　　　$570
　　　　　貸：各機關結存　　　　　　　　　　　　　　$570
　　2.借：各機關結存　　　　　　　　　$1,900
　　　　　貸：暫收款　　　　　　　　　　　　　　　$1,900
　　　借：暫收款　　　　　　　　　　　$570
　　　　　貸：各機關結存　　　　　　　　　　　　　　$570
　　3.借：公庫結存　　　　　　　　　$1,020
　　　　　貸：各機關結存　　　　　　　　　　　　　$1,020
　　4.借：各機關結存　　　　　　　　$28,580
　　　　　貸：歲入收入數　　　　　　　　　　　　$28,580
　　　借：公庫結存　　　　　　　　　$34,000
　　　　　貸：各機關結存　　　　　　　　　　　　$34,000
　　5.借：歲入分配數　　　　　　　　$40,412
　　　　　貸：歲入預算數　　　　　　　　　　　　$40,412

二、20%

㈠⑴未實現收入係為餘絀之減項科目。

　⑵借：未實現收入　　　　　　　$1,000,000
　　　　貸：收入保留數　　　　　　　　　　　$1,000,000
　⑶借：收入保留數　　　　　　　$1,000,000
　　　　貸：應納庫款　　　　　　　　　　　　$1,000,000

㈡1.未實現收入列借方餘額科目，與一般公認會計原則及慣例不一致。其為餘
　絀之減項科目，絕不可能實現，因歲入類單位會計基本上並無餘絀科目，
　何來餘絀減項科目之設計，其規定有矛盾，實際操作時，根本做不到，確
　不妥適。承認所有未實現收入均可保留，奉准保留時，卻將收入保留數沖

銷，理論上不合理。

2. 正確作法：

(1)「未實現收入」應修正為「應收歲入款」或「應收歲入保留款」，並列為資產科目為妥。

(2)「收入保留數」科目宜修正為「歲入保留數」。

(3)分錄應改為：

借：應收歲入款	$1,000,000	
（或：應收歲入保留款）		
貸：歲入保留數		$1,000,000
借：歲入保留數	$1,000,000	
貸：應納庫款		$1,000,000

三、問答題：（略）24%

四、問答題：（略）16%

五、20%

(一)(1)借：公債收入預算數	$4,000,000	
賒借收入預算數	1,500,000	
貸：收支調度數		$5,500,000
借：收支調度數	$1,400,000	
貸：債務還本預算數		$1,400,000
借：移用以前年度歲計賸餘預算數	$500,000	
貸：收支調度數		$500,000
(2)A.借：國庫結存	$3,000,000	
貸：公債收入		$2,000,000
賒借收入		1,000,000
B.借：公債收入	$2,000,000	
賒借收入	1,000,000	
貸：公債收入預算數		$2,000,000
賒借收入預算數		1,000,000
C.借：債務還本預算數	$1,400,000	
貸：債務還本核定數		$1,400,000

D.借：債務還本　　　　　　　　$1,400,000

　　　貸：國庫結存　　　　　　　　　　　　　　$1,400,000

(3)A.借：應收公債收入　　　　　　$2,000,000

　　　貸：公債收入預算數　　　　　　　　　　　$2,000,000

　B.借：收支調度數　　　　　　　$500,000

　　　貸：賒借收入預算數　　　　　　　　　　　$500,000

　C.借：收支調度數　　　　　　　$500,000

　　　貸：移用以前年度歲計賸餘預算數　　　　　$500,000

　D.①借：債務還本核定數　　　　$1,400,000

　　　　貸：債務還本　　　　　　　　　　　　　$1,400,000

　　②借：收支調度數　　　　　　$3,000,000

　　　　貸：應付債款　　　　　　　　　　　　　$2,000,000

　　　　　　應付借款　　　　　　　　　　　　　1,000,000

　　借：應付債款　　　　　　　　$1,400,000

　　　貸：收支調度數　　　　　　　　　　　　　$1,400,000

(二)上述分錄之妥適性評析：

分錄項目	是否妥適說明	改進之處
(1)	妥適	
(2)A.	妥適	
B.	如於收入當時即予沖轉，平衡表內便無法看出公債及賒借收入預算數及發生數之全貌，會計資訊表達有缺失。	收入時不作沖轉，留待年終結帳時再行沖轉。為使在年度中任何時點均可瞭解公債及賒借之實況，收入時不作沖轉，並於期中報表如下表達： 公債收入預算數　　$4,000,000 （減）：公債收入　（2,000,000）$2,000,000 賒借收入預算數　　$1,500,000 （減）：賒借收入　（1,000,000）　500,000
C.	妥適	
D.	妥適	
(3)A.	公債及賒借收入預算數係因應預算收支平衡而編列，如年終確定總決算收支已平衡，即（歲入＋債務舉借收入＋移用以前年度歲計賸餘＝歲出＋債務還本	未發行部分不予保留，全數沖轉，並結轉收入。 借：公債收入　　　$2,000,000 　　收支調度數　　　2,000,000 　貸：公債收入預算數　　　$4,000,000 借：賒借收入　　　$1,000,000

	支出），亦即歲計餘絀如為負值已由收支調度數之正值補足，既已到年終，國庫調度並無問題，勢不須再為舉債保留，直可以移用以前年度歲計賸餘因應。	收支調度數　　　　　500,000 　　貸：賒借收入預算數　　　　$1,500,000
C.	發生移用後，應會使累計餘絀減少，如仍轉回收支調度數，如同未發生移用，實屬不合理。	移用數應作沖轉如下： 借：累計餘絀　　　　　$500,000 　　貸：移用以前年度歲計 　　　　賸餘預算數　　　　　$500,000
D.①	月終不作結帳沖轉，留待年終結帳時再行沖轉。未核定及未支用數均不予保留。	如於月終沖轉，平衡表內無法看出債務還本核定數與支出數之全貌，故不作月結，並於報表內作如下表達： 債務還本核定數　　　　　$320 （減）：債務還本支出　　　300　　$20
②	1.根據政務基金會計基本原則，公債及賒借收入係屬政府之收入而非負債，自不宜以負債列入總會計平衡表。 2.根據會計法第二十九條規定，因應總預算收支平衡之長期資產及長期負債，均不應列入總會計平衡表中。 3.如政策上決定將長期負債列入總會計平衡，依理則長期資產亦應一併列入始合理；且政策上欲如此作，亦應循修法程序為之，始合民主法治機制。 4.如將長期負債列入平衡表內，容易造成非專業人士產生對政府財政困難之假象。	不作分錄

九十年公務人員薦任升官等考試政府會計參考答案

一、問答題：（略）20%

二、15%

　　⑴依據預算法第六條規定：「稱歲入者，謂一個會計年度之一切收入。但不包括
　　　債務之舉借……」，故公債舉借應為收入而非歲入。

　　⑵ 1.借：現金　　　　　　　　　$1,000,000
　　　　　　貸：業務收入　　　　　　　　　　　　　$1,000,000

　　　　2.借：業務費用　　　　　　　$1,000,000
　　　　　　貸：現金　　　　　　　　　　　　　　　$1,000,000

　　⑶債務基金籌借之應付公債餘額應參照固定項目分帳原則，另於長期負債帳中
　　　列記同額負債，而於債務基金中則以「收入」處理公債發行收入；以「費用」
　　　處理償付公債本金，表達於收支餘絀表內。

三、15%

　　⑴歲入類：

　　　借：歲入預算數　　　　　　　$1,000,000
　　　　　貸：預計納庫數　　　　　　　　　　　　　$1,000,000

　　　借：歲入分配數　　　　　　　$1,000,000
　　　　　貸：歲入預算數　　　　　　　　　　　　　$1,000,000

　　　借：歲入納庫數　　　　　　　$1,000,000
　　　　　貸：歲入實收數　　　　　　　　　　　　　$1,000,000

　　歲出類：

　　　借：預計支用數　　　　　　　$500,000
　　　　　貸：歲出預算數　　　　　　　　　　　　　$500,000

　　　借：可支庫款　　　　　　　　$500,000
　　　　　貸：預計支用數　　　　　　　　　　　　　$500,000

　　　借：經費支出　　　　　　　　$500,000
　　　　　貸：可支庫款　　　　　　　　　　　　　　$500,000

　　⑵特別預算會計：

借：歲入預算數　　　　　　　　$1,000,000
　　貸：歲出預算數　　　　　　　　　　　　$500,000
　　　　歲計餘絀　　　　　　　　　　　　　500,000
借：公庫結存　　　　　　　　　　$1,000,000
　　貸：歲入收入數　　　　　　　　　　　$1,000,000
借：經費支出數　　　　　　　　　　$500,000
　　貸：公庫結存　　　　　　　　　　　　　$500,000
(3)總會計：
借：公庫結存　　　　　　　　　　$1,000,000
　　貸：特別預算會計往來　　　　　　　　$1,000,000
借：特別預算會計往來　　　　　　　$500,000
　　貸：公庫結存　　　　　　　　　　　　　$500,000

四、20%
(一) 1.借：歲入預算數　　　　　　　　$484,000
　　　　貸：歲計餘絀　　　　　　　　　　　$484,000
　　2.借：歲計餘絀　　　　　　　　　$514,000
　　　　貸：歲出預算數　　　　　　　　　　$514,000
　　3.借：公債收入預算數　　　　　　$32,000
　　　　貸：收支調度數　　　　　　　　　　$32,000
　　4.借：收支調度數　　　　　　　　$2,000
　　　　貸：債務還本預算數　　　　　　　　$2,000
(二) 1.借：公庫結存　　　　　　　　　$22,000
　　　　貸：公債收入　　　　　　　　　　　$22,000
　　2.借：債務還本預算數　　　　　　$1,000
　　　　貸：債務還本核定數　　　　　　　　$1,000
　　借：債務還本　　　　　　　　　　$1,000
　　　　貸：公庫結存　　　　　　　　　　　$1,000
(三) 1.借：保管款　　　　　　　　　　$60
　　　　貸：各機關結存　　　　　　　　　　$60
　　2.借：各機關結存　　　　　　　　$40
　　　　貸：暫收款　　　　　　　　　　　　$40

3. 借：公庫結存　　　　　　　　$500

　　　貸：各機關結存　　　　　　　　　　　　　　$500

4. 借：各機關結存　　　　　　$28,000

　　　貸：歲入收入數　　　　　　　　　　　　$28,000

　　借：公庫結存　　　　　　　$27,000

　　　貸：各機關結存　　　　　　　　　　　　$27,000

㈣ 1. 借：各機關結存　　　　　　　$800

　　　貸：應付代收款　　　　　　　　　　　　　$800

2. 借：公庫結存　　　　　　　　$65

　　　貸：應付歲出款　　　　　　　　　　　　　　$65

3. 借：歲出預算數　　　　　　　$210

　　　貸：歲出分配數　　　　　　　　　　　　　$210

4. 借：經費支出數　　　　　　　$900

　　　貸：公庫結存　　　　　　　　　　　　　　$900

5. 借：押金　　　　　　　　　　$20

　　　貸：公庫結存　　　　　　　　　　　　　　　$20

五、30%

　　1.

歲出類單位會計		財產帳類會計
⑴借：預計支用數	$19,000,000	不作分錄
貸：歲出預算數	$19,000,000	
⑵借：歲出預算數	$1,200,000	不作分錄
貸：歲出分配數	$1,200,000	
借：可支庫款	$1,200,000	
貸：預計支用數	$1,200,000	
⑶　　　不作分錄		不作分錄
（依新修訂一致規定不作預算控管分錄）		
⑷借：經費支出	$200,000	不作分錄
貸：可支庫款	$188,000	
代收款	12,000	

⑸借：經費支出　　　　　$490,000　　　　借：交通及運輸設備　　　$490,000

　　　貸：可支庫款　　　　　　$490,000　　　　貸：現存財產權利總額　　　$490,000

⑹借：預計支用數　　　　$950,000

　　　貸：歲出預算數　　　　　$950,000

　　借：歲出預算數　　　　$950,000

　　　貸：歲出分配數　　　　　$950,000

　　借：可支庫款　　　　　$950,000

　　　貸：預計支用數　　　　　$950,000　　　　　　　　不作分錄

　　借：歲出預算數　　　　$190,000

　　　貸：歲出分配數　　　　　$190,000

　　借：可支庫款　　　　　$190,000

　　　貸：預計支用數　　　　　$190,000

⑺借：預計支用數　　　　$95,000

　　　貸：歲出預算數　　　　　$95,000

　　借：歲出預算數　　　　$95,000

　　　貸：歲出分配數　　　　　$95,000　　　　　　　　不作分錄

　　借：可支庫款　　　　　$95,000

　　　貸：預計支用數　　　　　$95,000

　　借：經費支出　　　　　$95,000

　　　貸：可支庫款　　　　　　$95,000

⑻借：經費支出　　　　$1,140,000

　　　貸：可支庫款　　　　　$1,140,000　　　　　　　　不作分錄

⑼借：零用金　　　　　　$10,000

　　　貸：可支庫款　　　　　　$10,000　　　　　　　　不作分錄

⑽借：押金　　　　　　　$2,000

　　　貸：可支庫款　　　　　　$2,000　　　　　　　　不作分錄

2.

某機關

歲出類平衡表

90 年 1 月 31 日

資產及資力		負債、負擔及賸餘		
可支庫款	$ 510,000	代收款		$ 12,000
零用金	10,000	歲出預算數		17,800,000
押金	2,000	歲出分配數	$ 2,435,000	
預計支用數	17,800,000	減：經費支出	(1,925,000)	510,000
合　計	$18,322,000	合　計		$18,322,000

九十年公務人員簡任升等考試政府會計參考答案

一、問答題：（略）20%

二、20%

　　1.㈠借：收入預算數　　　　　　$3,800,000
　　　　　貸：支出預算數　　　　　　　　　　$2,000,000
　　　　　　　基金餘額　　　　　　　　　　　　1,800,000
　　　㈡借：應收稅款 —— 當期　　　$3,400,000
　　　　　貸：備抵呆稅 —— 當期　　　　　　　$　100,000
　　　　　　　收入 —— 稅課收入　　　　　　　3,300,000
　　　㈢借：現金　　　　　　　　　$1,700,000
　　　　　貸：應收稅款 —— 當期　　　　　　　$1,700,000
　　　㈣借：支出 —— 利息　　　　　$100,000
　　　　　貸：應付利息　　　　　　　　　　　　$100,000
　　　㈤借：應付利息　　　　　　　　$100,000
　　　　　貸：現金　　　　　　　　　　　　　　$100,000
　　　㈥借：投資　　　　　　　　　　$700,000
　　　　　貸：現金　　　　　　　　　　　　　　$700,000
　　　㈦借：現金　　　　　　　　　　$261,000
　　　　　貸：應收利息　　　　　　　　　　　　$261,000
　　　　借：投資　　　　　　　　　　$261,000
　　　　　貸：現金　　　　　　　　　　　　　　$261,000
　　　㈧借：現金　　　　　　　　　$1,600,000
　　　　　貸：應收稅款 —— 當期　　　　　　　$1,600,000
　　　㈨借：支出 —— 利息　　　　　$100,000
　　　　　貸：應付利息　　　　　　　　　　　　$100,000
　　　㈩借：應付利息　　　　　　　　$100,000
　　　　　貸：現金　　　　　　　　　　　　　　$100,000
　　　㈠借：現金　　　　　　　　　　$250,000
　　　　　貸：收入 —— 利息收入　　　　　　　$250,000

⒀借：投資	$849,000	
貸：現金		$849,000
⒁借：應收利息	$300,000	
貸：收入──利息收入		$300,000

2.結帳分錄：

借：支出預算數	$2,000,000	
收入──稅課收入	3,300,000	
收入──利息收入	550,000	
貸：收入預算數		$3,800,000
支出──利息		200,000
基金餘額		1,850,000
借：應收稅款──過期	$100,000	
備抵呆稅──當期	100,000	
貸：應收稅款──當期		$100,000
備抵呆稅──過期		100,000

3.

紐約市地方政府
分期償付債券債務基金
平衡表
2001 年 12 月 31 日

資　產			基金權益	
現金		$1,810,000	基金餘額	$8,920,000
應收稅款──過期	$100,000			
減：備抵呆稅──過期	100,000	0		
投資		6,810,000		
應收利息		300,000		
合　計		$8,920,000	合　計	$8,920,000

三、問答題：（略）20%

四、問答題：（略）20%

五、20%

　　1.統制分錄:

　　　㈠借: 押金　　　　　　　　　　$50,000
　　　　　　貸: 公庫結存　　　　　　　　　　　　$50,000
　　　　　借: 公庫結存　　　　　　　$50,000
　　　　　　貸: 各機關結存　　　　　　　　　　　$50,000
　　　㈡借: 經費支出數　　　　　　$1,000,000
　　　　　　貸: 公庫結存　　　　　　　　　　　$1,000,000
　　　㈢借: 公庫結存　　　　　　　$100,000
　　　　　　貸: 暫付款　　　　　　　　　　　　$100,000
　　　㈣借: 應付保管款　　　　　　$30,000
　　　　　　貸: 各機關結存　　　　　　　　　　$30,000
　　　㈤借: 應付歲出款　　　　　　$80,000
　　　　　　貸: 公庫結存　　　　　　　　　　　$80,000

　　2.歲出保留數準備係各單位預算或基金執行歲出預算已發生契約責任或依法保
　　　留歲出預算之款項所設立之歲出保留數之相對應科目,屬負債科目。

九十年專門職業及技術高考會計師
政府會計及非營利事業會計部分試題參考答案

甲、申論題部分:

四、⑴借:現金　　　　　　　　　　　　　　　$230,000
　　　　（淨資產──永久限制 $ 50,000；淨資產──無限制 $180,000）
　　　　　貸:捐贈收入──有限制　　　　　　　　　$ 50,000
　　　　　　捐贈收入──無限制　　　　　　　　　180,000

　　⑵借:應收承諾捐款　　　　　　　　　　　$500,000
　　　　（淨資產──暫時性限制 $500,000）
　　　　　貸:捐贈收入──暫時限制　　　　　　　　$500,000

　　⑶借:投資　　　　　　　　　　　　　　$8,000,000
　　　　（淨資產──永久限制 $8,000,000）
　　　　　貸:捐贈收入──有限制　　　　　　　　$8,000,000

　　⑷借:現金　　　　　　　　　　　　　　$1,300,000
　　　　（淨資產──永久限制 $1,300,000）
　　　　　貸:遞延收入──捐贈　　　　　　　　　$1,300,000

　　⑸借:現金　　　　　　　　　　　　　　　$800,000
　　　　（淨資產──無限制 $800,000）
　　　　　貸:會費收入　　　　　　　　　　　　　$800,000

五、1.公庫結存 =$87,832-$100,000-$144-$3,000+$150,000=$134,688（借餘）

　　2.各機關結存 =$390+$1,995=$2,385（借餘）

　　3.應付保管款 =$210+$1,995=$2,205（貸餘）

　　4.收支調度數 =$118,000+$32,000=$150,000（貸餘）

　　5.歲計餘絀 =$756,000-$606,000=$150,000（借餘）

六、簡答題:

　　㈠（略）

　　㈡ 1.借:其他準備金　　　　　　　　　$1,000,000
　　　　　貸:暫收及待結轉帳項　　　　　　　　　$1,000,000

2.借：雜項設備　　　　　　　　　　　$1,000,000
　　貸：其他準備金　　　　　　　　　　　　　　　$1,000,000
　借：暫收及待結轉帳項　　　　　　　$1,000,000
　　貸：受贈公積　　　　　　　　　　　　　　　　$1,000,000
㈢（略）
㈣（略）
㈤（略）

乙、測驗題部分：

29.(D)	35.(D)	36.(B)	37.(D)	38.(A)
39.(B)	41.(B)	42.(C)	44.(D)	45.(B)
46.(D)	47.(C)	48.(D)	49.(C)	50.(D)

九十一年基層特考三等考試政府會計參考答案

一、問答題：（略）25%

二、問答題：（略）25%

三、25%

㈠借：預計支用數　　　　　　　$10,000,000
　　貸：歲出預算數　　　　　　　　　　　　　$10,000,000

㈡借：可支庫款　　　　　　　　　$500,000
　　貸：預領經費　　　　　　　　　　　　　　　$500,000

㈢借：暫付款　　　　　　　　　　　$45,000
　　貸：可支庫款　　　　　　　　　　　　　　　$45,000

㈣借：歲出預算數　　　　　　　$1,000,000
　　貸：歲出分配數　　　　　　　　　　　　　$1,000,000
　借：預領經費　　　　　　　　　　$500,000
　　貸：預計支用數　　　　　　　　　　　　　　$500,000
　借：經費支出　　　　　　　　　　$45,000
　　貸：暫付款　　　　　　　　　　　　　　　　$45,000

㈤借：零用金　　　　　　　　　　　$50,000
　　貸：可支庫款　　　　　　　　　　　　　　　$50,000

㈥借：經費支出　　　　　　　　　　$80,000
　　貸：可支庫款　　　　　　　　　　　　　　　$80,000

㈦借：經費支出　　　　　　　　　　$8,000
　　貸：可支庫款　　　　　　　　　　　　　　　$8,000

㈧無分錄

㈨借：應付歲出款　　　　　　　　　$60,000
　　貸：保留庫款　　　　　　　　　　　　　　　$60,000

㈩借：應收剔除經費　　　　　　　　$4,000
　　貸：經費賸餘——待納庫部分　　　　　　　　$4,000
　借：專戶存款　　　　　　　　　　$4,000
　　貸：應收剔除經費　　　　　　　　　　　　　$4,000

借: 經費賸餘 —— 待納庫部分　　　　　　$4,000

　　　貸: 專戶存款　　　　　　　　　　　　　　　　　　$4,000

四、25%

　(一)結帳分錄:

　　　借: 歲計餘絀　　　　　　　　　　$68,370

　　　　　貸: 歲入預算數　　　　　　　　　　　　　　$25,000

　　　　　　　歲入分配數　　　　　　　　　　　　　　　43,370

　　　借: 歲計餘絀　　　　　　　　　　$30,000

　　　　　貸: 預定舉債數　　　　　　　　　　　　　　$30,000

　　　借: 歲出預算數　　　　　　　　　　$20,000

　　　　　歲出分配數　　　　　　　　　　　9,800

　　　　　貸: 歲出保留數　　　　　　　　　　　　　　$ 1,500

　　　　　　　歲計餘絀　　　　　　　　　　　　　　　28,300

　　　借: 累計餘絀　　　　　　　　　　$70,070

　　　　　貸: 歲計餘絀　　　　　　　　　　　　　　　$70,070

　(二)結帳後歲計餘絀結轉 $70,070 至累計餘絀，結轉後歲計餘絀結餘為 $0，累計
　　餘絀結餘為借餘 $69,170 (=$900–$70,070)

九十一年基層特考四等考試政府會計概要參考答案

一、問答題：（略）25%

二、問答題：（略）25%

三、25%

　　㈠平時分錄：

　　　1.借：歲入預算數 　　　　$1,200,000

　　　　　貸：預計納庫數 　　　　　　　　　$1,200,000

　　　　借：歲入分配數 　　　　$100,000

　　　　　　貸：歲入預算數 　　　　　　　　$100,000

　　　（按月共作 12 次）

　　　2.借：歲入納庫數 　　　　$1,100,000

　　　　　貸：歲入實收數 　　　　　　　　　$1,100,000

　　　3.借：應納庫款 　　　　　$10,000

　　　　　貸：應收歲入款 　　　　　　　　　$10,000

　　　4.借：歲入結存 　　　　　$6,000

　　　　　貸：歲入實收數 　　　　　　　　　$6,000

　　　　借：歲入納庫數 　　　　$6,000

　　　　　　貸：歲入結存 　　　　　　　　　$6,000

　　　5.借：歲入結存 　　　　　$11,000

　　　　　貸：暫收款 　　　　　　　　　　　$5,000

　　　　　　　保管款 　　　　　　　　　　　6,000

　　　6.借：歲入納庫數 　　　　$3,000

　　　　　貸：歲入實收數 　　　　　　　　　$3,000

　　　7.借：應收歲入款 　　　　$50,000

　　　　　貸：歲入實收數 　　　　　　　　　$50,000

　　結帳分錄：

　　　　借：歲入實收數 　　　　$1,109,000

　　　　　　貸：歲入納庫數 　　　　　　　　$1,109,000

　　　　借：預計納庫數 　　　　$1,200,000

　　　　　　貸：歲入分配數 　　　　　　　　$1,200,000

借：歲入實收數　　　　　　　　　　$50,000
　　貸：應納庫款　　　　　　　　　　　　　$50,000

(二)平衡表：

某機關
歲入類平衡表
1990年×月×日

資　產		負　債	
歲入結存	$11,000	暫收款	$ 5,000
應收歲入款	50,000	保管款	6,000
		應納庫款	50,000
合　計	$61,000	合　計	$61,000

四、25%

(一)借：歲入預算數　　　　　　$30,000,000
　　　貸：歲計餘絀　　　　　　　　　　$30,000,000
　　借：歲計餘絀　　　　　　　$35,000,000
　　　貸：歲出預算數　　　　　　　　　$35,000,000
　　借：公債收入預算數　　　　$5,000,000
　　　貸：收支調度數　　　　　　　　　$5,000,000
(二)借：歲入分配數　　　　　　$30,000,000
　　　貸：歲入預算數　　　　　　　　　$30,000,000
　　借：歲出預算數　　　　　　$32,000,000
　　　貸：歲出分配數　　　　　　　　　$32,000,000
(三)借：國庫結存　　　　　　　$29,200,000
　　　貸：歲入收入數　　　　　　　　　$28,000,000
　　　　　應收歲入款　　　　　　　　　1,200,000
(四)1.借：各機關結存　　　　　$500,000
　　　　　經費支出數　　　　　420,000
　　　　貸：國庫結存　　　　　　　　　$920,000
　　2.借：歲出預算數　　　　　$600,000
　　　　貸：歲出分配數　　　　　　　　$600,000
　（如有支付時，另作下列分錄）

借: 經費支出數　　　　　　　　$600,000
　　貸: 國庫結存　　　　　　　　　　　　　　$600,000

3.(1)假設修正減列之歲出款為支付實現數部分:

借: 暫付款　　　　　　　　　　$8,000
　　貸: 以前年度累計餘絀　　　　　　　　　$8,000

(2)假設修正減列之歲出款為應付數部分:

借: 應付歲出款　　　　　　　　$8,000
　　貸: 以前年度累計餘絀　　　　　　　　　$8,000

(五)借: 經費支出數　　　　　　　　$20,000
　　貸: 國庫結存　　　　　　　　　　　　　$20,000

三民大專用書書目——會計・審計・統計

三民大專用書書目——社會

現代社會學叢書